KB005409

정치는 어떻게
시간을 통제하는가?

정치는 어떻게
시간을 통제하는가?

THE
POLITICAL
VALUE
OF
TIME

시간의 정치적 가치와 불평등에 관한 분석

엘리자베스 F. 코헨 지음 최이현 옮김

바다출판사

국가가 시간을 이용해서 국민을 구성하고 시민권을 규정하는 방식에 관한 책을 써야겠다는 생각은 경계와 이민, 시민권 등을 연구하는 정치학 분야에 대한 내 지속적인 관심에서 비롯되었다. 특히 국민과 국가 사이에 주권적 경계가 설정될 때 시간의 중요성을 내가 최초로 인지한 것은 한국의 비무장지대처럼 국가가 분할된 사례들을 통해서였다. 분할을 초래한 사건은 때로 서서히 전개되기도 하지만, 거의 모든 경우가 특정일에 효력이 발생한다. 이 특정일을 기점으로 일련의 법률이 그 이전과 그 이후 사람들의 정치적 지위와 관계를 새롭게 규정한다. 간혹 한 국가를 분할하고 그 안에 비무장지대를 설정한다는 결정의 효력이 나타나기까지는 수개월 혹은 수년이 걸릴 수 있지만, 그 효력이 발생하는 특정일은 합의를 통해 정해진다. 지리적 경계선이나 주둔군 그리고 다른 눈에 띄는 표시물과 함께 날짜도 중요한 경계들을 획정한다. 남한과 북한을 나누는 시간적 경계는 중요하면서 동시에 임의적이다.

날짜는 중요한 사건을 표현하지만, 사건이 일어난 정확한 순간이 언제인가에 대해서는 항상 논쟁의 여지가 있다. 하지만 일단 날짜가 정해지면, 그것은 절대적 권위를 가지며 국민을 구분하고 이들의 자유로운 이동과 권리를 제한한다.

만약 주권에 시간적 경계가 필요하다면, 민주주의는 복잡한 일련의 스케줄과 달력에 상당히 많이 좌우될 것이다. 충동적이거나 유예된 결정은 그 자체로 모두 비민주적이다. 신중한 결정은 심사숙고해야 하므로 시간이 걸린다. 시민의 자격을 정하는 일도 마찬가지다. 그런데 얼마나 많은 시간이 필요할까? 한국이나 미국 등에 수년간 체류하고 있는 외국인 노동자들 대부분은 영주권을 받지 못한 채 살고 있다. 평생 영주권을 취득하지 못하는 외국인도 많다. 이들은 자신이 체류하고 있는 나라의 국민과 함께 생활하고, 그들과 같은 일을 하며, 그 나라 법의 지배를 받는다. 하지만 시민권자만 할 수 있는 민주적 자치 행위에는 참여할 수 없다. 이들은 통치받지만, 동등하게 대우받지는 못한다. 이들이 공평한 조건으로 안전한 환경에서 노동하고 임금을 받기 어렵다는 사실은 거의 확실하다. 체류하는 나라에서 자신의 시간을 제대로 인정받지 못함으로써, 외국인 노동자의 준시민권자로서 지위는 영구히 고착된다. 혈통주의를 따르는 국적법 때문에 비시민권자 부모 사이에 태어난 아이들이 시민권을 취득하지 못하게 될 때, 준시민권자의 지위는 대물림될 수도 있다.

어떤 경우에는 국가가 국민의 시간을 전용하기도 한다. 한국은 다른 민주 국가들과 달리 병역법에 따라 젊은 남성들의 시간을 강제로 가져갈 수 있다. 인생에서 가장 생산적인 시기에 학업을 계속하거나 자녀를 양육할 수 있는 일을 국가가 방해하는 데도, 국가가 국민의 시간을 강제로 이용하는 것에 대해 아무도 문제 삼지 않는다. 징병제를 택하고 있는 대부분의 나라들처럼 한국의 병역법에도 예외 규정이 있다. 일부 예술가와 운동선수는 병역 의무를 면제받는다. 아마도 국가가 이들이 기량을 갈고닦는 시간이 군대에서 보내는 시간보다 더 가치 있다고 여기기 때문일 것이다. 다른 나라의 병역법들도 저마다 사회적 가치 기준에 따라 다양한 예외 규정을 두고 있다.

법원은 종종 시간의 정치적 가치가 드러나는 무대가 된다. 양형 관행에는 각종 범죄의 심각성이 표현되는데, 어떤 때는 특정 집단에 대한 차별 대우가 드러난다. 가정 폭력 사건에서 성별이나 국적에 따라 다르게 정당방위를 인정했다면, 이는 국가가 특정인의 삶을 다른 사람들의 삶보다 더 중요하게 생각했으며, 어떤 사람은 더 강력하게 비난받아야 하고 쉽게 개선되지 않을 것이라고 판단했기 때문이다.

과거에 시간적 정의正義는 정치적 정의의 여러 측면 중 하나에 속했다. 국가 분할이나 불평등한 이민 및 귀화 조건에서처럼, 시간의 역할은 종종 모호하게 다루어지거나 간과된다. 그러나 불평등한 시간의 문제를 실질적으로 해결하려면, 사람들의 시간을 새롭게 연구할 필요가 있다. 시간적 경계를 움직이거나 대체하고,

심의 절차의 속도를 높이거나 늦추며, 장기 체류자에게 귀화를 허용하고, 군 복무 기간이나 복역 기간을 조정하는 방법 등을 생각해볼 수 있다.

국가의 주권 설정에서 시민들의 권리와 처벌에 이르기까지 정치는 우리의 시간에 개입하고 규정한다. 시간이라는 희소 자원에 특별한 정치적 의미가 부여될 때 그 정당성을 묻고, 시간적 정의를 실현하려는 노력은 민주사회 시민의 덕목이다. 이 책이 한국의 독자들에게 정치적 가치가 투영된 시간의 여러 측면을 돌아보는 데 그리고 한국의 정치 시스템을 이해하는 데에도 도움이 되었으면 하는 바람이다.

차례

3 │ 민주주의와 기간 그리고 살아있는 합의

4 │ 시간의 정치적 가치

5 ┃ 시간의 정치경제학

6 ┃ 시간과 민주주의

1

정치와 시간

시간은 인간이 목표를 달성하는 데 필요한 소중하고 유한한 자원 중 하나로 널리 알려져 있다. 정치의 영역에서 보면, 시간은 사람들이 헌법과 법률 및 사회계약을 통해 보호하려고 하는 거의 모든 자유권을 행사할 때 필수 요소가 된다. 그러므로 시간은 정치적 정의라는 비전을 실현하는 일과 불가분의 관계를 맺는다.

모든 국민은 국가가 수많은 방법을 동원해서 자신들의 시간을 체계화하고 평가하고 전용하고 해방하는 모습을 접한다. 미국에서 정치적 발언권과 완전한 대표권을 얻으려면 18세가 될 때까지 기다려야 한다. 또한 본인이 원한다면, 62세나 66세에 은퇴해서 연금을 수령할 수 있다. 시민들은 매년 4월 15일까지 세무신고를 마쳐야 하고, 선거구는 10년마다 실시하는 인구조사 결과를 바탕으로 조정된다. 검사는 공소시효 만료 여부를 정하기 위해 해당 범죄가 발생한 날짜를 명시한다. 징역형을 선고받은 범죄자의 복역 기간은 다양하고, 영주권자가 귀화하고자 할 때는 장기간 해외 체류를 삼가야 하며, 자체 일정에 따라 반복적으로 선거가 실시된다. 시간은 개인이 목적을 달성하게 해주는 중요한 수단임에도, 국가가 합법적으로 국민의 시간을 통제하고 정치 일정을 계획할 수 있다는 사실에는 대체로 이견이 없다.

민주주의에서 과학적으로 측정된 기간(시계와 달력으로 표시되는 시간')은 권력과 권리를 거래할 때 대단히 흔하게 사용되는 가치 단위unit of value다. 자유민주주의 사회에서 수많은 권리를 획득하고 행사하려면 반드시 시간이 소요된다. 징역형, 귀화 절차, 복지 혜택 수급 자격, 낙태 허용 기간, 귀화를 위한 유예기간 등은 정확한 기간이 포함된 공식에 따라 정치적 지위나 권리를 수여 또는 거절하는 법과 정책의 주요 사례 중 일부일 뿐이다. 현대 생활에는 중요하기도 하고 사소하기도 한 데드라인과 유예기간이 아주 많다. 대체로 군 복무 기간은 정확히 계산되고, 정치인의 임기는 선거 직후에 끝나며, 직책에 따라 임기는 천차만별이다. 협상 중에 당사자가 냉각기간을 요구하기도 하고, 전직 공무원은 퇴임 후에 일정 기간 로비 활동을 할 수 없으며, 군 출신이 내각에 들어가려면 전역 후 7년이 지나야 한다.[2] 사람들이 시간과 관련해서 일생 동안 만나는 정치적 절차만 나열해도 한 장(어쩌면 책 한 권)을 채울 수 있다.

실제로 과학적으로 측정된 기간이 눈에 띄지 않는 정치 영역을 찾기란 거의 불가능하다. 주권이 확립된 시점처럼 정치를 구성하는 요건에서부터 총을 발사한 경찰관은 관련 진술을 하기 전에 일정 시간을 기다려야 한다는 세부 절차에 이르기까지, 시간은 권력을 행사하는 일과 떼어내서 생각할 수 없다.[3]

이 책의 목적은 민주주의 국가를 건설하는 데 시간이 얼마나 중요하고, 왜 그렇게 중요한지를 분석하는 것이다. 미국의 정치발전사와 공공정책을 연구하는 학자들이 오랫동안 주장했듯이, 시간은 "정치를 구성하는 핵심 요소"다.[4] 문화와 정치에는 "(흐릿하기는 하지만) 지워지지 않는 시간의 흔적이 남아 있다."[5] 그 결과, 법과 정책에는 "우리의 관심을 끌 수밖에 없는 시간에 관한 사상들이 깊이 각인"되어 있다.[6] 거의 대부분의 사람들이 국가로부터 자신들의 시간을 평가받고 있고 정치 영역에 늘 시간이 존재하며 여러 사회과학 분야에서 시간에 관심을 두고 있음에도, 그동안 시간은 정당성이나 정의를 연구하는 정치이론에서는 크게 이목을 끌지 못했다. 우리는 국가가 국민의 시간을 합법적으로 지배할 수 있고, 또 그렇게 하고 있음을 암묵적으로 인정한다. 하지만 그런 국가의 행위가 왜 합법적인지, 국가가 민주시민의 시간을 불법으로 요구한다는 것이 무슨 의미인지 등에 관한 생각은 아직 제대로 정리되지 않았다.

절차적 민주주의에서 기간의 역할을 포괄적이고 자세하게 설명한 사례가 아직까지는 없었다. 정치학은 정치적 시간이라는 개념을 발전시키면 많은 것을 얻을 수 있다.[7] 정확한 날짜나 기간이 정치적 절차에 꼭 필요하다면, 그 이유가 무엇인지 물어야 한다.

또한 법과 정책에서 기간을 사용한다는 것이 국민에게 어떤 규범적 의미가 있는지 파악하려면, 법적·정책적 절차가 야기하는 결과를 꼼꼼하게 분석해야 한다.

이 책은 자유민주주의 체제가 확립되고 운영될 때 과학적으로 측정된 시간이 얼마나 중요한가를 강조한다. 또한 시민권과 권력을 획득하고 행사하는 과정에서 기간이 왜 그렇게 두드러진 역할을 하는지에 관해서도 자세하게 설명한다. 이를 위해서 다음과 같은 질문들이 필요하다. 어떻게 기간이 정치권력을 체계화하고 분배하는가? 권리의 수여나 거절, 행사 등을 위한 정치적 절차들에 기간이 자주 포함되는 이유는 무엇인가? 국가가 국민의 시간을 지배하는 방식을 어떻게 규범적으로 평가할 수 있는가?

간단히 말해서, 이 책은 모든 자유민주주의 사회가 과학적으로 측정된 기간에 정치적 가치를 부여한다는 주장을 지지한다. 정치적 시간(국가가 가치를 부여하는 시점, 날짜, 연도, 기간 등)은 권력을 거래할 때 자주 사용되는 귀중한 재화다. 시간의 정치적 가치는 민주정치의 핵심 과정에서 시간이 중요한 역할을 한다는 믿음에 근거한다. 시간에 정치적 가치를 부여하기 위해서 모든 사람이 그런 믿음을 공유해야 하거나 증명해야 하는 것은 아니다. 사실 이 책의 결론 중 하나는 시간의 의미에 관한 다양한 생각들이 불완전하게 중첩됨으로써, 그렇게 하지 않았으면 불가능했을 중요한 정치적 타협이 유지된다는 것이다. 시간은 그 정치적 가치를 평가하는 과정에서 국가와 국민이 권력을 거래할 때 사용하는 정치적 재화로 변형된다. 각종 권리를 수여하거나 거절하는 공식에는 종종 시간적 요소가 포함된다. 이 책은 정확한 기간이 정치적 가치를 획득하는 방법에 집중해서, 시간을 정치적 재화로 다룬다는 것이 무슨 의미인지 분석한다. 시간적 정의temporal justice라는 개념을 제대로 이해하려면 특별히 정의론에서 시간을 다룰 필요가 있다. 이 책은 시간과 관련된 정치적 절차들이 상황이 비슷한 사람들의 시간을 공평하게 다루지 않아서 발생하는 시간적 불평등temporal injustice에 관해 독창적인 진단법을 제공한다.

개인과 국가 모두가 직관적으로 규범성을 파악할 수 있는 다른 정치적 재화들과 달리, 정치에서 기간과 날짜의 역할은 그 규범성이 뚜렷하게 드러나지 않는다. 실제로 공식적으로 대표권을 위임하거나 투표를 할 수 있는 자격 규정의 규범성과 비교하면, 시간은 그저 당연한 것처럼 보인다. 재산권, 노동권, 대표권 등 널리 알려진 다른 정치적 재화들과 달리, 일반적으로 시간은 국가가 만들어내고 관리하는 재화로 여기지 않는다. 어쩌면 이런 이유 때문에 분배적·민주적 정의를 실현하는 제도를 마련할 때 개별 구성원들의 시간과 관련해서 수많은 결정을 내려야 함에도, 사회적 정의에 관한 연구에서 시간은 그 대상이 되지 못했다.

권리는 획득하려면 기다려야 하고, 선거는 예정된 일정에 따라 실시된다는 사실을 쉽게 당연시하지만, 그런 일에 소요되는 시간의 양은 각 정치 시스템이 어떤 의도를 가지고 체계화한 것이므로 규범적 의미를 지닌다. 유예기간과 정치 일정은 시간이 정치적 가치를 지닌다는 사실에 근거한다. 국민의 시간을 요구하거나 단지 그 시간을 체계화하는 등 국가가 내리는 정치적 결정을 이해하려면 시간의 정치적 가치의 근원과 본질을 파악해야 한다.

특히 정치적 시간과 사회적 정의 간의 관계를 확인하고 이해하는 일이 중요하다. 인종차별적 감금과 관행, 귀화 지연, 낙태 숙려 기간[8] 등은 특정인에게 다른 사람들이 누리는 권리를 주지 않으려고 그들의 시간을 남용하는 사례다. 이런 논의에서 경제학자들이 개념적 틀로 삼는 것은 이것이다. 시간을 도용당한 사람들이 노동한 시간만큼 보상받지 못한 노동자들일 경우, 경제학자는 이를 임금 강탈이라고 부른다. 하지만 노동자들도 정체polity의 구성원이고, 이들이 가치를 제대로 인정받지 못하거나 빼앗긴 것은 이들의 정치적 시간이다. 노동자들은 정치학자들이 거의 개념화하지 못했지만, 심각한 결과를 초래하는 일종의 시간 강탈을 경험하고 있다. 계급을 막론하고 모든 사람의 시간을 함부로 사용하는 교정제도는 민주국가의 정당성을 훼손한다. 귀화 신청자들이 긴 거주기간 요건을 채우는 동안 권리를 행사하지 못하는 경우도 마찬가지다. 정치학은 시간과 관련된 법률을 신중하게 마련하는 방법과 개인들의 정치적 시간을 공정하고 평등하게 다루는 방법에 관한 규범적 지침을 권고하기 위해 모든 정치 영역에서 시간이 어떻게 작동하는지 분석해야 한다. 이 작업의 목적은 시간을 중요하고 주된 정치 변수로 다루자는 것이 아니다. 그보다는 기간이 어떻게 정치적 절차에 합쳐지고, 쉽게 파악되는 다른 정치적 재화와 어떻게 상호작용하는지를 보여주는 것이 목적이다. 이렇게 하면, 시간에 대한 규범적 기대와 실제 정치 관행을 비교할 수 있고, 국가가 시민의 시간을 어떻게 사용하고 있고 사용해야 하는지에 관하여 결론을 도출할 수 있다.

이 책의 개요

실질적으로 이 책은 네 가지 중요한 논의로 구성된다. 이 책의 핵심 주장들을 뒷받침하기 위한 밑 작업으로, 2장에서는 달력에 표시된 시간이 어떻게 주권국을 형성하고 왜 그렇게 되는지 그 이유를 설명한다. 국가는 시간이 설정한 경계들로 구성된다. 국가가 수립될 때 그 주변에 시간적 경계들이 형성된다. 대체로 시민의 구성은 어느 특정 시점에 영토와 국민이 얼마나 밀접한가(혹은 그렇지 않은가)에 좌우된다. 우리는 시간적 경계를 통해, 권리란 우리가 '누구'인가와 '어디에' 사는가뿐만 아니라 '언제'부터 살고 있는가에도 영향을 받는다는 사실을 떠올린다. 국가 주변에 설정된 시간적 경계는 오늘날 수많은 학자가 주목하는 영토적 경계[9]만큼이나 강력하고 중요하다. 이런 시간적 경계는 국가 내부에도 설정되며, 한 정체 안에 복잡하게 얽혀 있다. 예를 들어, 통행금지령은 특정 시간대에 자유로운 통행을 금지하고, 비자는 비시민권자가 특정 국가에 체류할 수 있는 기간을 제한하며, 각종 데드라인은 시민들의 선택과 기회에 제한을 둔다.

시간이 정치적 토대와 불가분의 관계를 맺는다는 사실은 한 국가나 특정 체제를 규범적으로 평가할 때 불가피하게 시간이 영향을 미친다는 것을 의미한다. 시간적 경계마다 거기에 담긴 규범적 의미가 모두 다르다. 내가 파악하기로, 세 가지 중요한 시간적 경계는 고정된 단독 경계single moment fixed deadlines, 초읽기 경계countdown deadlines, 반복적 경계recurring deadlines다. 첫 번째 경계는 '제로 옵션 규정zero option rules'[10], '캘빈 사건Calvin's Case'[11], 프랑스 공화국 달력French Republican Calendar(FRC)처럼 특정 날짜가 지정된 경우다. 이들 사례에서는 어느 한 순간이 경계로 고정된다. 헌법이나 법률에 특정일을 명시하면, 사람들의 법적 지위는 그 전과 후가 완전히 달라진다. 두 번째 경계는 비자 만료나 소멸 시효처럼 기한이 있는 경우다. 세 번째 경계는 선거나 선거구 조정처럼 데드라인이 반복되는 경우다. 세 가지 경계 모두 나름의 논리가 있으며, 대체로 민주주의 규범과 정치적 정의와 맺는 관계도 저마다 다르다. 특히 건국일 같은 단독 경계는 비민주적이지만, 반복적 경계는 민주적 합의와 유사한 방식으로 의사를 결정하고 그 결정을 정정할 기회도 허용한다. 선거와 같은 반복적 경계는 건국일처럼 특정일을 지정할 때보다 덜 자의적이므로, 이미 자리 잡은 권력관계라도 나중에 변경될 수 있다. 반복적 경계는 기한이 존재할 때 의사결정자의 생각과 행동의 틀이 바뀌는 제한된 합리성bounded rationality에 덜 취약하다.[12]

3장은 반복적 경계에 기초해서 민주주의에서 기간의 중요성을 논한다. 반복적 경계는 중요한 기간을 복수로 설정한다. 기간의 중요성은 민주정치의 핵심 원리까지 영향을 미친다. 권리를 수여하고 거절하고 체계화하는 공식들을 합리화하는 행위에는 기간과 과정의 관계에 관한 오랜 믿음이 들어 있다. 모든 과정은 일정 기간에 걸쳐 전개되므로, 기간과 과정은 불가분의 관계다. 참여적 자치정부participatory self-government에 실질적 혹은 규범적으로 특별히 중요한 과정들에서는 반드시 기간과 민주주의 이론 및 정치적 절차가 지속적으로 서로 관련을 맺는다. 그런 과정들에는 인격 수양, 관계 형성, 합의, 학습, 심의, 사고, 판단 등이 포함된다. 3장에서 확인하게 되겠지만, 실제로 타인들과 관계를 맺고, 경험과 지식을 쌓으며, 정치 시스템이 민주시민에게 요구하는 여러 자질을 함양하는 거의 모든 과정에서 시간이 필수 요소가 된다.

　시간과 정치적 과정의 관계를 인정하면, 이 책의 핵심 주장 중 하나인 기간에 정치적 가치가 있다는 생각의 토대가 확고해진다. 민주정치에서 시간은 상당히 구체적인 가치를 획득한다. 시간은 민주정치에 중요한 과정들과 관계를 맺음으로써 일종의 민주적 재화democratic good가 된다. 여기에서 재화란 경제학자들이 인간의 욕구를 충족시켜주는 무언가를 가리킬 때, 그리고 정치이론가가 인간사회에서 가치를 획득하는 것을 지칭할 때 사용하는 용어다. 시간은 정체 내에서 용도가 다양한 재화이며, 모든 사회에서 특별한 가치를 부여받는다.

3장에서는 시간과 민주주의의 관계에 관한 민주주의 이론가들의 사상을 고대와 현대에서 엄선하여 간략하게 살펴본다. 고대와 현대 이론가 모두 자치를 실현하는 데 시간이 중요하다고 말하지만, 현대 이론가와 실천가들은 그 점에 착안해서 기간과 민주적 의사결정의 시간 구조를 합의에 도달하기 위한 핵심 제도로 처방한다. 3장에서는 민주적 합의와 의사결정 절차를 자세하게 설명한 콩도르세Condorcet의 사상을 중심으로, 기간과 합의의 밀접한 관계를 밝힌다. 이 관계는 현대 정치사에서 최초로 합의 시스템이 확립되었던 미국 시민권 논쟁에서 증명된다. 건국 초기에 사법부와 입법부가 벌인 논쟁에는 콩도르세의 사상이 상당히 많이 반영되어 있는데, 이 논쟁을 보면 사람들이 권리를 획득할 때 거치는 과정뿐만 아니라 합의를 정당화하는 일에도 기간은 명백하게 연관된다. 요컨대, 시간은 합의 과정에 핵심 요소이며, 자유민주주의 사회에서는 정확한 기간을 합의의 대용물로 사용한다. 이렇게 국가가 시간을 합의의 대용물로 사용하면, 수많은 국민이 심의 과정에 온전히 참여할 수 없더라도 합의라 부를 만한 절차를 이행할 수 있다. 사람들이 합의를 도출하는 활동에 참여하더라도 그 합의가 정당화되려면 어느 정도 시간이 흘러야 한다. 나는 이것을 '살아있는 합의lived consent'라고 부른다.

그렇다면 왜 시간이 중요할까? 다른 재화를 사용하면 안 되는 이유는 무엇일까? 이 질문에 답하기 위해, 4장에서는 시간이 정치적 절차에서 왜 그렇게 중요한지 그 이유를 좀 더 자세하게 분석한다. 시간의 정치적 가치는 도구적이면서 표현적이다. 시간의 도구적 가치는 앞에서 설명한 과정과 시간의 관계에서 비롯된다. 또한 시간은 사람들이 권리를 부여받기 위해 갖추어야 할 인격과 쌓아야 할 관계와 경험을 표현하거나 그것들의 대용물로 작용하기 때문에 정치적 가치를 획득한다. 민주국가는 국민을 통치할 때 관계, 의무, 인격과 같이 눈에 보이지 않는 수많은 것들을 구체적인 용어로 표현해야 하는 어려움을 겪는다. 충성심이나 시민적 덕성은 시민권 획득의 전제조건으로 적절하지만, 그것들을 어떻게 정확하게 구현할 것인가에 대해서는 의견이 엇갈린다. 국가는 수많은 모호한 개념들을 구체적으로 파악하고 식별해야 한다. 시간은 충성심과 시민적 덕성과 같은 무형의 개념들을 정확하게 측정해서 정치적 용어로 변환하는 작업을 매끄럽게 수행한다. 유대감과 충성심, 시민적 덕성을 갖추어야 완성되는 복잡한 전체 과정을 기간이 대신할 수 있다. 또한 기간은 범죄자를 처벌하고 교화하고 구제하는 과정들을 표현하기도 한다. 수감 기간은 계량적으로 측정하지 못하는 처벌과 교화 과정 혹은 그 둘 중 하나의 중요한 대용물이 된다. 많은 정치적 행위자가 처벌이 징역형의 목적이 되는 것에 동의하지 않을지 모른다. 하지만 일단 정해지고 나면, 사람들이 생각하는 징역형의 목적이 처벌이냐 교화냐는 중요하지 않다. 단, 이때 수감 기간은 모든 사람이 받아들일 만한 수준이어야 한다.

4장에서는 시간이 정치, 특히 자유민주주의에서 대용물로 널리 인정받는 공통된 이유 다섯 가지를 자세히 설명한다. 첫째, 모든 사회에서 시간의 의미는 뚜렷하다. 시간의 개념 중 일부는 일반적으로 집단 내에 깊이 자리한 규범적 전통과 연관된다.[13] 특별히 여기에서는 집단의 시계를 똑같이 맞추어서 구성원들에게 시간적 맥락을 공유하게 한 것이 근대 국민국가 형성을 촉진했다는 사실에 주목한다.[14] 그러므로 당연하게도, 시간은 주권과 주체성에 대단히 중요하다.

둘째, 법과 정치 관행에서 시간을 체계적이고 과학적으로 다룰 수 있다. 과학적으로 측정된 시간은 의사결정 과정과 다른 핵심적인 정치 과정을 체계화하는 합리적 방법을 제공한다. 이언 해킹Ian Hacking의 연대기에서도 확인할 수 있듯이, 계량 기법은 위험을 파악해서 줄이기 위해 확률을 계산하는 방식으로 근대 시대에 빠르게 확산했다.[15] 마사 누스바움Martha Nussbaum이 우리에게 상기시키는 내용은 이렇다. "셀 수 있는 것은 명확하고 파악할 수 있으며, 그렇기 때문에 잠재적으로 예측과 통제가 가능하다. 하지만 셀 수 없는 것은 모호하고 한계가 없어서 인간이 이해하기 어렵다."[16] 계량적 수단을 사용해서 국가를 관리하면 효율성은 물론 통일성도 극대화되는데, 이 통일성은 각양각색의 수많은 국민을 통제해야 하는 관료 국가에서 대단히 중요하다.[17] 만약 시민의 적격성(충분한 심의, 심사숙고 등 민주주의의 구성요소)을 판단할 때 질적 방법 대신 시간을 이용한다면, 국가의 규모와 상관없이 모든 자유민주주의 사회에서 정치가 불필요해질지도 모른다. 또한 자유민주주의가 소중하게 여기는 중립성도 정치에서 사라질 것이다. 모든 범죄에 대한 판결이 질적 방법을 사용해서 내려지는 사회에서 과감한 처벌이 이루어진다면, 이것이 얼마나 도발적이고 수상쩍을지 한 번 상상해보라.

과학적으로 계량화할 수 있다는 사실 덕분에, 시간을 보편적이고 중립적인 대용물이라고 가정하기 쉽다. 이는 자유주의 국가에서 대단히 중요하다. 시간에는 그런 가정에 영향을 미치는 속성들이 또 있다. 모든 국민은 겉보기에 보편적인 방식으로 시간을 경험한다. 그래서 꼼꼼하게 들여다보지 않으면, 시간은 마치 법과 정치, 사회적 사실 등과 무관하게 존재하는 것처럼 보인다. 시간은 자연법과 실정법 중 어느 관점에서나 자연스러운 것처럼 보이는데, 그 이유는 아우구스투스의 설명처럼 신이 시간을 만들었기 때문이기도 하고, 시간이 주권자가 통제할 수 없는 과학법칙의 산물이기 때문이기도 하다. 모든 사람은 시간 속에 존재하고, 자신과 타인 주변에 존재하는 시간을 잘 알고 있다. 그러므로 시계와 달력에 표시된 시간은 보편적이고 중립적이며 과학적으로 보인다. 또한 시간은 거의 모든 행동이나 관계에 이용될 수 있다. 사실혼 관계, 성인 여부, 시민 지식 습득 여부 등 여러 가지 사실을 확인할 때 시간을 사용한다. 그러므로 시간은 보편성과 특수성을 동시에 가지는 듯하다.

셋째, 시계와 달력에 표시된 시간이 보편적이고 중립적이며 과학적이라고 널리 인정되기 때문에, 시간이 표시된 법률과 정책은 정치적 지위를 높이기 위해 사용하는 다른 전통적 수단보다 더 평등하고 덜 편파적이라는 인상을 준다. 시계와 달력은 시간을 합리적으로 표시한다. 사회적 시간이 관습의 산물로서 대단히 특수하고 사회와 밀착되며 계량화되지 못하는 반면, 과학적으로 측정된 시간은 사회 규범이나 정치적 결정보다는 물리법칙과 과학의 지배를 받는 현상으로 여겨진다.[18]

모든 사람이 시간을 소유하므로, 정치에서 시간은 공평한 척도 혹은 대용물로 간주될 수 있다. 재산이나 신분과 달리, 종종 시간은 누구나 같은 양을 가지고 있다고 여겨진다. 더구나 시간은 재산이나 돈 등의 다른 특권들처럼 부모가 자식에게 물려줄 수 있는 것이 아니다. 계급이나 사회적 지위, 신분이나 개인적 특성과 상관없이 시계와 달력에 표시된 시간은 같은 속도로 움직인다. 이론적으로는 돈, 재산, 혈통, 직업 등의 재화들이 권리 획득 여부를 결정하는 기준이 된다. 하지만 민주주의 국가에서는 시민권을 얻거나 감형 받기 위해 그런 재화를 사용하는 일이 대단히 드물다.

또한 과학적으로 측정된 시간을 대용물로 사용하면, 정치적 절차에서 질적 기준을 마련할 때 발생하기 마련인 편파성을 제거할 수 있다. 일반적으로 질적 방법보다 계량적 방식이 좀 더 객관적으로 여겨진다.[19] 인간이 아닌 기계가 측정 방식을 통제할 때 객관성이 높아진다. 시계와 달력은 자의적 편견을 드러내지 않는다. 어떤 사람이 성인이 되었는지, 시민권을 얻을 수 있을 만큼 다른 사람들과 유대 관계를 형성했는지 등을 파악하기 위해 시간이라는 기준을 사용하면 질적 방법과 달리, 공평하게 보인다. 성인 여부, 차별 유무, 수감자 교화 가능성 등을 질적 방법으로 측정한다면, 작업이 대단히 주관적일 수밖에 없다. 이와 반대로, 누군가의 운명을 결정할 때 시계나 달력을 사용하면 편견이나 실수를 눈에 띄게 줄이고 자의적 결정을 피할 수 있다. 어떤 사람이 참정권을 행사하거나 성관계에 동의할 수 있을 만큼 성숙했는지 알아보기 위해 검사 같은 것을 하는 대신, 성년이나 성관계 승낙 연령을 기준으로 삼으면 상대적으로 공정해 보인다.

평등하고 공정해 보이는 시간은 상황이 비슷한 사람들에게 권리를 동등하게 부여하는 기준을 마련해야 하는 자유민주주의 국가에서 특별히 관심을 끈다. 하지만 실제로는 평등하고 공정하리라는 기대를 충족시켜야 한다는 생각이 시간과 관련된 절차와 법률에 규범적으로 큰 부담을 지운다. 이런 법률은 평등하고 공정해야 함과 동시에, 권리를 얻으려는 사람들의 차이를 두루 수용할 수 있어야 한다. 모든 사람이 민주시민으로서 권리를 행사할 자격을 갖출 수는 없다. 인성이 덜 발달되었거나 학습 경험이 부족한 사람들(예컨대 어린이나 법률상 무능력자로 지정된 사람)은 완전한 권리를 누릴 수 없다. 바꿔 말하면, 어떤 사람이 권리를 획득할 자격이 부족한 것은 그 사람의 경험이 이질적이기 때문이다. 이런 추론(시간이 표시된 법은 인성 개발, 학습 등 중요한 과정을 경험했는지를 판단하게 해준다)은 시간이 표시된 법이 실제로 평등하고 공정한지 평가할 때 대단히 중요하다. 시간이 표시된 법이 평등하고 공정해야 한다는 기준을 충족했을 때와 그렇지 못했을 때 어떤 일이 일어나는지는 5장에서 분석하기로 한다.

시간이 권리를 거래할 때 대용물로 자주 사용되는 마지막 이유는 그것이 상황에 구속되면서 동시에 중립적이거나 추상적으로 보일 수 있기 때문이다. 시간은 사회나 정치의 구성요소로 보이지 않는데도, 쉽게 정치 구조에 포함되고 다양한 계획에 적응한다. 특수성과 보편성을 모두 갖춘 채 정치에 사용될 수 있는 재화는 시간 외에 거의 없다.

5장은 숫자를 사용해서 과정과 관계, 자질을 표현했을 때 그 결과로 만들어지는 정치제도를 자세하게 분석한다. 그 내용은 다음과 같이 두 부분으로 나누어 전개된다. 첫째, 4장에서 논의한 것처럼 시간이 일종의 대용물로 사용될 때 실행할 수 있는 통약 과정commensuration의 장점과 단점을 평가한다. 둘째, 시간이 표시된 법이 불공정하고 불평등한 결과를 야기하는 사례를 확인해서 거기에 관해 논의한다.

질적 특성을 계량적으로 측정하면, 시간이 정치적 교환수단(권력을 거래하게 해주는 가치를 가진 재화)으로 기능하는 정치산술political arithmetic을 촉진할 수 있다.[20] 그런 산술적 교환은 자유민주주의 국가에서 정치적 행위자들에게 권리를 거래할 수 있게 해서, 내가 시간의 정치경제학이라 부르는 것을 만들어낸다. 이를 논의하는 과정에서, 시간의 정치적 기능과 마르크스 사상에서 시간이 맡는 역할의 유사점이 발견된다. 시간은 마르크스 사상에서 핵심 개념이며, 노동자의 작업과 그가 받는 보수를 서로 비교할 수 있게 통약한다. 각종 노력, 생산성, 산출물 등으로 측정할 수 있는 노동의 가치는 주로 시간이라는 계량 단위로 계산된다. 그 덕분에 노동자는 작업한 시간만큼 정확하게 금전적 보상을 받을 수 있다.

정치적 시간과 마르크스 사상의 유사성은 경험적으로 우연히 발견되었을 뿐이며, 시간이 경제에서와 똑같은 방식으로 정치에서 다루어진다는 사실에 독자들이 굳이 동의하지 않아도 괜찮다. 정말로 그렇다. 마르크스 사상과의 유사성을 밝힌 목적은 정치에서 시간이 통약 기능을 한다는 사실을 단순히 강조하려는 것이다. 여기에서 통약이란 질적인 특성을 계량적으로 측정할 수 있게 변형하는 것을 말한다. 이는 규모가 큰 자유민주주의 국가에서 필수 관행이다. 시간의 정치경제학에서, 대규모 현대 국가들은 시간이 아니었으면 불가능했을 규범과 가치를 시간 덕분에 통약할 수 있다. 일단 가치를 부여받아 통약 수단이 되면, 시간은 기본적인 정치적 절차들을 마련할 때 필요한 정치공식에 편입될 수 있다. 이런 시간공식들에는 질적 변수와 양적 변수가 섞여 있다. 징역형을 선고하는 공식에는 범죄자의 나이와 범죄 경력, 죄질 등의 변수가 포함되고, 이 공식을 사용해서 처벌 종류, 즉 범죄자의 수감 기간을 정한다. 이와 비슷하게, 귀화를 결정하는 공식에는 유예기간, 훌륭한 인성, 시민 지식을 평가하는 시험, 충성 서약 등이 포함된다. 계량 기법은 변수를 추가하고 변수의 중요도를 조정할 수 있으므로, 공식을 거의 무한대로 변경할 수 있다. 시간 변수를 계산할 때 융통성을 발휘(예를 들어, 미국 시민권자와 결혼했거나 미군에 입대한 비시민권자는 거주기간 요건이 2년 단축된다)하거나, 시간 변수 외에 다른 변수를 추가(예를 들어, 독방 수감은 좀 더 가혹한 징역형이 된다)할 수 있다.

시간의 정치경제학은 현대 자유민주주의 국가와 잘 맞지만, 고대 도덕철학자들도 정치적으로 안정된 판단을 하기 위해 통약 과정을 선호한다고 밝혔다. 측정할 수 있는 것은 통약 가능하고, 통약할 수 있는 것은 쉽게 이해되고 전달된다. 측정할 수 없는 것은 구체적으로 표현할 수 없고, 혼돈을 일으키며, 위험하다.[21] 모두가 경험하는 시간은 수학적 표현이 가능한 정확한 측정도구를 사용해서 잴 수 있고, 과학처럼 명료하고 정확하므로, 측정할 수 없을 때 발생하는 불확실성과 위험을 피할 수 있다. 그러므로 시간은 이상적인 통약 단위다. 마사 누스바움과 로잘린드 허스트하우스Rosalind Hursthouse는 가치를 매기고 평가하려고 할 때 통약 단위가 없어서 사람들이 경험하게 되는 불확실성에 관해 썼다.[22] 이들은 불확실성을 야기하는 것들을 분석할 때 반드시 과학적으로 접근해야 한다고 말한다. 측정 과학은 질서와 규칙을 부여해서 그런 불확실성을 해소해준다.[23] 《에우티프론Euthyphro》에서 소크라테스는 이렇게 말한다.

저울질하고, 셈하고, 측정하는 기술 덕분에…… 인간은 자기가 관심을 두는 소유물 가운데 종류가 완전히 다른 것들을 서로 비교할

수 있게 되었다.[24]

소크라테스는 이것이 도덕적 모순을 해결하는 방법이라고 말한다. 계량화하고 체계화하는 추진력은 국가가 등장하기 이전에도 존재할 수 있지만, 일단 국가가 수립되고 나면 거기에 가속도가 붙는다. 소크라테스의 통찰은 규모가 큰 다원주의 정치사회에 훨씬 적합하다. 앞에서 언급한 정치공식들은 권리를 수여하고 거절하고 행사하는 절차들에서 다양한 변수와 측정 방식을 효율적으로 결합한다.

통약 과정이 없으면, 성인으로서 정치적 지위를 얻고 싶거나 실업수당 같은 것을 신청하고 싶을 때마다 질적 방법을 동원해서 판단해야 할 것이다. 어떤 사람들은 이런 질적 평가 방식이 더 공정하고 정확하다고 생각할지 모른다. 그래서 귀화와 같은 몇몇 사례에는 시간을 이용한 계량 지표와 함께 면접과 같은 질적 판단이 포함된다. 하지만 정치권력이 거래될 때 시간이 개입하는 모든 사례를 질적 판단만 사용할 수 있도록 바꿀 수 있다고는 상상하기 어렵다. 그것은 질적 판단이 비효율적이고 변수들을 비교하기 어렵기 때문이 아니다. 물론 효율성과 공정성은 중요하다. 통약성역시 권력 거래에 참여하는 사람들이 규범에 대한 견해차가 심할 때 타협할 수 있게 해준다. 시간의 의미는 사람마다 다양할 수 있으므로(예를 들어, 귀화를 위한 유예기간이 어떤 사람에게는 충성심을 증명하는 표시가 되고, 다른 사람에게는 시민적 유대감이 생겼음을 보여주는 징표가 된다), 그 덕분에 사회는 권력 거래 방식에 관한 이견을 적당히 눙쳐서 합의에 이를 수 있다. 시간의 정치경제학에서 권력이 거래될 때, 캐스 선스타인Cass Sunstein의 용어인 "불완전하게 이론화된 합의incompletely theorized agreements"에 도달할 수 있다. 통약 과정은 규범과 가치가 첨예하게 대립할 때 참여자들의 희생을 최소화해서 문제를 해결할 수 있다. 바꿔 말하면, 통약 과정은 "의견 일치가 필요한 것은 합의하게 해주고, 의견 일치가 불가능한 것은 합의가 필요 없게 만든다."²⁵ 만약 시간처럼 계량화할 수 있는 재화가 의미는 있지만 그 의미가 분명하지 않다면, 오히려 그 덕분에 시간은 논쟁이 벌어지기 마련인 정치 시스템에서 완벽한 통약 수단이 된다. 이는 통약 과정이 국가뿐만 아니라 이질적인 정당들이 스스로를 통제하기 위해 타협해야 하는 자유민주주의에서도 대단히 필수적이라는 사실을 의미한다.

5장에서는 통약 과정의 규범적 문제점에 관한 여러 주장들을 살펴볼 예정이며, 거기에는 관련 의견을 최초로 제기한 고대 철학자들도 있고, 그 외에 현대 철학자들도 있다. 지금까지 시간의 정치적 역할이 무엇이고 왜 그런 기능을 하는지 분석했다면, 5장에서는 시간적 불평등을 이해하기 위해 여러 철학자들이 통찰한 내용을 어떻게 이용할 것인가 하는 규범적 논의로 넘어간다. 또한 시민의 시간을 함부로 사용하는 민주국가가 정치적으로 정당한가라는 질문도 제기한다.

다수의 현대 이론가들은 통약 과정이 환원적이고 사회적 의미를 훼손한다고 비난한다. 이런 관점에서 보면, 심의 과정과 같은 것의 진정한 가치는 시간을 사용해서 측정할 수 없다. 더구나 통약 과정은 호환 가능한 척도를 사용해서 복잡한 재화들을 표현함으로써 다양한 재화와 활동의 개별 특징을 생략하는 경향이 있다. 일반적으로 이런 주장은 개별적인 기본 가치와 원칙이 적용되는 정치에서 통약 과정에 대한 설득력 있는 반론이 된다. 하지만 시간은 모든 통약이 환원적이라는 생각에 이의를 제기한다. 이미 시간은 수많은 사회적·정치적 의미와 연관되어 있음이 증명되었기 때문에, 질적 과정을 양적으로 측정하는 다른 방식들과는 차이가 있다. 시간은 질적 재화를 계량적으로 측정할 때에도 그 재화에 담긴 개별 의미들을 잘 표현해낸다.

그럼에도, 시간의 정치경제학은 여전히 해롭고 불평등한 결과를 야기할 가능성이 있다. 국가는 다른 재화를 다룰 때처럼, 국민의 시간을 함부로 사용하고 통제하며, 그 시간의 가치를 차별적으로 매긴다. 국민의 시간은 사회적 규범과 원칙에 따라 통제되는데, 권리가 딸린 재화들은 모두 그렇다. 우리는 국민의 시간이 모든 상황에서 공정하고 적절하게 가치를 인정받고 있는지 알아야 한다. 시간적 불평등이 야기하는 정치적 불평등을 이해하려면, 정치적 행위자와 절차가 국민의 시간을 어떻게 다루는지 파악해야한다. 마르크스가 시간과 노동, 통약 과정에 관해서 주장했던 내용과 다시 비교해보면, 임금 노동을 분석하지 않고는 자본주의의 작동 방식을 이해할 수 없듯이, 국민의 시간이 다루어지는 방식을 분석하지 않고는 정치 시스템(특히, 민주주의)의 작동 방식을 이해할 수 없다.

상황이 다른 사람들의 시간을 똑같이 다룰 때, 시간과 관련된 정치적 절차는 불평등해진다. 사람마다 가지고 있는 시간의 양과 질은 서로 다르다. 나이가 다르고, 기대수명도 다르며, 경험하는 위급 상황도 다르다. 부자와 가난한 사람의 시계는 똑같이 움직이지만, 이들이 자신의 시간을 '소비'하는 방식은 시간이 표시된 법률에 다 담아내지 못하는 상황들과 사회적 계급의 산물이다. 가난한 사람이 생계를 위해 초과 근무할 때 경험하는 시간 부족은 민간 기업에서 성차별에 맞서 힘겹게 일하는 전문직 여성이 경험하는 것과 다르며, 나이 때문에 차별받는 중년 남성이 겪는 어려움과도 다르다. 불치병 환자에게는 징역 5년형이 종신형과 다름없을 것이고, 젊은이에게 징역 6월은 인생의 궤도에서 영원히 이탈하는 일일지도 모른다.

이는 법률과 정책, 관행 등이 개인차를 제대로 반영하지 못하고, 모든 사람이 시간과 같은 관계를 맺고 있다고 가정하고 이들의 시간을 똑같이 취급했을 때 나타나는 심각한 결과다. 하지만 시간의 정치경제학에는 그 반대의 상황(상황이 비슷한 사람들의 시간을 차별적으로 취급하는 경우)이 훨씬 문제라는 것을 보여주는 증거가 대단히 많다. 우리는 종종 상황이 비슷한 사람들의 시간이 다르게 취급되는 사례를 보면서, 심각하게 자유를 제한하는 불평등한 국가의 관행을 확인한다. 시민권을 얻기 위해 주변 사람들보다 더 오래 기다려야 하는 사람들은 불평등을 경험하고 있는 것이다. 여기에서 인성 개발과 학습 경험과 같은 중요한 민주적 과정들 간의 관계에 대해 앞에서 추론했던 내용이 다시 등장한다. 3장과 4장에서는 인성 개발, 관계 형성, 교육, 판단력 등 중요한 정치적 과정과의 관계 덕분에 시간이 정치적 가치를 얻는다는 점을 밝힌다.

상황이 비슷한 사람들의 시간을 차별하는 행위에는 어떤 사람(시간이 평가절하된 사람들)은 시간이 대용물이 되는 정치 과정에 영향을 받지 않거나 정치 활동을 할 능력이 없다는 메시지가 들어 있다. 예를 들어, 같은 범죄를 저질렀는데 남들보다 더 높은 형을 선고받은 사람은 암묵적으로 다른 사람들보다 처벌의 효과가 덜한 사람으로 취급받고 있는 것이다. 실제로 이것은 (어떤 유형의 범죄자가 가장 고치기 힘들고 성격적 결함이 많은지 정하기 위한) 상습범에 대한 양형 기준과 유사하다.[26] 처벌의 목적이 교정·교화든 아니면 확실한 응징이나 증오든 상관없이 앞에서 추론한 내용은 사실이다. 비슷한 범죄를 저질렀지만 어떤 사람에게는 상대적으로 더 높은 형을 선고하는 행위에는 이들이 교화되려면 더 오랜 시간이 필요하다거나 사회에 더 많은 빚을 졌다거나 더 큰 위협이 된다는 생각이 들어 있다.

마르크스 사상에서 노동한 만큼 보상을 받지 못하거나 노동 시간의 가치가 평가절하된 노동자가 경제적으로 착취당하는 것처럼, 자신의 시간을 제대로 인정 혹은 보상받지 못하는 국민은 정치적 통제를 받기 십상이다. 자유나 시민권을 얻기 위해 더 오래 기다려야 하는 사람은 시간을 제대로 평가받지 못한 이후에 발생하는 모든 결과물에 휘둘리기 쉽다. 정치적으로 자신의 시간을 제대로 인정받지 못하는 개인이나 집단은 정치적 착취와 비슷한 상황을 겪게 된다. 자신과 상황이 비슷한 다른 사람들은 시간이 지나면 획득하고 행사할 수 있는 권리와 권력을 이들은 거절당한다.

상황이 비슷한 사람들의 시간을 차별하는 행위는 부분적으로 권리와 지위를 관리하는 정치적 절차에 시장 논리를 적용한 결과다. 시간의 정치경제학에서 일어나는 통약 과정에는 시장 논리가 각인되어 있다. 시장 논리에서처럼, 정치에서도 시간이 과대평가되는 사람이 있는가 하면, 평가절하되는 사람도 있기 마련이다. 정치적 시간을 제대로 인정받지 못하는 사람들이 겪는 고통은 순간적이지 않고, 권리와 지위를 최초로 박탈당한 이후부터 지속적으로 발생한다. 그 영향은 종종 개인에서 집단으로 확대된다. 예를 들어, 국가가 유권자 등록 서류를 제출(미국은 18세 이상 시민권자라도 유권자 등록을 해야 투표할 수 있다 - 옮긴이)하는 기간을 단축하거나 국가 비상사태를 연장하는 행정명령을 집행할 때 그러하다. 이런 조치의 효과가 모든 사람에게 똑같이 미치지는 않으며, 그 결과는 개인의 삶과 정치 모두를 전반적으로 바꾸어놓기도 한다.

운이 좋으면, 시간이 불평등을 바로잡기도 한다. 다수의 폭정을 피하는 방법을 논의할 때 흥미로운 게임이론은 "투표권 비축 vote storage"이라는 개념을 사용하는데, 이는 유권자가 선거 이슈에 따라 여러 장의 표를 행사할 수 있는 제도다.[27] 소수파는 특별히 중요한 선거에서 다수파를 이기기 위해 연대할 수 있다. 이 원칙은 본래 소수 민족이 다수인 지역구를 보호하려는 생각에서 착안한 것으로, 공간적 이슈가 시간적 성격을 띠게 된 경우다. 소수집단은 투표권을 비축하면 시간을 사용해서 민주주의의 오랜 약점으로 인한 피해를 보상받을 수 있는데, 그 약점이란 소수자의 정치적 이익과 목소리가 구조적으로 일관되게 보호되지 못한다는 것이다. 이와 비슷하게, 이들은 정당한 필리버스터filibusters(의회에서 소수파 의원들이 주로 다수파의 독주를 막기 위해 합법적으로 의사 진행을 방해하는 행위 – 옮긴이)를 통해서도 상대적으로 취약한 자신들의 정치적 입지를 극복할 수 있다. 그리고 사전투표제도나 투표 시간 연장 조치는 취약 계층의 참정권 행사를 방해하는 장애물을 제거하는 방법으로 종종 간주된다.[28] 이때 장애물이란 투표 줄이 너무 길거나[29] 투표일에도 근무해야 할 때 사람들이 경험하는 시간적 제약이다.

그러므로 시간과 정치적 정의의 관계에는 광범위한 의미가 담긴다. 이런 관점을 택하는 주장들은 신중하게 이끌어낸 추론을 바탕으로 할 뿐만 아니라, 정치에서 시간에 관한 논쟁과 시간을 다룬 사상과의 관계를 파악할 수 있게 해주는 맥락도 제공한다. 그 목적을 달성하기 위해 이 서론의 나머지 부분에서는 시간과 정치의 관계를 다룬 기존 사상들을 간단하게 살펴본다. 시간에 관한 연구는 방대하고 여러 학문을 아우르기 때문에, 이 책에서는 사회

과학과 인문학의 중요한 연구들에만 집중한다.

사회과학 속 시간

1922년에 프랑스철학회Société Française de Philosophie에서 벌어진 유명한 논쟁에서, 앙리 베르그송Henri Bergson은 시간에 관한 알베르트 아인슈타인의 정의가 잘못되었다고 주장했고, 결국 이 유명한 물리학자는 상대성이론으로 노벨상을 받지 못했다.[30] 당시는 철학이 자연과학의 권력 앞에서 진실을 말할 수 있고 세상도 거기에 귀를 기울이려던 시기였기에, 두 사람의 교류는 세인의 관심을 끌었다. 또한 그 교류를 통해 시간의 개념을 꼼꼼하게 연구하는 지적 전통이 오랫동안 풍부하게 존재하고 있음이 확인되었다. 사회과학과 정치철학의 모든 하위 분야에서 기간은 대단히 중요한 주제였다. 1915년에 뒤르켐Durkheim을 시작으로, 사회과학자와 법학자들은 시간이 당연하고 단순한 사실이라는 가정을 버리고, 사회적·정치적 삶 속에 존재하는 시간을 연구하기 시작했다. 정치경제학과 시간에 관한 연구는 노동시간[31]과 여가[32], 성별과 같은 변수와 시간의 상관관계[33]에 집중되었다. 오늘날에는 자본주의가 노동시간에 미치는 구조적 영향[34]과 임금 강탈[35] 그리고 특별히 세계화와 관련해서 시간의 흐름에 따른 시장경제의 산물[36] 등에 대한 관심이 널리 퍼져 있다.

정치학에서 시간은 특별히 미국의 정치발전사에서 제도 발전과 시대 구분을 연구할 때 관심을 받았는데, 이때 기본 전제의 대부분은 복잡한 진화 과정을 다룬 뒤르켐의 이론에서 가져왔다.[37] 특히 오랜 시간에 걸쳐 전개되는 과정들, 경로의존성path dependence, 순서 배열이 인과관계에 미치는 영향[38], 선거 타이밍[39] 등이 서로 어떤 관계를 맺는가에 관심을 둔다. 정치가 변하는 속도에 주목하면서, 시간의 흐름에 따라 특정 순간들이 정치적 과정을 설정하는 방식 역시 학문적 관심을 얻고 있다.[40]

정치학자들은 특별히 행정부의 국가긴급권executive emergency powers에 관한 최근의 관심을 고려하여, 입법부·행정부·사법부의 성격에 관한 가설을 시간에 따라 달리 세우고 있다.[41] 미국의 정치발전사를 연구하는 학자들이 정치에서 특정 양식과 인과관계를 발견하기 위해 하나의 차원으로 시간을 다루는 것도 타당한 연구지만, 이 책에서는 시간을 개념적·규범적으로 분석할 때 그것을 하나의 정치적 재화로 전제한다.

뒤르켐 이후에, 사회이론가들은 다양한 주제에 두루 관심을 보여왔다. 그중 가장 핵심적인 연구는 시간의 유형에 관한 논의로, 여기에서는 순환하는 시간과 직선으로 진행하는 시간의 차이점[42]부터 그런 다양한 유형의 시간을 이해하는 방법[43] 등을 다룬다. 철학자와 사회이론가들은 마르크스 사상에 들어 있는 시간의 가치를 분석했고, 시간을 사용해서 노동을 가치로 변환하는 조건들을 구체화했다.[44] 구조화 이론structuration theory은 시공간의 원격화

time-space distanciation와 근대성에서 시간의 압축compression of time 등의 개념들과 시간을 결합한다.[45] 하르트무트 로자Hartmut Rosa 는 시간의 가속화와 압축을 암시하는 이론을 만들었다.[46] 법철학자들은 공통적으로 법사상에 시간의 개념을 적용했다.[47] 이들은 정치사상사, 특히 사회계약이론에서 시간을 논의하는 학문이 발전하는 데도 기여했다.[48] 정치이론가와 법학자들은 산업자본주의에서 전제하는 시간 개념을 법이 수용하는 방식[49]과 여가를 누릴 자유의 중요성[50]뿐만 아니라 시간과 국가긴급권의 관계를 연대순으로 분석하고 기록했다.

아마도 여러 학문 중에서 시간을 중점적으로 연구한 분야는 역사학일 것이다. 아날학파Annales School가 '장기 지속longue durée'이라는 개념을 소개하자 역사학자들은 오랜 기간에 걸쳐 조금씩 진행되는 진화와 구조화보다는 개별 사건들에 집중해서 그 의미를 파악하고 고찰하기 시작했다.[51] 또한 역사지리학historiography은 라인하르트 코젤렉Reinhart Koselleck의 혁신적인 업적에 뒤이어, 시간성과 국가 정체성을 연구하기 시작했다.[52] 시간에 집중했던 다수의 사상가들은 지리적 경계가 만들어지거나 재설정될 때 정치적 주체성political subjectivity이 변형되는데, 이때 시간에 관심을 두어야 한다고 생각했다. 그들은 정치적 주체성이 변형되는 때와 그 변형이 유지되는 기간 그리고 그 과정에서 빚어지는 상황들에 기초해서 시간적 경계를 설정한다. 최근 토머스 앨런Thomas M. Allen은 "일관된 국가정체성을 확립하기 위해 정확한 시간 측정의 중요성"[53]에 관한 글을 써서 시간을 역사적으로 연구하는 작업에 다리를 놓았다. 그리고 윌리엄 맥스 넬슨William Max Nelson은 프랑스혁명기에 시간을 측정해서 국가의 미래를 개척하려는 시도가 어떻게 일어났는지를 기록했다. 넬슨은 프랑스혁명 이후에 새로 시행된 달력에 담긴 철학적 토대를 분석하고, 시간을 측정하는 방식이 과거와 미래 그리고 (특히) 진보와 개혁이 일어날 수 있는 정확한 조건들과 다양한 관계를 맺는다는 사실을 증명했다.[54] 좀 더 일반적으로, 시간과 시간 기록의 역사를 연구하는 학자들은 정치이론가들이 정치적 시간이라는 주제에 관해 생각할 수 있는 길을 닦았다.[55]

정치사상사의 하위 분야에서는 포콕J. G. A. Pocock의 백과사전적 저서인 《마키아벨리언 모멘트The Machiavellian Moment》가 시간에 관한 담론을 지배했다.[56] 포콕은 공화국 초기에 정치적 발전과 쇠퇴가 불가피하다고 예언한 폴리비오스Polybios의 정체순환론Polybian cycles을 자세하게 설명한다. 정치 혁신이란 본질적으로 불안전한 상태로 일어나며, 그 때문에 위험천만하다.[57]

최근에는 민주주의 이론가들이 "무한 후퇴infinite regress" 문제를 해결하기 위해 고심하고 있는데, 무한 후퇴란 현재 질서를 확립해준 타당한 과거 법을 참고하지 않고는 민주적 정당성을 갖출 수 없다는 의미다. 그래서 폴리나 오초아 에스페효Paulina Ochoa Espejo는 베르그송이 처음 생각해냈고 아렌트Arendt와 오르테가Ortega를 통해 서서히 알려진 방식대로, 무한 후퇴 문제를 피하고 합법적인 국민 주권을 확립하는 기초를 마련하기 위해 시간을 고찰해야 한다고 주장한다. 에스페효는 "민주적 정당성은 국민에게서 나오는 것이 아니고, 측정되지 않으므로 특정할 수 없는 시간적 관점에서만 인정된다"[58]고 말한다.

린달Lindahl은 방브니스트Benveniste[59]를 인용해서, "집단의 역사적 시간"은 "특정 날짜로 축소할 수 없다"고 말하면서[60], 에스페효와 비슷한 주장을 펼친다. 국가가 세워지기 전에는 '국민'이란 존재하지 않고, 그에 따라 국민주권 같은 것도 있을 수 없다. 국민주권이 없다면, 그 순간에 만들어지는 모든 법률은 민주적 정당성을 얻을 수 없다. 하지만 그렇게 만들어진 법이라도 미래에 민주적 결정을 내리는 데 필요한 법률과 절차를 확립하기 위해서는 필요하다. 제드 러벤펠드Jed Rubenfeld는 "현재중심적인" 연설용 정당성이 역사에 근거한 두툼한 공식 문서에 쓰인 정당성을 대체할 때 드러나는 현재중심주의presentism의 취약성에 대해 논박한다.[61] 미셸맨Michelman과 하버마스Habermas는 그 문제를 정치 규범과 정치 관행의 모순 혹은 긴장관계로 표현한다.[62]

시간적 정의는 현대 정치이론가들이 불공정한 직장 문화, 불평등한 재량 시간discretionary time, 자율성 부족 등 사람들이 스스로 통제할 기회를 얻는 데 악영향을 미치는 모든 요인을 연구할 때 고찰하는 주제이기도 하다.[63] 정치의 속도가 사람들을 차별할 수 있다는 우려 때문에 정치적 정의의 필요성이 제기된다.[64] 오랫동안 권위 있는 다원주의자들이 정의에 관한 담론을 지배한 후에, 불가지론을 지지하는 민주주의 이론가들은 대리인과 시간성의 상관관계를 연구하는 쪽으로 우리의 관심을 돌렸다.[65] 이런 담론은 국가와 국민에게 익숙한 관행을 죽음에 대한 성적 두려움으로 설명한 정신분석학적 통찰과 더불어 발전했다.[66]

민주주의 이론의 하위 분야는 사회적 정의에 관한 연구보다 덜 추상적인 경우가 많은데, 여기에 속한 학자들은 시간의 구체적인 영향력을 중요하게 다루지 않았다. 시민의 인지능력과 지식에 관한 연구는 통시적 분석의 중요성을 인정하고 정보가 시민들 안에서 공간적·시간적으로 분배된다는 사실을 직접 언급하지만, 시민이 학습하는 방식에 대한 분석은 미룬다.[67]

대중의 지혜란 함께 심의하고 결정하는 집단의 지혜를 가리키지만, 동수의 사람들이 여러 시대를 거치며 축적한 지혜를 말할 수도 있다. 인식론적 민주주의처럼, 다수의 경험주의 학자들도 기간을 정확히 측정하는 것에 큰 매력을 느꼈지만, 아직 시간과 관련된 질문을 풍부하게 발굴하지는 못했다. 예를 들어, 폴 피어슨 Paul Pierson은 합리적 선택이론이 부주의하고 어쩌면 무능력해서 지속 현상을 포착하지 못한 탓에 실패했다고 주장한다.[68] 그리고 셰들러 Schedler와 산티소 Santiso가 시간에 관해 더 깊이 생각하기 위해 정치학자와 정책연구자들을 "초대"[69]했던 일은 주로 유럽연합과 유럽의 거버넌스가 경쟁하는 상황을 다루기 위해 단편적으로만 일어났을 뿐이다.[70]

정치적·사회적 정의를 연구하는 대부분의 현대 이론가들이 왜 시간을 고려하지 않고 절차적 정의를 이야기하는지 그 이유는 확실치 않다. 이들은 분배 양식, 구조적 불평등, 자유 등 정의를 구성하는 핵심 요소 몇 가지만 언급한다. 롤스Rawls의 뒤를 이어, 20세기 이론가들은 공정한 절차와 공평한 결과를 주장하면서, 중요한 재화들의 우선순위를 매기고 그 재화들에 접근하는 방법들을 언급한다. 대체로 이런 재화는 그것을 분배하는 방법을 모색하는 사회 시스템 안에서 가치를 획득한다고 알려져 있다.[71] 정치적 정의에 관한 철학자들의 주장으로부터 분배, 대의 민주주의, 정체성과 같은 핵심 주제에 집중된 정치적 절차와 결과에 관한 토론이 시작된다. 하지만 시간은 이런 모든 주제에서 대단히 중요하며, 실업수당이나 현금지원 같은 복지 혜택을 받을 수 있는 기간, 선거구 조정 일정, 시민권을 얻기 위한 유예기간 등을 체계화한다. 롤스는 세대 간 정의를 인정하지만, 다수의 동료 학자들처럼 국가가 시민의 시간을 어떻게 다루어야 하는지에 관해서는 아무런 실질적 논의도 하지 않는다.

다른 사례를 보면, 정의론을 연구하는 학자들이 시간을 무비판적으로 언급하고 있는데, 그중 마이클 샌델Michael Sandel은 접근권(의회 출입권, 인기 있는 공연 티켓, 시민권)을 구입하기보다 "순서 기다리기" 원칙을 더 지지한다. 하지만 그는 재화나 기회를 얻기 위해 돈보다 시간을 소비하는 것이 왜 더 공정하고 나은 방식인지는 설명하지 않는다.

확실히 정치학에는 시간의 긍정적·규범적 역할에 관해 연구할 거리가 많다. 색다른 사건, 역사화한 시간 그리고 심지어 예외성의 정치politics of exception에 관한 논쟁은 지금 다루고 있는 주제와 관련은 없지만, 그 어떤 논쟁도 이 책에서 언급한 현상들을 직접 다루지 않는다. 즉 시간이 시민으로서 갖춰야 할 질적 자질을 측정하고, 정치적 권리를 교환하는 수단으로 기능하며, 시민 주변에 주권적 경계를 설정한다는 사실은 이 책에서만 다루고 있다.

몇 가지 주의할 점

이 책에서 논의하는 정치적 시간은 과학적으로 측정할 수 있다. 이것은 순환하는 시간, 세대 간 시간, 생태학적 시간, 자연의 시간, 사회적 시간이 아니며, 사회과학자와 역사가가 확인하고 과학적으로 측정된 시간과 공존하는 다른 무수한 유형의 시간과도 다르다. 과학적으로 측정된 시간은 다른 유형의 시간과 중첩될 수는 있지만, 어쨌든 별개의 시간이며, 이는 국가가 이전 정부나 다른 국가 그리고 다른 사회적·정치적 조직과 스스로를 구분하기 위해 시간을 사용했던 여러 사례에서 분명하게 드러난다.

다음으로, 이 책은 옛 이론을 철저하게 연구해서 그것을 토대로 논의를 전개하지는 않지만, 아리스토텔레스가 카이로스kairos와 크로노스chronos를 구분한 내용은 어느 정도 이 책의 주제를 이해하는 데 도움이 될 것이다. 카이로스는 사물이 존재하고 기회를 잡을 수 있는 특별한 순간이고, 크로노스는 아무런 맥락 없이 계량적으로 측정된 시간을 의미한다.[72] 사람들은 사건이 일어날 예정이거나 이미 일어난 맥락을 표현하기 위해 종종 '시간'이라는 단어를 사용한다.[73] 시간성이란 상황을 고려한 표현이다. 하지만 이 책에서는 시간을 다룰 때 역사적 맥락을 생각하지 않는다. 시간은 시계와 달력으로 정확하게 측정된다. 사회과학 방법론을 연구하는 학자들 역시 인과관계와 예측 과정을 명확히 밝히기 위한 더 큰 작업의 일환으로 기간을 속도, 가속, 연속 등의 개념과 구분했다.[74] 이런 개념들은 정치적 과정을 연구하는 데 필요하지만, 이 책에서는 시간을 연구하는 방법으로서 가속과 연속 중 어느 것도 중요하게 다루지 않으며, 속도만 간단하게 언급한다. 이 책에서 다루는 시간의 가치는 일정 기간에 인위적으로 만들어진 결과물이다. 속도와 가속, 연속이라는 개념은 시간이 정치에서 통약 수단이 된다는 광범위한 생각을 전달하는 과정에서 부수적인 기능을 한다.

기간을 강조한다고 해서 시간이나 다른 정치 변수를 생각하는 방식보다 기간이 더 중요하다고 말하려는 것이 아니다. 이 책은 과학적으로 측정된 기간이 대단히 중요한데도 아직 충분히 연구되지 못한 정치적 재화라고 주장한다. 기간은 과정, 특징, 관계 등 중요한 정치적 구성요소를 표현하는 수단으로 널리 알려져 있다. 하지만 그렇다고 해서 시간이 다른 정치적 재화보다 더 중요하다거나 시간 측정이 다른 훌륭한 방법들보다 더 뛰어나거나 공정하다는 의미는 아니다. 여기에서 권력과 권리를 거래하는 관점에서 시간을 바라보려 애쓴 이유는 시간을 생각하는 방식을 폭넓게 분석하기 위해서였다. 시간이 정치적 재화로서 가치를 제대로 인정받지 못한다거나 시간이 정치에서 두드러진 역할을 한다는 주장을 시간이 다른 정치적 재화보다 더 중요하다는 의미로 해석해서는 안 된다.

셋째, 이 책에서 가장 많이 관심을 두는 시간은 정치적 절차에 명시된 시간이다. 여기에서 나는 유예기간, 데드라인, 연령 제한, 계층을 막론하고 똑같이 적용받는 구체적인 유예기간 등 공식적으로 승인받고 체계화된 시간과, 자원이 희소하다는 이유로 또는 고의적 지연이나 방해로 무한정 연장되는 시간을 구분한다. 가끔 그 두 유형의 시간을 동시에 경험하거나 따로 경험하더라도 유사한 계기에서 비롯되었거나 결과가 비슷해지는 경우가 있기는 하지만, 중요한 부분에서는 서로 구분된다. 이 책에서는 다른 결정들보다 법과 정책에 예정되어 있고 거기에 명시된 기간만 다루기로 한다. 그러므로 대기, 지연, 줄서기 등 도처에서 일어나고 있는 기다림의 정치적 의미를 자세하게 분석한다.[75]

마지막으로, 이 책은 다양한 시간 규칙과 공식을 다룬다. 정치에서 시간공식은 흔하게 볼 수 있다. 각 장, 특별히 3장에서 5장까지 분석한 내용들을 연결하기 위해서 나는 여러 시간공식 중 어린이와 완전한 시민이 구분되는 성년, 비시민권자가 귀화하기까지 기다려야 하는 기간, 징역형 선고 등의 예를 반복해서 언급한다. 그렇다고 이 책의 주제가 그 세 가지 사례에만 해당된다는 의미는 아니며, 이는 이미 도입부에서 분명히 밝혔다. 낙태 허용 기간, 은퇴 연령 등 시간을 이용해서 민주정치를 체계화하는 수많은 사례를 반복해서 언급하지 않는 이유는 오직 명확하고 일관된 주장을 유지하기 위해서다.

정치에서 시간이 왜 중요한가?

이 책은 겉으로 보이지 않는 현상을 연구한다. 그것은 바로 국가가 정치적으로 중요한 과정을 표현하고 측정하기 위해서 시간에 가치를 매기는 일이다. 투표 연령, 은퇴 연령, 귀화 조건, 징역형 등에 관한 법률에도 규정되어 있듯이, 시간은 정치 시스템 안에서 일반적으로 국가가 정하는 정치적 가치를 지닌다. 시간이 인간의 삶에서와 마찬가지로 정치에서도 불가피한 것이라고 해서, 시간이 정치의 일부이고 정치적 정의를 실현하는 데 당연히 어떤 역할을 해야 한다는 의미는 아니다. 시간이 포함된 정치적 절차 중에는 시간을 사용하지 않고 이행할 수 있는(그리고 이따금 실제로 이행되는) 경우가 꽤 있다. 시간을 고려하지 않고 마련할 수 있는 정치적 절차에서 기간의 중요성이 뚜렷하게 드러난다면, 왜 그런 기능을 시간에 맡기게 되었는지 그 이유를 알아야 한다.

2장부터는 자유민주주의 국가가 기본권을 가질 자격이 있는 국민을 평가할 때 과학적으로 측정된 기간을 어떻게 사용하고 왜 사용하는지를 파악하기 위해 시간과 민주정치의 관계를 분석한다. 표현하기 어려운 것을 표현하기 위해 시점과 기간을 사용하는 일은 흔하다. 이것이 흔한 이유는 시간의 계량 가능성과 실용성 때문인데, 그 덕분에 시간은 국민국가 사상에 필수 요소가 된다. 하지만 정치에서 시간을 자주 사용하는 이유는 시계와 달력이 공정하고 공평한 의사결정자라는 널리 알려진 직관과도 관련이 있다. 굳이 언급하면, 이런 직관 중 상당수는 시간이 실제로 중립적이고 평등하고 공정하다는 확신을 많이 주지는 못한다. 또한 시간은 권력이 행사되는 모든 단계에 각인되어 있으므로, 시간 측정 말고 다른 대안을 생각하기도 어렵다. 상충하는 가치들 사이에 타협을 이끌어내고 정치적 절차들을 효율적으로 이행하려면 시간을 측정하는 작업이 필요하다.

이 책의 결론에서는 시간과 관련된 정치 관행 중 어떤 것이 자유민주주의의 기본 규범에 적합하고 공정한지를 묻는다. 어떤 법적·정책적 기준이 공정한가는 정체의 성격에 따라 달라지겠지만, 어느 정도 일반화는 가능하다. 그런 일반 원리들이 대체로 전제로 삼는 것은 다른 재화와 마찬가지로 비슷한 상황에 처한 사람들의 시간을 국가가 평등하게 취급해야 한다는 것이다. 조건이 비슷한 사람들의 시간을 차별해서 그 가치를 매긴다면, 자유롭지 못하고 비민주적인 관행이 발생할 가능성이 높아진다. 그러므로 정체의 공정성을 평가할 때 분배와 대표성 같은 규범적 가치뿐만 아니라, 오늘날 국가가 시민의 시간을 관리하는 관행도 꼼꼼하게 조사해야 한다. 만약 정치적 정의를 이해하고 싶다면, 시간에 의존하지만 계량화할 수 없는 법과 정책의 규범적 결과뿐만 아니라, 정치적 시간과 관련된 관행도 자세히 들여다보아야 한다. 국가가 국민에게 정확한 시간과 순서를 제시하면서 기다리라고 요구할 때는, 거기에 대한 타당한 이유를 제시해야 한다. 그리고 그 이유를 제시하려면, 시간이 자유민주주의에서 규범적으로 얼마나 중요하고 왜 그러한지를 먼저 분명하게 밝혀야 한다. 이 작업은 다음 장의 내용인 시간과 주권의 관계를 분석하는 것으로 시작한다.

국민국가, 국민, 시민의 주권을
결정하는 시간적 경계

영토적 경계와 시간적 경계

일반적으로 민주주의 이론에서 경계에 관한 논의는 영토성 territoriality과 그 영토성을 '데모스demos'(마을을 뜻하는 그리스어로, 고대 아테네에서 가장 작은 행정구역이자 정치의 기본 단위였다 - 옮긴이)의 개념에 포함할지 여부, 영토성과 '데모스'를 서로 치환하는 문제 등을 다룬다. 비판적 사상가들은 경계라는 개념 자체가 복잡하고 다면적임을 인정하면서도, 다른 정치 과정과 비교해서 시간의 역할은 소홀하게 다룬다. 경계 문제를 다룬 최근 한 연구에서는 영토의 존재를 민주주의의 전제조건에 포함해야 한다고 주장했다.[1] 이 연구는 "이해 관계자 참여 원칙all affected principle"을 다룬 로버트 구딘Robert Goodin의 논문에서 크게 자극을 받았는데, 구딘의 논문은 이익과 결정, 결과물을 공유하므로 영토를 기준으로 '데모스'를 정의해야 한다는 생각을 반박했다.[2] 신영토중심주의자들new territorialists 역시 "경계 없는 데모스unbounded demos"에 관한 아라시 아비자드Arash Abizadeh의 다소 축소된 주장과, 경계 설정 과정에 참여할 권리를 '데모스'에서 제정한 법으로 구속해야 한다는 견해를 받아들인다.[3]

정치적 경계에 관한 이론에는 정례적 심의와 투표 계획 등이 수반되는 정치적 의사결정 일정이 들어 있다. 바꿔 말하면, 주권국과 '데모이demoi'(데모스의 복수형으로, 몇몇 데모스들의 연합 혹은 그 구성원들을 가리킨다 - 옮긴이)의 경계에 관한 모든 논의에는 시간이라는 요소가 포함된다.

시간과 정치적 경계의 연관성은 모호하지만 중요한 사실 하나로 설명할 수 있다. 20세기 이전 사람들은 '데드라인deadline'이라는 단어를 과업이나 임무가 '지체됐다'고 여기기 직전이 아니라 포로수용소 주변에 그어진, 넘지 않으면 총살을 피할 수 있는 한계선으로 생각했다. 즉 데드라인은 구체적인 영역을 표시했다. 현대에 이르러 데드라인이 기한의 뜻으로 사용될 때는 이전 정의가 품고 있던 두 가지 특징이 감춰진다. 땅의 경계를 표시하는 기능과 국가 권력과의 연계성이 바로 그것이다. 이 두 가지는 데드라인을 정치적으로 경험할 때 여전히 중요하다. 시간과 영토 모두 정치적 경계가 생성되는 데 영향을 준다.

대부분의 헌법은 어느 한 시점, 특별히 그것이 효력을 발휘하기 시작하는 특정 연도와 날짜를 명시한다. 헌법이 제정되기 전에는 주권이 다르게 구성되었거나 아예 구성되지 않았을 것이다. 다른 형태의 시간적 경계도 많다. 국가는 개인과 집단에게 거주 및 이전, 권리 주장 및 행사 등을 지시하거나 제한하기 위해 격리기간, 통행금지 시간, 설립일, 제한 규정 등 수많은 시간적 경계를 둔다. 이런 시간적 경계는 공통적으로 한 정권의 시작과 끝을 표시하고, 각 정권이 보장하는 거주 이전의 자유와 참정권 등 기본권의 체계를 마련한다. 이는 정치이론가들이 체계적으로 연구할 가치가 있는, 평범하지만 중요한 정치적 특징이다. 하지만 수많은 기본권과 정치적 지위는 정치적 데드라인을 맞추었는가에 좌우된다. 정치적 데드라인을 무시하는 행위는 대개 집단 내에 좀 더 운이 좋은 쪽에 속한 사람들의 특권이다. 그러므로 이런 의문이 생긴다. 시간적 경계와 정치적 정의의 관계는 무엇인가?

눈에 보이지 않는 시간적 경계는 그것이 사회구조와 정치권력의 분배에 끼치는 막대한 영향력을 숨긴다. 시간은 사람들이 특정 범위에 포함될 가능성을 조종하는 중요한 정치 변수다. 시간적 경계는 내국인과 외국인, 선거권이 있는 자와 없는 자, 권리가 있는 자와 없는 자를 구분한다. 줄지어 서 있는 무장 경비원을 보거나 땅에 설치된 철조망을 만지는 것과 달리, 달력의 특정일이나 일정표의 데드라인은 보거나 만질 수 없다. 하지만 적어도 특정일과 데드라인은 무장 경비원이나 철조망처럼 효과적으로 사람들과 정치권력을 분리할 수 있다. 이따금 시간적 경계는 영토적 경계보다 더 엄격하게 사람들을 감시하고 통제한다. 아주 간단한 문서만 있어도 누가 영역 안으로 들어왔고 떠났는지 그 시점을 정확하게 구분할 수 있다. 영토의 경계를 움직이려면 적어도 다른 주권국의 동의가 필요하지만, 자격증의 유효 기간을 설정하고 데드라인을 정하는 일은 정치 시스템 안에서 협상이 가능한 일이다.

이번 장에서는 달력의 날짜가 다음의 네 가지 중요한 정치적 경계를 설정하고 유지하는 데 얼마나 필수적인지 논한다. 그 네 가지는 바로 주권국들 사이의 경계, 주권국 국민들 사이에 존재하는 경계, 주권국 안에서 특정 집단의 자유로운 이동을 제한하는 경계, 권리가 있는 사람과 없는 사람을 구분하는 경계다.

이를 분석하는 과정에서 정치권력을 체계화하는 데 핵심 역할을 담당하는 세 가지 시간적 경계가 등장한다. 특정 시점을 가리키는 고정된 단독 경계, 공소시효와 같은 초읽기 경계, 10년 주기 인구조사와 같은 반복적 경계가 바로 그것이다. 시간적 경계를 유형별로 구분하고 각 경계와 민주주의 원리의 관계를 분석하면, 시간적 경계의 규범성을 논할 근거가 마련된다. 이런 논의를 통해, 시간적 경계를 명시한 법이나 정책이 얼마나 포용적이고 민주적인지 판단할 수 있다. 이번 장의 마지막 부분에서는 각 시간적 경계가 민주주의의 핵심 원리에 얼마나 잘 부합하는지 규범적 분석을 한다. 건국일처럼 고정된 단독 경계는 합의가 필요 없는 정치 영역에는 적합하지만, 매우 자의적으로 설정되기 때문에 민주주의를 실현하는 데는 부적합하다. 초읽기 경계는 시간의 흐름에 따라 변경되는 내용을 조정할 여지가 있으므로 민주주의 기준에 부합할 가능성이 높다. 반복적 경계는 가장 포용적이고 참여의 기회를 폭넓게 제공하므로 민주주의의 핵심 원리에 가장 잘 들어맞는다.

다양한 시간적 경계

이번 장에서 논의할 시간적 경계들은 권력과 권리가 행사되는 영역과 행사되지 못하는 영역을 구분하기 위해 공통적으로 시간을 이용한다. 사회학자들은 이미 오래전부터 시간을 표기하는 과정을 인식하고 있었다. 모든 사건은 다른 사건들과 관계를 맺기 마련이므로, 그 사건의 역사적 의미는 그런 관계 속에서 일종의 "구조적 위치"에 놓인다.[4] 중요하지 않은 시간은 따로 표시하지 않으므로, 사회학자들은 별도로 표시된 시간을 특별하게 생각한다.[5] 하지만 아무런 표시도 되어 있지 않은 정치적 시간을 발견하기는 어렵다. 사람들은 영토를 점유하듯, 제한은 있지만 구체적인 시간도 소유한다.[6] 시간적 경계는 시간과 데드라인을 명시해서 국가와 국가를 구별하고, 같은 나라 안에서 국민을 분류한다. 모든 경계가 그렇듯, 시간적 경계에도 분류하는 기능이 있다. 시간적 경계는 체제를 구분하고, 이방인을 배제하며, 권리를 가진 사람과 그렇지 못한 사람들을 나눈다. 또한 권리가 보호되는 범위와 분배적 정의가 적용되는 한계를 정함으로써 막강한 권력을 행사하기

도 한다. 국경선과 같은 다른 경계와 아무 관련도 맺지 않는 시간
적 경계는 없다. 국가가 주권을 주장하거나 취업비자를 발급하거
나 선거구를 획정하려면, 영토적 경계와 시간적 경계가 모두 필요
하다. 시간은 시간적 경계가 생성되는 원인이 되거나 그 창조자가
아니다. 시간은 국가가 사용하는 도구이며, 효율적으로 사용되는
경우가 많다고 해서, 시간이 독립적으로 경계를 생성한다는 생각
은 이 책에서 주장하려고 하는 내용이 아니다. 그보다는 사회 주
변부에 설정된 시간적 경계의 규범성을 평가하기 위해 정치적 경
계가 설정될 때 시간이 어떤 역할을 하는지를 찾아내는 것이 주된
목적이다.

주권을 결정하는 정치적 경계

시간은 국가의 주권이 확립될 때부터 정치의 영역으로 들어
온다. 그러므로 주권을 주장하는 행위에는 공간처럼 시간도 깊이
관여한다. 모든 국가의 첫 번째 시간적 경계는 정체가 수립되었음
이 확인된 때다. 한 정권이 여러 정권과 나란히 혹은 대립하며 존
재하기도 하므로, 우리는 주권이 확립된 시기를 정확한 날짜로 파
악한다. 지리적 경계가 주권이 미치는 '공간'적 범위를 구분하는
것처럼, 시간적 경계는 한 정권이 시작되고 끝나는 '시점'을 알려
준다. 많은 사람들이 경제적·사회적 근대화 과정에서 날짜와 시
간의 중요성에 주목해왔는데,[7] 시간이 표시된 법률 역시 현대 정
치를 구성하는 필수 요소일 뿐만 아니라, 그 영향력은 사회 구석

구석까지 두루 미친다. 그러므로 정치 조직들의 경계를 확인하려면, 우리가 지금 어디에 있는가뿐만 아니라 언제부터 거기에 있었는가도 살펴야 한다.

학자들은 모든 정치·사회제도가 지리적으로는 물론 연대순으로도 그 범위가 정해진다는 사실에 주목해왔다.[8] 어떤 경우에는 시간적 경계가 영토적 경계에 우선하기도 한다. 마거릿 소머스 Margaret Somers의 설명에 따르면, 로크는 정치가 존재하기 이전의 정체pre-political polity에서 계약 기반 정체로 이행할 때 합의 원칙이 필요하다고 주장했는데, 그 주장은 정체가 바뀌면 이전과 다른 새로운 시민권 제도를 확립함으로써 인과적 순서가 마무리된다는 '시간적 내러티브'에 근거를 둔다.[9] 연대순으로 구분하는 방식이 현대에는 아주 흔한 일이지만, 그런 관습이 오늘날에만 있었던 것은 아니다. 시간을 사용해서 주권국의 경계가 설정되었던 사례 몇 가지를 살펴보자. 1793년에 갓 출범한 프랑스 공화국은 군주제가 폐지되고 국민주권국가가 시작된 것을 기념하기 위해 완전히 새로운 달력과 시간제도를 선포했다. 이는 구체제와 신체제를 구분하기 위해서였다. 문자 그대로, 새로 세워진 국가에 맞게 시계를 다시 맞추자는 것이었다. 이 새로운 시간표는 구체제가 종식되고 신체제가 탄생된 시작점을 표시했다.[10] 새 달력은 "국가 원년"을 상징했다.[11] 하지만 여기에는 프랑스와 프랑스 국민을 다른 나라와 국민들과 구분하려는 목적도 있었다. 프랑스 공화국의 "새로운 시간제도"는 "새 문명의 원점 혹은 '첫' 시작과 유사하게, 새 시대의 확고한 출발점을 제공했다."[12] 이것과 상당히 비슷한 '0시'라는 의미의 독일어, '슈툰데 눌Stünde Null'은 나치 정권의 붕괴와 새 정권의 출범, 나치즘이 등장하기 이전부터 있었던 전통과의 완벽한 단절을 표시하기 위해 선포되었다.[13] '0시'는 본래 군대에서 전투가 시작되는 순간을 가리키는 용어였지만, 1945년부터 독일에서는 파괴와 재탄생을 상징하는 말이 되었다.[14] 또한 캄보디아에서 '0년'은 론 놀Lon Nol 장군의 패배와 크메르루주Khmer Rouge의 세력 확대를 가리킨다.[15] 그 두 가지 사례에서, 새로운 달력은 정치 변화와 새 체제, 새로운 시간제도 속에서 구성원들이 느끼는 유대감 등을 기념하는 역할을 한다. 새로 수립된 국가나 정권은 문자 그대로 시간을 다시 시작해서, 이때를 정치적 전환점으로 삼는다.

시간적 경계에 담긴 정치적 속성은 역사를 기록하는 작업에서 넌지시 드러난다. 캐슬린 데이비스Kathleen Davis가 썼듯이, "역사에서 시대를 구분하는 일은 법과 관련되며, 주권이 무엇이고 누구에게 있는지를 두고 논쟁하는 가운데 작업이 이루어진다."[16] 이 과정에서 통치자와 피통치자가 정해진다. "이런 의미에서, 어떻게 시대를 구분하는가가 주권을 결정한다."[17] 연대표는 사건들을 서로 비교하거나 대조할 수 있게 하고, 좀 더 일반적으로는 사건들이 과거 및 미래와 어떤 관계가 있는지도 파악하게 해준다.[18] 같은 시간을 사는 사람들과 조직 모두가 시간적 경계의 존재를 인정한다는 사실은 시간이 갖는 정치적 중요성에 대해 비공식적으로 합의했음을 확실히 드러낸다. 또한 그렇게 해서 경계 자체가 강화되기도 한다. "슈미트Schmitt의 사상과 중세와 근대로 구분하는 방법과 마찬가지로, 비드Bede의 시대구분법은 대지의 노모스nomos of the earth(노모스는 인위적 법률이나 습관을 의미하는 그리스어이고, '대지의 노모스'는 독일 법학자 칼 슈미트가 만든 용어이자 그가 쓴 책의 제목이기도 하다 – 옮긴이), 영토화된 세상과 시간에 대한 권리를 주장하는, 동질성을 지닌 여러 형태를 확립한다."[19]

이는 역사를 기록하고 시대를 구분하는 작업뿐만 아니라 정치 자체와 특별히 국정 운영에도 해당된다. 이번 장에서는 새로운 달력을 선포하지 않아도 종종 특정 날짜와 시간만으로 구체제와 신체제, 외국인과 자국민을 구분해서 주권국의 경계를 형성할 수 있다는 것을 증명할 예정이다. 그러므로 역사의 진보란 '침략'이나 다름없다고 서술하려면, 역사적 시간이라는 개념은 "정치 전략"과 시대 구분의 관점에서 이해해야 한다.[20] 데이비스를 포함한 역사기록자들이 보기에, "역사적 '시대'에는 합법적인 부분이 전혀 없다. 그와 반대로, 역사적 시대는 정치적 목적을 정당화하려는 수단이다."[21] 이 목적에는 대개 국가 주변에 경계를 설정하는 일이 포함된다.

국가와 국민에게 설정된 시간적 경계의 중요성을 주장하는 일은 종교적 권위로부터 권력을 빼앗는 과정과 겹친다.[22] 데이비스는 종교와 정치의 분리에 관한 안토니오 네그리Antonio Negri의 설명을 인용해서, 어떻게 "헌법적 권력이 항상 시간과 독특한 관계를 맺게 되었는지…… (어떻게) 권력이 역사의 내재적 차원인 실질적인 시간 구분선이 되었는지"를 밝힌다.[23] 자연법 사상가들은 세속 권력을 정당화하는 논리를 만들 때 주권에 담긴 시간적 속성을 불가피한 것으로 여겼다. 포콕은 교회의 권위가 서서히 추락하는 현상을 설명할 때, 영원한 신의 권위가 세속적이고 시간의 제약을 받는 권위로 교체되는 과정이라고 표현했다.[24] 영속적 권위와 달리, 시간의 제약을 받는 권위는 신성하지 않으므로 영원하지 않다.[25] 그런 권위는 특정 시점에만 효과를 발휘하고 사라질 것이다. 이렇게 정치권력과 신의 권위가 구분된다. 종교적 지배는 영속적이지만, 정치적 지배는 그렇지 않다. 한 나라의 왕이나 정권은 반드시 다른 나라 왕이나 정권에 의해 경계가 정해지고 구분된다. 이런 경계를 표시하기 위해 우리는 신성한 말씀 대신 세속적 문서와 과학적 도구를 사용한다. 달력과 연대표가 그런 문서와 도구에 해당한다. 이때 달력의 날짜는 대단히 중요하다. 숫자로 표시되는 것은 숫자로 표시되지 않는 것이 할 수 없는 방식으로 경계선을 긋고 사람들을 이해시킬 수 있다.[26] 숫자로 표시되는 것은 통제할 수 있지만, 숫자로 표시되지 않는 것은 애매모호해서 이해할 수도 없고 관리하기도 어렵다.[27] 영토와 국민을 지배하는 정치권력은 달력을 이용한 시간적 경계와 더불어 존재하며, 그 시간적 경계는 전통적으로 주권의 필수 요소로 여겼던 지리적 경계만큼이나 중요하다.

　프랑스에서 혁명정부가 옛 시간 질서를 무너뜨리고 완전히 새로운 달력을 시행해서 주권을 선포하기 한참 전에, 홉스는 세속

정치에 대한 사람들의 관심을 예견하면서 사람들이 영원을 상상할 수 없기 때문에 현재에 집중하게 된다고 경고했다. 홉스는 정치권력을 강화하기 위해 영원성에 대한 믿음을 전복하려 했다. 법은 "인간의 시간 의식temporal consciousness을 전환해서" 행복을 촉진할 수 있다.[28] 법이 할 일은 영원한 시간에 경계선을 그어 사람들을 현재에 살게 하는 것이다. 이 작업이 끝나면, 인류는 불확실성이 반복되는 환경에 사는 것을 피할 수 있다.[29] 세속권력을 확립하려면 반드시 불확실한 미래를 극복해야 한다.

홉스는 세속정치의 중요한 전제조건 중 하나로 다음을 언급한다. 즉 미래는 "길들여야" 하고, 특정 행동과 선택으로 그 목적을 달성할 수 있다는 것이다.[30] 현재를 사는 사람들이 통제한 미래는 세속적·정치적 권력을 가진 사람들이 미래지향적 조직을 지원하도록 자극한다. 데이비스는 베스트팔렌 조약Treaty of Westphalia을 가리켜, "합리적인 예측과 기획이 예언을 대체함으로써, 정치가 주기적으로 반복되는 예언의 지배를 깨기 시작한" 순간이라고 말한다.[31] 바텔슨Bartelson도 근대적 주권의 토대가 된 합리주의에 관해 비슷한 주장을 한다.[32] 이와 마찬가지로, 포콕은 18세기 영국에서 국채를 발행한 사건이 중요한 분수령이 되었는데, 그때부터 보험 심사하듯 과거를 산술적으로 평가하고 그 결과를 토대로 미래 행동을 신용하는 현상이 전 사회로 확대될 수 있었다고 말한다.[33] 사람들이 미신에 의지해 자연권을 포기할 정도로 불확실한 미래가 문제가 되는 상황에서, 과거를 산술적으로 평가하여 미래를 통제할 수 있다는 생각은 대단히 매력적이었다.

일단 사람들이 미래를 통제할 수 있다거나 적어도 미래에 영향을 미칠 수 있다는 생각을 지지하게 되면, 과거를 산술적으로 평가하는 방식은 순식간에 확산된다. 이러한 사고방식의 예에는 근대적 양형 기준, 참정권을 받을 수 있는 적정 나이 산출, 외국인의 귀화 조건 등 현대 관료국가에서 다양한 시간공식을 만들어서 사용하는 경우가 모두 해당된다. 과거에 대한 평가 자료는 미래에 '정치적 신용political credit'(즉 권리와 지위)을 확대하거나 축소하는 데 사용된다. 시간은 산술 평가에 용이하고, 합리적인 변수가 될 수 있으며, 일반 대중의 삶에도 밀착되어 있지만, 가치와 정당성을 규범적으로 평가하는 기능도 여전히 수행할 수 있다. 이런 사고방식은 자본주의가 발달하기 위한 필수조건이었지만, 그 영향력은 상업과 금융에만 한정되지 않는다. 또한 그것은 산술적·합리적 권위에 근거하여 시간과 같은 변수가 정치에 중요해지는 계기를 마련했다. 정치적 신용과 산술 평가는 나중에 두 장에 걸쳐 다시 다룰 예정이다.

시간적 순서로 정권 수립을 표시할 수 있는 것처럼, 순서를 해체해서 정치권력의 붕괴를 표현할 수 있다. 시간적 순서는 "일종의 통치 원리가 되어서, 가시적 중요성을 확보하기 위해 관습에 의존함으로써, 결국 통치를 정당화하거나 정치적 불안을 드러내게 된다."[34] 시간적 순서를 고려하지 않은 채 어떤 조치들이 시행된다면, 이는 정치권력이 무너진 후에 아직 새로운 권력이 자리 잡지 못했음을 보여준다. 이런 현상은 전쟁이 일어나 주권이 침해되었을 때 가장 뚜렷하게 드러난다. 데이비드 랜즈David Landes가 시간과 군사행동을 다룬 논문에서 주장했듯이, "전투는 시간에 상관없이 시작되고 끝난다."[35] 최종적으로 동맹국과 부대의 행동을 조율하는 것은 시간이지만, 불확실한 주권을 상징하는 전투 그 자체는 우리가 선거나 대관식 때 기대하는 것과 달리, 체계적인 계획에 따르지 않는다. 시간적 순서의 해체는 주권의 붕괴를 암시한다. 이는 혼란에 대한 홉스의 두려움이 실현된 것이며, 그 혼란은 홉스 자신이 미래를 길들이는 데 필요하다고 주장했던 시간적 순서에 의해 구현된 것이다.

국민을 구별하는 시간적 경계

시간이 표시된 법은 정권의 '지속durées'에 마침표를 찍고, 주권국의 경계를 표시하며, 국민을 결집시킨다. 시간적 경계는 일단 정당성을 확보하고 나면, 다양한 정치적 경계를 설정하기 위해 그 수가 급격히 증가하고 다양해진다. 주권과 시간에 관한 논의에서 증명되듯이, 구체적인 날짜를 명시하는 방식은 국민국가의 경계를 세우고 유지하는 데 널리 활용된다. 그러므로 시간적 경계는 불가피하게 국민도 구분한다. 영토와 마찬가지로, 시간적 경계는 국민이 구성되는 근거를 마련하고, 거주자 가운데 국민으로서 합당한 자격을 갖춘 사람을 식별한다.

앞에서는 국가 주위에 형성되는 시간적 경계를 다루었다. 지금부터는 국가 '내부'에서 급증하고 있는 정치적 경계를 살펴보겠다. 먼저 국민의 자격 조건을 정하기 위해 국가가 어떤 방식으로 시간적 경계를 설정하는지 알아본다. 그 다음에는 시간적 경계를 이용해서 어떻게 적격자를 정하는지 살펴본다.

시간적 경계는 국민을 구분하는 정치적 경계를 설정하고 실행하는 중요한 기능을 수행한다. '국민국가' 주변에서 주권을 결정하는 시간적 경계가 국가권력이 배열되는 순서를 보여준다면, '사람들' 사이에 만들어지는 경계는 누가 어디에 살고, 누가 어느 지역을 자유롭게 통행할 수 있으며, 누가 주권국의 국민으로 인정받을 수 있는가를 정한다. 국경을 연구하는 역사가들은 사회 통념과 달리, 국민이 물리적 국경선을 항상 명확하게 인식하고 있지는 않다고 즉각 지적한다. 국경이 분명하더라도 그 국경을 감시하기란 상당히 어려울 것이다.[36] 국경선의 지리적 위치는 인위적으로 만든 식별 표시가 없으면 대체로 알기 어렵다. 미국의 남부와 북부 국경은 육안으로 구별하지 못할 정도로 길게 뻗어 있다. 국경 통제가 엄격하지 않다면, 사람들은 언제나 (정치지리의 관점에서) 자신들의 위치를 정확히 알지 못할 것이고, 고의든 아니든 별도 허가나 문서, 조사 등을 받지 않고 자유롭게 국경을 넘어 다닐 것이다. 이론적으로 날짜와 시간은 의식하지 않을 수 있지만, 그것을 떠올리게 하는 것들은 어디에나 있다. 영토적 경계보다 시간적 경계를 유지하는 데 비용이 훨씬 적게 든다. 시간적 경계는 철조망을 세우거나 국경을 감시할 무장 인력을 배치할 필요가 없으며, 분쟁거리가 되지도 않을뿐더러 문제가 되더라도 어떤 식으로 분쟁을 일으키는지 분명하지 않다. 그러므로 지리적 경계와 달리 시간적 경계를 세울 때는 엄격한 정확성이 요구된다.

　이번 장을 시작할 때 이미 언급했듯이, 민주주의 이론에서 경계의 문제는 영토성과 관련되지만, 그것과 완전히 일치하지는 않는다. 규범적 민주주의를 강조하는 이론가들은 '데모스'가 어떻게 구성되는지에 관해 활발한 토론을 벌여왔다. 이 논쟁의 핵심은 문화, 민족, 영토, 이해관계, 강제성 간의 적절한 관계다. 자유주의적 민족주의자liberal nationalists는 문화와 역사, 민족성의 공유를 경계의 근거로 삼는다. 이 관점에서 보면, 국민의 자격은 선택할 수 없고 특수성을 띠며, 사람들 사이에 결속력이 높다.[37] 세계시민주의자들cosmopolitans은 자유주의적 민족주의자의 관점이 편협하고 부당하다고 비난한다.[38] 이와 관련해서, 아라시 아비자드와 로버트 구딘은 '데모스'의 결정에 강제성이 있는지(아비자드) 또는 좀 더 일반적으로 표현하면 그 결정에 영향을 받는지에 따라 '데모스' 구성원의 자격 조건이 정해진다고 말하면서 결과주의consequentialism를 언급했다.[39] 영토중심주의자들은 장소와의 연관성에 대해 덜 민족중심적인 견해를 참고해서 절충안을 만들려고 노력해왔다.[40] 그리고 포용적인 자유주의자들은 '데모스'의 경계를 최소한으로 설정해야 한다고 줄기차게 주장한다.[41]

　이 모든 견해는 '데모이'가 결속되는 방식과 관련해서 일련의 규범 원리를 지지하고, 항상은 아니지만 이따금 실제로 표시된 경계선을 참고한다. 또한 경계가 설정될 때 시간의 배후 역할을 당연하게 여긴다. 그러나 민족주의든, 영토중심주의든, 아니면 철저한 세계시민주의든 상관없이, 정체와 그 안의 '데모스'는 모두 시간의 흐름에 따라 구성된다. 모든 경계 설정 방식은 자체적으로 시간과 관련된 도구와 논리를 가진다. 지금부터는 앞에서 언급한 내용으로 다시 돌아가서, 규범을 고려하지 않고 국민 주위에 경계를 설정하는 과정을 설명하겠다. 여기에서는 민주적이든 비민주적이든, 국민 주변에 형성되는 시간적 경계에 초점을 맞추고, 자유주의적 민족주의자, 영토중심주의자, 결과주의적 세계시민주의자 등과 관련이 있을 법한 질문들을 다룬다.

앵글로 아메리카Anglo-American 전통에서, 시간적 경계로 국민을 정의하는 관행은 '캘빈 사건'(1608년)이라고 알려진 시민권 재판에서 확립되었다. 이것은 제임스 1세가 잉글랜드와 스코틀랜드의 첫 통합 군주로 즉위한 후에 스코틀랜드에서 태어난 로버트 캘빈Robert Calvin이 제임스 1세의 신민인지 아닌지를 따지는 사건이었다. 또한 제임스 1세가 통치할 때 태어난 스코틀랜드 사람, 캘빈이 합법적으로 땅을 상속받을 수 있는가도 물었다. 이 상속권은 신민이라면 당연히 누리는 권리였다. 당시에는 스코틀랜드인, 잉글랜드 이외 지역의 거주자, 잉글랜드에 임시 거주하거나 잉글랜드로 임시 여행을 허가받은 외지인, 그리고 마지막으로 왕과 특수 관계를 맺은 영토의 거주자들은 정치적 지위가 불안정했다. 간단히 말해서, '캘빈 사건'은 마그나카르타Magna Carta가 모호하게 처리한 부분을 지적하고 있었다. '캘빈 사건'에서는 자국민과 외국인을 어떻게 구분할 것인가 그리고 지금 왕국에 거주하는 다양한 이방인을 어떻게 구별할 것인가를 물었다.[42] 여기에는 왕국에 머물 수 있고 왕의 보호를 받을 자격이 있는 사람뿐만 아니라 왕에게 충성 의무가 없는 사람도 신민이 될 수 있는 조건을 정하는 절차가 포함되었다.

에드워드 코크Edward Coke는 왕의 신민이 될 수 있는 사람을 정하기 위해 시간 원리를 적용했다. 그는 당시 법학자들이 신민의 적격성을 확인하기 위해 생득권birthright을 철저히 연구했을 것이라고 주장했다. 신민이란 태어날 때부터 왕이라는 자연인에게 충성을 다하겠다고 맹세한 사람들이며, 여기에서 왕은 잉글랜드와 스코틀랜드의 통합 군주다.[43] 바꿔 말하면, 태어난 순간에 어디에 있었는지가 신민의 자격을 결정했다. 마그나카르타가 왕국 안에서 출생한 사람을 모호하게 처리했던 반면, 코크는 적어도 출생 시점이 출생 장소만큼 신민의 자격을 판단하는 데 중요하다는 점을 분명히 했다. 그는 이렇게 썼다. "출생 시점이 신민의 본질을 이룬다. 그러므로 태어났을 때 왕의 영지에서 왕의 지배를 받지 않았다면, 그 사람은 잉글랜드 왕의 신민이 될 수 없다."[44] "재판소에서 선서를 했다고 해서 국왕의 영지에 거주할 수 있는 것이 아니고…… 재판소에서 충성을 맹세했다고 해서 신민의 자격이 생기는 것은 아니므로", 단순히 서약만으로 신민이 되는 것은 아니다.[45] 복종은 날 때부터 자연스레 생기는 의무이지 개인이 결정하거나 선택할 수 있는 행동이 아니며, 마그나카르타와 다른 보통법common law에 규정된 자유권을 보장받을 자격을 결정했다.[46] 코크는 태어날 때 신민의 자격이 정해진다고 주장함으로써, 출생 시점을 출생지만 큼 중요한 요건으로 만들었다.[47] 이 원칙은 마그나카르타와 다른 보통법에서 보장하는 자유권을 누가 누릴 수 있는가를 정할 때 출생지나 혈통만큼 중요한 역할을 한다.

코크는 누가 실질적인 제임스 1세의 신민인가를 명확히 밝히기 위해, 왕의 잠재적 신민이 사는 모든 영토의 정치사를 자세하게 분석했다.[48] 그런 지역으로는 주로 스코틀랜드, 아일랜드, 노르망디, 아키텐Aquitaine(보르도가 주도인 프랑스 남서부 지방 - 옮긴이), 칼레Calais, 가스코뉴Gascony(프랑스혁명 이전에 프랑스 남서부 가론 강 좌안 지역을 가리키는 명칭 - 옮긴이), 가이아나Guyana(남아메리카 동북부에 위치한 나라로, 1831년에 영연방국이었다가 1966년에 독립했다 - 옮긴이)가 해당된다. 코크는 이들 영토와 영국 왕의 정치적 관계가 역사적으로 어떠했는지 추적한다. 이를 바탕으로, 마그나카르타가 누락한 내용을 상세하게 설명했다. 즉 정치원리뿐만 아니라 역사적 배경에 근거하여 누구를 신민으로 간주할 것인가를 고민했다. 코크는 국왕의 영지에 사는 사람들 중 스코틀랜드인과 아일랜드인에 특히 주목했다. 그는 재판에서 제기된 주장과 문제가 되는 신민들의 역사적 배경을 면밀히 조사한 후, 아일랜드인은 제임스 1세의 완전한 신민이 아니라는 결론에 이른다. 스코틀랜드인 중 캘빈처럼 '포스트나티postnati'(왕이 나라를 통합한 후에 태어난 사람)는 확실한 신민이다. 그러나 '안테나티antenati'(왕이 나라를 통합하기 전에 태어난 사람)는 그렇지 않다.

코크는 신민의 자격을 통합 전과 후로 구분함으로써, 사람들 사이에 시간적 경계를 설정한다. 캘빈은 제임스 1세가 잉글랜드와 스코틀랜드를 통합한 후에 태어났다. 코크가 이 원칙을 자세히 설명할 때, 단순히 주권국 영토에 정치적 경계를 설정하는 방법만 보여준 것이 아니었다. 그는 영토적 경계 못지않게 강력한 시간적 경계에 주목했다.

영국의 입헌주의 전통에서 이미 시간은 중요했으므로, 코크가 신민들 사이에 시간적 경계를 설정하는 일은 충분히 가능했다. 여기에서 마그나카르타가 주권에 관한 결정적인 자료로 인용되었다. 포콕이 말했듯이, "법이 왕만큼 혹은 왕보다 더 오래되었음을 헌법학자들이 증명할 수 있다면, 이들은 왕이 계약이나 선택을 통해 세워진다고 강력하게 주장할 수 있을 것이다."[49] 영국 자치령이 형성될 수 있었던 것은 마그나카르타의 존재뿐만 아니라 그것이 오랫동안 간직하고 있던 영국다움Englishness 덕분이기도 하다. 실제로 코크가 아일랜드인이 완전한 신민이 아니라고 주장한 이유 중 하나는 아일랜드가 자체적으로 오랜 역사를 가지고 있었고, 잉글랜드와 통합된 후에도 스코틀랜드와 달리 자체 법의 지배를 받았기 때문이다. 코크는 "지금까지도 이들은 옛 관습을 계속 유지하고 있는데, 이런 관습들은 잉글랜드의 법과 다르다"고 썼다.[50] '캘빈 사건'은 국민국가의 물리적 경계만큼이나 날짜도 주권에 중요하다는 사실을 보여준다. 바꿔 말해서, 영토 안에서 행사되는 최고통치권이라는 주권의 고전적 정의에는 명확히 드러나 있지는 않지만, 시간을 전제하고 있는 것이다.

시간적 경계를 두어 구성원이냐 아니냐를 구분하는 방식은 근세나 영국에서만 있었던 것이 아니다. 오늘날에는 '제로 옵션 규정'이라고 부르는 방식을 흔하게 볼 수 있다.[51] 이 규정에 따르면, 현재 살고 있는 사람이 국민 혹은 시민으로 인정된 날짜를 명시한다. 제로 옵션 규정은 자국 영토에서 태어난 사람에게만 배타적으로 시민권을 주는 '출생지주의jus soli'와는 다르다. 이 규정이 혈통에 근거한 시민권(혈통주의)과 관련되기는 하지만, 독일 기본법은 1937년 12월 31일 현재 독일 거주자 혹은 그 가족뿐만 아니라 1933년 1월 30일과 1945년 5월 8일 사이에 추방되었더라도 1945년 5월 8일 이후부터 독일에 계속 거주하고 있다면 이들에게도 시민권을 준다.[52] 1921년에 러시아는 5년 이상 해외 체류자와 1917년 11월 7일 이후에 정부의 허락 없이 나라를 떠났던 사람들의 시민권을 박탈했다. 이는 전러시아중앙집행위원회All Russian Central Executive Committee의 명령이었다.[53]

국가가 물리적으로 불가능한 일(국민들 사이에 설정된 경계를 과거로 되돌리는 것)을 실행하기 위해 특정 날짜가 명시된 시간적 경계를 이용하는 경우는 많다.[54] 사람들을 예전 상태로 되돌리기 위해 시간적 경계가 다양한 방식으로 조작된다. 이렇게 시계를 새로 고치는 과정에는 시간에 따라 모습이 바뀌는 국가와 국민 주변에 경계를 재설정하는 작업이 포함된다. 문화에는 영토로 나누지 못하는 다양한 경계가 필요하다. 시간과 그것을 측정하는 방법에 관한 생각은 적어도 어느 정도 사회가 공유하는 인공물이므로, 시간적 경계는 영토적 경계가 하지 못하는 목적을 달성할 수 있다. 혁명 이후 프랑스처럼 신체제의 시작을 기념하고자 한 사회의 정치 시계를 새로 시작하면, 영토적 경계를 손대지 않고도 중요한 문화적 경계를 만들어낼 수 있다.

시간적 경계가 사람들을 과거로 되돌릴 수 있는 능력은 제국을 재형성할 때 종종 제로 옵션 규정이 동반된다는 사실에서 잘 드러난다. 그런 경우에 (종족적이든 자유주의적이든) 민족주의가 시간이 표시된 법률을 통해 실현된다. 아야드 악타르Ayad Akhtar의 희곡《불명예Disgraced》에는 미국에서 태어났지만 정치적·사회적으로 파키스탄과 인도 양쪽에 걸쳐 있던 주인공이 등장하는데, 두 나라는 1947년에 서로 분리되었고, 그때 주인공의 아버지는 출생한 다음이었으나 그의 어머니는 출생 전이었다. 1997년에는 99년간 영국의 지배를 받던 홍콩이 중국에 반환되었다. 1952년에 미국은 1899년 현재 괌에 살고 있거나 그 이후에 괌에서 태어난 모든 사람에게 시민권을 주었다.[55] 포스트소비에트post-Soviet 시대에는 다양한 민족이 사는 지역들에 러시아인들을 정착시키려는 식민 정책에도 불구하고, 종족적 민족주의에 힘을 실어주는 법들이 다수 등장했다. 소련이 해체된 후에, 라트비아와 에스토니아는 소련 점령기에 자국 영토에서 태어난 사람들과 독립한 이후에 그 나라에 살고 있더라도 부모와 조부모가 소련 점령일 이전에 자국 영토에 거주하지 않은 사람들에게 시민권을 주지 않았다.[56] 최근 소식에 따르면, 러시아가 크림 반도를 점령했을 때 우크라이나의 분쟁 지역에 살던 소수 민족이 서둘러서 자녀를 러시아 침공일 이전에 우크라이나에서 출생한 것으로 신고했다고 한다.[57]

쿠웨이트의 1959년 국적법Nationality Law은 1920년 이전에 쿠웨이트에 정착해서 해당 법이 공포되기 전까지 그곳에 정상적으로 거주하고 있는 사람을 국민으로 규정한다(인구의 3분의 1에서 2분의 1이 여기에 해당된다).[58] 이 법은 열네 차례나 개정되면서, 점점 엄격해졌다.[59] 키프로스공화국은 1960년 8월 16일 이전 출생자로서 영국과 과거 영국의 식민지 국민이고, 아버지나 남편이 키프로스 출신인 사람에게 시민권을 준다. 1960년 8월 16일 이후 출생자는 한쪽 부모가 1914년부터 1943년까지 의회의 키프로스 합병 명령에 따라 영국 국민이 되었거나 1914년 11월 5일에서 1960년 8월 16일 사이에 키프로스에서 태어난 경우와 마찬가지로, 키프로스 어머니와 외국인 아버지 사이에서 태어난 사람도 시민권을 신청할 수 있다.[60]

특정일에 체류하고 있거나 출생한 사실을 기준으로 정치적 지위를 정하는 제로 옵션 규정과 그와 유사한 법조항이 분단국가에만 유효한 것은 아니다. 이런 규정들은 한 국가의 민족 구성에도 영향을 미칠 수 있다. 전 소비에트공화국들the former Soviet republics은 지리적 경계선을 움직이거나 강제로 국민을 추방하지 않고도 러시아의 영향권에서 벗어날 수 있었다. 대영제국은 각종 법률을 통해 체계적으로 제국을 해체하여 서로 다른 주권국들로 재편되었다. 그 과정에서, 임시적이든 영구적이든 영국으로 돌아갈 수 있게 허가해줄 사람들과 철저히 외국인으로 간주할 사람들을 구별하기 위해 시간적 경계가 설정되었다.

이렇게 향수어린 과거로 국경으로 되돌리려는 현상은 미국에서도 발견된다. 1924년에 공포된 할당이민법National Origins Quota Act은 의회가 법제화하려고 했던 구체적인 할당량에 대한 이론적 근거를 찾아냈다. 이 법의 목적은 북서유럽 청교도인보다 열등하다고 생각하는 나라 출신의 이민자를 극소수만 받는 것이었다.[61] 이 목적은 대단히 다양한 방식으로 달성할 수 있었다. 의회는 원하지 않는 나라 출신의 이민자를 소수만 받거나 막기 위해 전체 국민에서 이들의 비율을 조절할 수 있었다. 또한 특정 국가 출신의 이민자를 아예 오지 못하게 할 수도 있었다. 당시에는 아프리카와 인도 대륙의 여러 국가와 필리핀 등 수많은 나라에서 미국으로 합법적 이민이 불가능했다. 미국 의회는 과거 인구 자료를 활용해서 이민을 규제하기로 했다. 예를 들어, 미국에 폴란드인을 몇 명이나 받아들일까를 직접 흥정하는 대신, 오래된 인구조사 결과를 사용해서 어떻게 시간공식을 구성할까를 논의했다. 이 법안을 협상했던 의원들은 국민을 그리고 어떤 의미에서는 국가의 미래를 거꾸로 설계했다. 그들이 물었어야 할 질문은 시간공식을 사용해서 미국 역사에서 어떤 순간을 재창조하려고 했는가이다. 이들이

1790년과 1890년 인구통계를 사용한 것은 그저 편의에 따랐거나 우연이 아니다. 이들의 행위는 국민국가에서 흔하게 볼 수 있는 관행 중 하나(향수에 젖어 혈통주의로 되돌아가려는 시도)를 고도로 합리화한 예다.

국가 내부에 설정된 시간적 경계

시간적 경계는 국가와 국가를 구분하고 국민의 구성과 이동을 통제하는 기능만 하지 않는다. 그것은 국가 내부에 경계를 설정해서, 국민을 분류하고 이들의 이동을 통제하기도 한다. 이처럼 내부에 설정된 시간적 경계는 국민이 법적으로 보장받은 거주 이전의 자유를 제한함으로써, 외부에 만들어진 영토적 경계와 비슷한 기능을 한다. 정체 안에는 눈에 보이지 않는 다양한 시간적 경계들이 교차한다. 통행금지법은 공공장소에 시간적 경계를 두어서 특정 집단이나 공동체 구성원의 이동을 제한한다. 이 책을 읽는 학자들 중에는 통행금지가 '일상'이 아닌 예외적인 일이므로 주목할 가치가 없다고 생각할 사람도 있겠지만, 소수 민족이나 유색인종 혹은 그 둘에 모두 해당하는 사람에게는 통행금지가 자유로운 이동을 막는 익숙한 장애물이다.[62] 통행금지법처럼 간단히 시간을 이용해서 시민권을 제한할 때도 자유롭게 이동할 권리는 물론 다른 권리까지도 사라지게 할 수 있다. 2013년에 도미니카공화국은 자국 영토에서 태어난 아이티 후손들에게 데드라인을 정해주고 그 기한까지 아이티 시민권을 신청하지 않으면 추방하겠다고 결정했다. 실제 이 조치로 수천 명의 사람들이 시민권을 박탈당했고, 결국 무국적자가 되었다.[63] 이와 유사하게, 일정 기간 복역한 후 가석방으로 풀려난 사람은 이동에 제한을 받는다. 격리 조치는 가처분 명령과 비슷한 논리를 따른다. 이런 다양한 시간적 경계에는 영토적 경계의 특징 중 일부가 들어 있다. 시간적 경계는 사람들의 이동을 통제하고 관리해서 내부인과 외부인으로 나누는데, 여기에서 내부와 외부의 의미는 물리적 존재뿐만 아니라 어디에서나 거주할 권리와 거기에 딸린 다른 권리들까지 포함한다.

미국의 남부와 북부에 속한 주들은 정교한 국경 통제 시스템을 이용해서 병이나 장애가 있는 이민자, 백인이 아닌 사람 등 달갑지 않은 이민자들의 통행을 제한했다.[64] 특별히 이러한 내부 경계는 노예와 해방된 흑인들의 통행을 제한하는 데 중요했다. 노예가 여행을 허가받으려면 유효 기간이 적힌 '통행증'을 취득해야 했다.[65] 해방된 흑인이라도 아무 주나 출입할 수 없었고, 일부 주에서는 여행 허용 기간이 연장되었음에도 이들을 다시 들이지 않았다.[66] 해방된 흑인도 노예처럼, 다른 주에 출입하려면 여행 허가증이 필요했다. 이는 남부뿐만 아니라 북부에서도 마찬가지였다.[67]

미국에서는 '중국인입국금지법Chinese Exclusion'이라는 것을 만들어서 자국 내 중국인들에게 시간적 경계를 설정했다. 1882년에 제정된 이 법에는 법이 통과되고 90일 후부터 향후 10년간 중국인 노동자의 입국과 체류가 금지된다는 내용이 명시되어 있었다. 이 법은 이미 미국에 있거나 법 통과 후 90일이 경과하기 전에 미국에 온 중국인에게는 적용되지 않았고, 이 법을 집행하기 위해서 서류 심사제도(이것도 문제가 많았다)가 마련되었다.

과거에 유행했던 시간을 이용한 서류 심사제도는 오늘날 많은 나라에서 임시 체류자, 영구 거주자, 시민권자를 구분하기 위해 매우 정교한 서류 심사제도가 마련되는 데 길을 닦았다. 미국을 포함한 여러 나라는 다양한 종류의 비자를 발급하고, 거기에서 정한 요건에 따라 합법적으로 외국에 체류할 수 있는 기간이 정해진다. 합법적 체류 기간이 명시된 비자는 해외에 살고 있는 비시민권자에게 시간적 경계를 설정한다. 비자에 적시된 기간을 초과해서 체류한 사람은 지리적 경계선이 아닌 시간적 경계선을 넘은 것이고, 공간적으로는 물론 시간적으로도 '불법'을 저지른 셈이다. 비자에 설정된 시간 제약은 정치적 경계처럼 기능하는 시간적 경계다. 미국을 포함한 여러 나라의 불법체류자 중 상당수는 지리적 경계가 아닌 시간적 경계를 불법으로 넘은 것이고, 비자가 정한 기간을 초과해서 '불법' 체류자가 되었다. 이 과정을 반대로 진행할 수도 있다. '자진 신고 기한'과 사면 조치는 국가가 정한 날짜에 해당 국가에 체류하고 있는 불법 이민자를 합법적 시민으로 만들 것이다. 이와 관련해서 가장 널리 알려진 법은 1986년에 제정된 '이민개혁 및 통제법Immigration Reform and Control Act(IRCA)'으로, 이 법 덕분에 1982년부터 미국에 거주하거나 일하고 있던 불법체류자와 이주 노동자들이 '사면'받았다.[68] 다른 민주주의 국가들에서도 사면 조치가 시행되었다. 이탈리아에서는 1987년부터 2002년까지 다섯 차례에 걸쳐서, 포르투갈에서는 1992년부터 1993년까지, 1996년, 2001년부터 2003년까지 총 세 차례에 걸쳐서, 그리스에서는 1998년, 2000년부터 2001년까지 두 차례에 걸쳐서 대대적인 사면을 단행했다.[69]

미국 이외의 나라에서도 주기적으로 자국 내에 시간적 경계를 설정했다. 철의 장막이 걷히기 전에, 소련 국민은 거주지를 떠나 임시지만 장기간 다른 지역에 체류하려면 임시 '프로피스카 propiska'(일종의 국내여권)가 필요했다. 당시 소련에는 국내라 하더라도 이주하는 목적과 이주할 지역뿐만 아니라 체류 기간까지 규제하는 법들이 있었다. 이와 유사하게, 남아프리카공화국은 인종차별정책을 실행하기 위해 국내여권 제도를 만들었고, 이를 통해 흑인 국민이 자국 내에서 거주하고 여행할 수 있는 장소와 기간을 제한했다.

시간적 경계는 권리가 차등 부여된 여러 집단으로 국민을 나눈다. 비자 만료가 영향을 미치는 권리에는 거주 이전의 자유뿐만 아니라 영주권자로서 누리는 다수의 권리도 포함된다. 이와 유사하게, 기존 국민에게 시간적 장벽을 세우는 것은 차별적 권리를 누리는 사람들 사이에 경계선을 긋는 것이다. 캘리포니아 주의 수자원법water rights laws은 1914년 이전부터 물 사용권을 보유한 사람과 1914년 이후에 물 사용권을 획득한 사람을 구별하고 있는데, 이 때문에 일찍부터 사용권을 가진 사람들에게 환경 부담금을 물리기가 거의 불가능했다.[70] 연방정부와 번디 가족Bundy family 간 분쟁은 토지관리국^{Bureau of Land Management}이 만들어지기 훨씬 전부터 문제가 되는 땅을 자신들이 소유하고 있었다는 번디 가족의 주장에서 비롯되었다.[71]

주권국 수립의 전제조건이 마련되고 그 조건들이 주권국의 경계에 반영되는 동안, 시간적 기준을 존중하는 분위기가 형성되었다. 개인들이 흔하게 경험하는 주권국의 경계에는 거주 이전의 자유를 허용하는지가 포함된다. 이는 앞서 설명한 국내에 설정되는 시간적 경계에서도 마찬가지다. 이미 다룬 시간적 경계의 사례에서도 분명히 드러나듯이, 주권을 가진 국가에서 국민이 자주 경험하는 경계는 인종이나 출신과 관련된 상황일 것이다. 그래서 통행하는 데 방해를 받는 사람이 있는가 하면, 마음 편하게 다니는 사람도 있다. 종종 인종이나 국적은 입국 심사에 영향을 준다. 국내에 설정되는 시간적 경계도 비슷하다. 미국과 소련, 남아프리카공화국 등 여러 나라에서 자유로운 통행을 통제하는 법들은 특정 인종과 출신을 언급하고, (통행금지와 가석방과 같이) 중립적으로 보이는 규정들도 인종차별적으로 통행을 제한하기 위해 사용된다.[72] 이런 사례들을 통해 나는 인종과 정치적 시간의 관계에 관심을 두게 되었다. 내가 분석한 내용에 따르면, 확실히 시간적 경계는 자주 소수 민족을 차별하고, 이들의 자유로운 이동을 제한하는 것 같다. 정치 시스템의 다양한 속성과 마찬가지로, 정치적 시간도 사회적·구조적 불평등을 강화한다.

지금까지 국민의 자유로운 이동을 제한하는 국가 내부의 시간적 경계가 국경 출입을 제한하는 시간적 경계의 확장된 형태라고 설명했다. 실제로, 내부 경계는 다른 경계들과 여러 가지 면에서 유사하다. 또한 국민을 분류하고 차별적으로 권리를 허용하는 법률은 내부 경계의 예다. 거주 이전의 자유는 국가가 국민에게 부여하는 여러 권리 중 하나에 불과하다. 권리마다 누가 그것을 누릴 자격이 있는가를 정하는 다른 시간적 경계도 많다. 성년, 은퇴연령, 실업급여 나이 제한, 학교 배정을 위한 거주기간 요건 등 수많은 법률이 시간을 기준으로 권리가 있는 자와 없는 자를 구분한다. 이 때문에 시간적 경계의 규범성을 평가하는 작업이 대단히 복잡해진다. 지금부터는 시간적 경계가 민주시민을 상징하는 권리인 참정권과 대표권을 수여하거나 거부함으로써, 어떻게 사람들을 '데모스'에 포함하고 배제하는지 분석한다.

'데모이' 주변에 설정된 시간적 경계

'캘빈 사건'과 제로 옵션 규정에서 자세히 설명한 것처럼, 간단히 법에 날짜만 명시해도 '사람들'에게 국민의 자격 기준을 명확하게 설정할 수 있다. 하지만 이런 법률은 '권리들'을 해체하는 데에는 상당히 조악한 수단이다. 이것은 거주 이전의 자유 같은 개별 권리를 제한하거나 허용하고, 권리의 다발bundle of rights을 수여하거나 거절할 수 있다. 하지만 좀 더 복잡한 권력과 권리 관계를 다루려면 다른 시간 규정이 필요하다. 주권의 개념이 통치자뿐만 아니라 주권을 가진 국민도 포함하는 것으로 확대되면서, 권리를 가진 국민 주위에 달력과 같은 시간적 경계가 마련되었다. 여기에서는 다양한 권리를 누릴 자격이 있는 국민의 비율은 물론, '데모스' 구성원의 자격 조건도 정하고 있다. 민주주의를 상징하는 권리는 참정권이므로, 이 책에서는 모든 기본권이 아닌 '데모스' 주변에 설정된 시간적 경계에만 초점을 맞추기로 한다.

'데모스' 주변에 설정된 시간적 경계는 투표권과 대표권을 받을 자격을 제한한다. 그런 경계 중에서 가장 흔한 예는 선거 연령이다. 기본적으로 선거 연령에 이르는 과정은 태어난 순간부터 '데모스'에 진입할 나이가 될 때까지 초읽기를 하는 것과 같다. 선거 연령은 법적 성인을 정의하는 여러 기준 중 나이 범주에 속한다.[73] 선거 연령은 성관계 승낙 연령이나 성년 등과는 다르지만, 다른 시간적 경계들처럼 적격성 여부가 어느 한 시점에 확인된다. '데모스' 구성원의 자격 기준을 엄격하게 정하는 다른 시간적 경계에는 투표 시 거주지 제한, 중범죄자나 정신질환자 등의 투표권 박탈, 투표 시간 제한 등이 포함된다.[74]

대표권 문제는 좀 더 복잡한 시간적 경계가 필요하다. 이런 시간적 경계는 선거구 획정 및 의석 배분 과정을 통해 자신의 의사가 대표되는 국민 주위에 선을 긋는다. 선거구는 대표권 수여 공식을 만들기 위해 '데모이'를 정치적으로 세분화하는 경계를 설정한다. 이것은 '승자독식제winners take all'나 비례대표제 등의 선거제도처럼, 지리적 구조와 정치적 구조를 다양하게 혼합한 결과물이다. 하지만 선거구는 시간의 제약도 받는다. 대의제에서는 공식

하나로 의사가 대표되는 방식을 정한다. 이런 공식을 만드는 방법은 무수히 많다(그 방식을 전부 조사하는 것은 이 책의 주제에서 크게 벗어나는 일이다). 하지만 민주주의가 정착된 나라에서는 정기적으로 실시하는 인구조사 결과를 바탕으로 대표권을 배분한다. 사실, 이것은 '데모스'에서 구성원의 정확한 의미(정당이나 지역구에서 자신의 의사가 얼마나 대표되기를 기대하는가)가 의석수 배분 일정에 따라 정해진다는 의미다. 때가 되어서 인구 변화 내용을 대표권에 반영해야 하는 경우, '데모스'의 정치적 중요성은 다른 선거구와 비교해서 해당 지역구민의 숫자가 어떻게 변했는지에 따라 달라진다. 선거구는 주기적으로 조정된다. 미국에서는 인구조사 일정에 따라 선거구를 조정한다. 선거구는 출생률, 사망률, 유권자의 전출입 등 예측 가능한 사건뿐만 아니라, 재소자(재소자는 투표할 수 없지만, 교도소가 있는 지역구의 인구수에는 포함된다)와 불법체류자의 수에도 영향을 받는다.[75]

주기적인 선거구 조정 사례를 앞에서 언급한 '캘빈 사건'과 비교해서 생각해보자. 코크는 자국민과 외국인을 나누는 시간적 경계로 날짜를 이용했다. 국민의 자격 여부가 날짜에 좌우되었다. 이는 합의에 기반한 대의 민주주의에서는 대단히 간단한 방식이다. 민주적 요구 가운데에는 합의를 갱신해야 한다는 것도 있다. 이것의 실질적 의미는 코크가 날짜 하나로 설정한 경계를 주기적으로 반복되는 날짜로 바꾸어야 한다는 것이다. 합의를 갱신해야 한다면, 합의 주체가 누구이고 그 합의를 어떻게 대표권으로 전환할지 알아야 한다. 이 때문에 다수의 정치이론가는 유권자 대의원의 최적 비율을 찾고 적절한 선거 횟수를 결정해야 하는 난제에 부딪히게 되었다. 기존 합의를 갱신하려면, '데모스'의 실질적 합의 내용을 규칙적으로 재검토해야 한다. 유권자의 수는 거의 늘 변한다. '데모스'에 영향을 미치는 유권자의 종류를 일부만 언급하면, 전출자와 전입자, 법적 성인이 된 자와 사망자, 투표권을 획득하거나 상실한 자 등이 있다. 이런 의미에서, 민주주의 사회에서 시민은 17세기 제임스 1세의 신민과 다르지 않다. 선거구와 '데모스'에 일어난 변화들은 선거구를 조정해야 한다는 필요성이 대두되는 순간에 정치적 영향력을 획득한다. 인구조사를 하고 선거구를 조정할 목적으로 그 결과를 분석하고 나면, 전출입자는 선거구의 대표성에 영향을 미칠 것이다. 애덤 콕스Adam Cox는 선거가 끝날 때마다 일인일표제를 현실에 맞게 수정해야 한다고 지적한다.[76] 하지만 이는 대단히 비효율적일 것이다. 전입자가 선거구 조정 전에 투표한다고 해서, 이들 때문에 소속 지역구가 의회에서 차지하는 비중이 달라지지는 않는다.

이런 상황은 대표권 공식에 어설프게 대의제의 양면성을 반영하려는 시도 때문에 더욱 복잡해진다. 그런 예로는 미국의 투표권법Voting Rights Act(VRA)(인종이나 피부색을 근거로 투표권을 제한하지 못하게 규정한 법 – 옮긴이)의 여러 조항들을 들 수 있다. 투표권법은 1964년 현재 유권자 등록 비율을 제4조(주 정부가 선거법 개정 시 연방정부의 승인을 받아야 한다고 규정한 제5조가 적용되는 지역을 구체적으로 열거한 조항 - 옮긴이)가 적용될 수 있게 조정하고 5년간 그 조항의 유효성을 인정했으므로, 본래 법 자체에 시간적 경계가 설정되어 있었다. 시간이 흐르는 동안 의회는 1968년, 1972년 등 시점을 바꾸어가며 해당 조항을 재승인했으나, 결국 2013년에 '셸비 카운티 대 홀더Shelby County, Alabama v. Holder' 사건에서 법원은 제4조를 폐지했다.[77] '셸비 판례'는 인종차별을 없애려고 제정한 법이 40년 넘도록 위헌이었다는 사실을 반복적으로 언급한다는 점이 주목할 만하다.[78] 그러나 그 조항을 폐지하기까지 왜 꼭 40여 년(혹은 몇 년이든)이 필요했는지에 대해서는 아무런 설명이 없다. 전통적으로 대법원은 게리맨더링gerrymandering(특정 정당이나 후보자에게 유리하도록 자의적으로 선거구를 획정하는 것 - 옮긴이) 사건에서 불공평한 선거구 획정으로 유권자에게 손해를 입힌 시점을 정할 때 시간을 사용해왔다.[79] 콕스는 '밴디머Bandemer 사건'에 등장한 백인들의 논리를 사용해서, 일정 기간에 걸쳐 발생한 손실은 그 폐해가 시정이 필요한 수준까지 심화된 일종의 "지속적 좌절"을 표현한다고 설명한다.[80] 하지만 그는 "지속적 좌절"이나 그런 좌절이 야기한 영구적 손실을 확인할 수 있는 정확한 시간적 틀을 구성할 때 합의나 논의는 필요 없다고 단호하게 주장한다.[81] 그런 토론은 틀림없이 문제를 명확하게 할 것이고, 그러면 정당성이 확보된다. 만약 투표권법이 역사적 오류를 바로 잡기 위해 제정된 것이라면, 그 오류가 바로잡혔음을 (지속적으로) 확인할 방식에 관한 토론도 필요하다.

정치철학자들은 오랫동안 세속권력과 안정성의 관계를 이론화했다. 포콕의 고대국제ancient constitution(유럽 절대왕정 시대에 국왕의 압정을 비판하는 도구로 사용된 정치적 표상으로, 절대왕정 이전에 존재한 왕권이 기본법에 제약을 받고, 귀족과 성직자, 기사 등의 신분제가 유지되는 상태 - 옮긴이) 개념은 당시 시대 상황에서 권위를 끌어냈다.[82] '셸비 사건'에서 법원은 포콕의 고대국제 개념의 필연적 결과를 의식했던 것으로 보이는데, 그것은 악법의 효력이란 치료법이 자리 잡고 난 후에 일정기간이 지나면 소멸된다는 것이다. '셸비 사건'에 소멸에 대한 생각은 드러나 있지만, 소멸에 소요되는 시간을 계산하는 정확한 기준이나 합당한 계산법은 '셸비 사건'을 포함해서 그와 유사한 다른 사건들에서도 전혀 다루지 않는다. '셸비 사건'의 판결문은 과거 불평등한 선거 관행을 바로잡았던 방식들을 전혀 인용하고 있지 않다. 여기에서 40년은 투표권법의 위법 행위에 대한 공소시효의 역할을 한다. 이 판결은 어느 정도 시간이 지나면 피해가 사라지리라는 점을 암시한다. 여기에서 법원은 인종차별의 영향이 소멸되었는지는 시간으로 측정하고 표현할 수 있거나 적어도 소멸되었다고 말할 수 있는 시점이 오면 그것을 확인할 수 있음을 넌지시 드러낸다. 하지만 그런 암시가 논리적으로 제기하는 두 가지 중요한 질문에 대해 법원은 아무런 답을 하지 않는다. 그 판결이 암시하는 내용이 사실임을 어떻게 확인할 것인가? 그리고 특정 조항(예를 들어, 인두세)의 효력이 사라진 때가 언제인지를 결정하는 공식은 무엇인가? '셸비 사건'에서 법원은 인종차별 해소처럼 중요한 일에 공소시효를 적용하면서 그것의 존재 이유와 판단 방법에 대한 질문에는 답하지 않음으로써, 시간적 경계의 규범성과 의미에 대해 진지하게 생각할 계기를 마련한다. 이런 빈틈은 앞서 설명했듯이 시간적 경계가 종종 정체의 완전한 구성원과 소수 민족을 구분하기 위해 사용된다는 점에 비추어볼 때 더욱 두드러진다. 이제 나머지 부분에서는 민주적 국민국가가 규범적 약속을 지킬 수 있는지 점검하기 위해 다양한 시간적 경계의 규범적 정당성을 살펴보겠다.

시간적 경계의 세 가지 유형

지금까지 세 가지 정치 단위인 국민국가, 국민, '데모스'의 주변에 만들어지는 시간적 경계를 설명했다. 그 과정에서 시간적 경계를 분석하는 두 번째 방법이 등장하는데, 이것은 제한하는 '대상'보다 '방식'에 따라 경계를 형성한다. 중요한 시간적 경계들 가운데 이 책에서 주목한 것은 고정된 단독 경계, 초읽기 경계, 반복적 경계 등 세 가지다. 첫 번째 경계는 제로 옵션 규정을 채택한 나라들, '캘빈 사건', 프랑스 공화국 달력 등에서 발견되는 특정일을 가리킨다. 두 번째는 비자나 공소시효에서 경험할 수 있는 초읽기 시간표가 해당된다. 세 번째는 선거구 조정처럼 데드라인이 반복되는 경우다. 이 모든 경계는 나름의 논리에 근거해서, 민주주의 원리와 그리고 좀 더 일반적으로는 정치적 정의와 각각 다른 방식으로 관계를 맺는다. 그럼, 지금부터 각 시간적 경계의 규범성과 한계를 분석하겠다.

고정된 단독 경계는 단순하고, 비교적 효율적이다. 예를 들어, 민주적 의사결정이 가능해졌을 때 주권이 확립되었다고 선언하는 경우와 비교하면, 특정일로 국가 수립 시기를 파악하는 것은 효율적이다. 하지만 고정된 단독 경계를 공정하다고 말할 수 있을까? 언뜻 보기에, 이것은 규범적 정당성과 연결되기도 하므로 공정한 것 같다. 예를 들어, '캘빈 사건'에서는 단독 주권자와 신민 사이에 존재하는 규범적 의무가 언급된다. 신민과 신민이 아닌 자가 구별되는 순간은 주권자가 그 사람에게 신민의 의무를 이행할 자격을 주고 그 권한을 이행하라고 요구하는 순간이다. 그러므로 그 순간은 규범적으로 중요하다. 고정된 단독 경계는 주권을 결정하는 정치적 경계를 설정하는 다른 방법들을 대단히 효과적으로 보완한다.

이와 같이 주권을 확립하고 유지하는 일은 정의라는 훨씬 어려운 기준을 충족시키기 위해 반드시 필요한 조건이다. 하지만 그것은 최소한의 정의 기준만 충족한다. 이런 이유로 앞 장에서 국민이 주권을 가지기 전에는 주권이 확립되었다는 이유만으로 민주국가가 정당성을 얻는 것은 아니라고 말한 바 있다. 주권만으로는 민주적일 수 없다. 민주주의에서 권력을 더 많이 분산시키려면 복잡한 규범적 기준을 만족시킬 수 있는 경계들이 필요하다. 고정된 단독 경계는 그런 복잡한 상황들을 고려할 수 없다. 민주주의 이론에서 보면, 1972년 12월 31일에 미국에 온 사람들과 1973년 1월 1일에 온 사람들은 별 차이가 없다. 하지만 1972년에 온 사람들은 미국 이민법의 자진 신고 조항에 근거해서 시민권을 받을 자격이 있지만, 1973년에 온 사람들은 그렇지 않다. 그리고 고정된 단독 경계는 단계적 변화를 담아내거나 미묘한 차이를 조정하지 못한다. 1937년 전에 나치 독일에서 탈출한 사람들은 생명을 위협하는 공포에서 벗어나고 싶다는 정당한 이유가 있었음에도 독일 국민에 포함되지 못했다. 영토적 경계와 아주 유사하게, 고정된 단독 경계는 중요한 세부 사항을 포함시키거나 불만 사항을 심사할 방법이 전혀 없다. 실제로 중요한 날짜를 명시할 때조차도, 고정된 단독 경계는 자의적인 결과물을 내놓을 때가 있다. 시간적 경계가 명확하지 않은 국민국가에서는 민주주의의 발전을 상상하기 어렵다는 점에서, 혹자는 고정된 단독 경계의 존재가 민주적 정의를 확보하는 전제조건이라고 말할지도 모르겠다. 하지만 '슈툰데 눌'이나 '캘빈 사건'이 정의 실현을 약속한다고 말한다면, 이는 확대 해석일 것이다. 물론 제로 옵션 규정에 정의를 실현하려는 의도를 담을 수는 있다. 예를 들어, 독일 기본법은 히틀러가 통치하던 제3제국Third Reich에서 추방당한 모든 사람에게 시민권을 부여하기 위해 기준일을 정했다. 하지만 단독 날짜가 수없이 반복되는 경우에도, 데드라인이 가진 고정적 속성 때문에 그렇게 예리한 도구는 되지 못한다. 고정된 단독 경계만으로는 정치적 성향이 다양한 정당들의 미묘한 차이를 조정할 수 없다.

또한 고정된 단독 경계는 영토와 다른 시간의 동적 속성을 인정하지 않기 때문에, 규범성을 발휘하는 데 한계가 있다. 이런 시간의 속성은 《디 어니언The Onion》이라는 풍자 신문의 헤드라인이었던, "역사가들이 과거가 깜짝 놀랄 만한 속도로 팽창하고 있다고 경고한다Nation's Historians Warn the Past Is Expanding at An Alarming Rate"에서 확인된다.[83] 고정된 지리적 경계는 관련된 다른 표시들과 달리 제자리에 그대로 있을 것이다. 미국 국경은 워싱턴 DC나 멕시코 등 어느 지역에서든 확대되거나 축소되지 않는다. 하지만 데드라인은 항상 일정한 속도로 과거에서 멀어지고 미래에 가까워진다. 한번 자진 신고 기한을 생각해보자. 1972년의 자진 신고 기한은 시간이 지날수록 현재 시점에서 끊임없이 멀어진다. 자진 신고 기한을 지리적 경계라고 상상한다면, 날짜는 고정되었지만 시간은 늘 전진하므로 마치 미국 국경이 서서히 움직이는 것과 같다. 해가 갈수록 자진 신고 기한은 점점 멀어진다. 지리 용어로 표현하면, 고정된 시간적 경계는 바람에 끊임없이 날아가는 모래 위에 지리적 경계를 덧입히는 것과 같다.

지리가 아닌 국민의 관점에서 보면, 고정된 단독 경계는 반복적 경계보다 민주주의를 더욱 약화시킨다. 자진 신고 기한에서 멀어질수록, 사람들은 점점 신고 자격을 잃게 되고, 더 많은 사람들이 참정권을 얻지 못하게 된다. 예컨대, 자진 신고 기한을 마지막으로 갱신하고 3년 간 지위가 조정된 사람의 숫자가 5만 5000

명이라고 했을 때, 이를 뒤집어 생각하면 (현재 자격을 조정 받지 못하는 사람이 5만 5000명이라는 의미이므로) 고정된 경계 때문에 국경 지역의 하나인 텍사스 주 매버릭 카운티Maverick County의 전체 주민을 3년마다 포기하는 것과 같다. 이와 비슷한 현상이 중국인입국금지법과 할당이민법이 시행된 후에도 일어났다. 그렇게 넓은 땅에 사는 사람들을 포기한다니 터무니없는 말처럼 들린다. 하지만 민주적 정당성을 확보하려면, 늘어나기 마련인 국민의 정치적 지위를 조정해주지 않는 것도 문제가 된다. 왜냐하면 시간이 흐를수록, 참정권을 받지 못하는 사람들의 비율이 점점 늘기 때문이다.

두 번째 시간적 경계는 두 날짜 사이에 정확한 기간을 설정하는 초읽기 데드라인이다. 한 사건이 일어난 순간에 시계가 움직이기 시작해서 시한이 다하면 멈춘다. 이런 경계의 예로는 비이민 비자와 공소시효 등이 있다. 이를 규정하는 법은 어떤 사건이 일어난 때부터 일정 시간 동안만 청구권을 부여한다. 채권은 정해진 기한이 지나면 회수할 수 없고, 범죄는 처벌할 수 없다. 불법체류자 사면 조치 역시 특정 기간에 서류 없이 입국한 사람들이 다른 특정 기간에 체류를 합법화해달라고 신청할 수 있다는 점에서 종종 초읽기 경계의 논리에 의존한다.

초읽기 경계는 단독 경계가 다루지 못하는 복잡한 상황을 처리할 수 있다. 사실상, 초읽기 경계는 단독 경계에 정확한 기간을 첨가해서 2차 경계를 설정한다. 이 2차 경계는 1차 경계가 정해지는 시점에 영향을 받는다는 점에서 고정적이지 않다. 하지만 두 사건이 정확한 간격을 두고 일어난다는 점에서는 고정적이다. 그와 동시에, 두 경계는 청구권이 유효한 기간을 표시한다. 이런 기간에는 나름의 의미가 담겨 있다. 예를 들어, 공소시효는 증거의 신뢰성이 유지되는 기간과 범죄의 심각성에 따라 정해진다. 구조적으로 초읽기 경계는 단독 경계보다 좀 더 규범적으로 복잡한 상황을 다룰 여지가 있다. 적어도 초읽기 경계는 단독 경계보다 결정을 바꿀 수 있는 시간적 여유가 많다. 출생 시 운명이 결정되는 경우에 비해, 권리를 주장할 수 있는 시간이 있으면 상황을 판단하고 추론할 여유가 생기고, 상황이 바뀔 가능성도 열린다. 이것이 '캘빈 사건'이나 제로 옵션 규정과 크게 다른 점이다. 기간을 설정하면 판단 과정이 분산되므로, 한 순간에 결정할 때보다 다각도로 권리를 주장을 할 수 있다. 다음 장에서 설명하겠지만, 이것은 민주주의 원리를 실현하는 데 중요하다. 전제주의보다 민주주의가 더 많은 사람에게 권력을 분산하듯이, 비민주적 경계보다 민주적 경계가 설정되었을 때 권력이 더 많이 분산된다. 하지만 궁극적으로 초읽기 경계도 단독 경계의 속성을 지닌다. 시간이 지나면 상황이 종료된다. 하지만 초읽기를 멈추면 예외가 만들어지기도 한다. 예를 들어, 특별한 상황에서는 '톨링 계약tolling'(소멸시효가 임박한 계약에서 시효를 중단하기 위해 소송을 제기하는 상황을 피하고자 양 당사자가 체결하는 계약으로 영미법에서는 인정하나 우리 법은 인정하지 않는다 – 옮긴이)을 통해 시효를 멈춘다. 하지만 기본적으로 초읽기 경계가 민주적인 형태로 전환하지 않으면, 고정된 단독 경계와 유사한 한계를 드러낸다.

이런 한계는 성년이나 합의와 관련되는 정치적 경계가 자의적으로 설정된다는 불만으로 넌지시 표현된다. 미국 법은 일정한 나이에 이르지 않은 사람(어린이)과 그 나이를 초과한 사람(성인)을 다르게 재판하도록 별도 기준을 마련해두었다. '윌리 보스켓 사건Willie Bosket Case'(1978년)은 미성년자도 성인처럼 재판을 받는 전례를 만들었다.[84] '윌리 보스켓 법'은 13세라도 살인을 저질렀다면 성인처럼 재판 받고, 14세와 15세는 열일곱 개의 중범죄만 저질러도 성인 재판을 받도록 규정한다. 또한 한 번이라도 형사 소송에서 성인 재판을 받은 미성년자는 나중에 저지른 범죄가 소년법원에서 다루어도 될 만큼 심각하지 않다 하더라도, 계속 성인처럼 재판을 받아야 한다고 규정하는 주가 많다. 여기에서 미성년자가 성인 재판을 받게 되는 범죄 중 절반 정도만 폭력 범죄다.[85]

미성년으로 간주하는 나이는 합의에 의한 성관계와 혼인 가능 여부를 판단하기 위해서도 재조정될 수 있다. 미국의 각 주는 성관계 승낙 연령과 혼인 적령을 각각 다르게 정하고 있다. 성인이 미성년자와 성관계를 맺는 것은 불법이다. 그리고 행위의 유형에 따라서 두 사람의 나이 차이가 행위의 적법성 여부를 결정하기도 한다. 하지만 일부 주는 혼인 관계일 경우 성관계 승낙 연령 규정을 적용하지 않음으로써, 성인(주로 남성)이 어린이(주로 여성)에게 저지른 성행위를 범죄가 될 가능성이 있는데도 처벌하지 않는다.

그래서 성인 여부를 판단하는 공식은 어떤 사람이 사실상 계속 어린이나 어른의 상태로 있어야 할 때에도 어린이를 성인으로 또는 그 반대로 취급하도록 특례 조항을 삽입함으로써 복잡해진다. 어린이가 성인의 의무를 지기 전까지 성숙해지도록 기회를 주는 것이 대단히 중요하므로, 법적 성인이 될 때까지 부모의 보호나 관리를 받아야 한다는 입장에서 추론하면, 다음의 결론에 이른다. 중범죄로 기소되었거나 어른과 결혼 혹은 성관계를 치러야 하는 어린이는 다른 아이들보다 성숙해질 시간이 부족하다. 하지만 그 반대는 다르다. 어린이가 아무리 합리적인 사고 능력을 갖추었더라도, 18세가 되기 전에는 정치에 참여하거나 투표할 수 없다.

결혼과 처벌을 위해 예외적으로 어린이를 성인으로 취급하는 경우는 초읽기 경계가 얼마나 자의적일 수 있는가를 보여준다. 특별히 잔인한 범죄가 일어났거나 부부 강간을 인정해야 할 때는 성관계 승낙 연령을 낮추는 것이 정당화되기 어렵지만, 뛰어난 능력이 자격 요건이 되는 경우에도 기준 연령을 낮추지 못한다. 시간으로 성숙도를 측정하는 방식이 합리적 판단능력을 평가하는 것보다 효율적일지 모르지만, 그렇다고 그것이 극도로 효과적이거나 정확한 것 같지는 않다. 많은 어린이가 합의 의사를 표현할 수 있고 표현할 수 있어야 하지만, 우리 생각에 합의할 자격이 없는 사람은 그들이 자신의 운명을 결정할 권리를 획득할 정도로 충분히 오래 살지 못했다는 사실에 확실히 영향을 받는다.[86] 게다가 너무나 일관성이 없는 성관계 승낙 연령을 보면, 성년이란 어른이제 목적을 달성하기 위해 교묘히 조작한 시점이라는 사실을 분명히 알 수 있으며, 이때 어른은 미성년자의 이익을 전혀 고려하지 않는다. 어린이가 투표할 나이가 되는 것을 피할 수는 없지만, 어린이로서 누리는 특권 중 일부는 박탈할 수 있다.

세 번째 유형인 반복적 경계는 경계가 주기적으로 반복되는 것이다. 이 경계는 단독 사건이나 순간에 고정되지 않고 반복적으로 일어난다. 인구조사와 선거구 조정은 반복적인 시간 경계의 전형적인 사례다. 여기에서는 설정된 경계를 주기적으로 재평가하고 변경하기 위해 계획을 세운다. 고정된 단독 경계의 정당성은 중요한 단독 사건(권력의 획득, 국가의 수립 등)에서 나오지만, 반복적으로 수정되는 경계는 초읽기 경계와 유사하다. 초읽기 경계와 반복적 경계 모두 경계가 획정된 시점이 만들어낸 시간 간격의 의미에 따라 정당화된다. 선거주기처럼, 반복적 경계는 민주주의 규범에 맞게 권력이 분산될 때 일어나는 변화와 새로운 정보를 결합하는 능력이 있다.

반복적 경계는 여전히 단독 사건과 연관되는 초읽기 경계보다 다수에 권력이 분산되는 정치 시스템의 기대에 훨씬 많이 부응한다. 의사결정 권한이 소수가 아닌 다수에 분산될 때 민주화되었다고 간주하는 것처럼, 우리는 단독 날짜보다 여러 시점을 사용할 때 경계와 권리가 민주적으로 체계화되었다고 생각한다. 세 가지 시간적 경계 중에서 반복적 경계가 가장 많이 권력을 분산한다. 이렇게 해서 반복적 경계는 초읽기 경계에 제한적으로만 존재하고 단독 경계에는 전혀 없는 책임성도 확보한다. 반복적 경계는 시간이 흘러도 계속 조정될 수 있으므로 끝이 없다.

　고정된 단독 경계는 움직이는 시간의 속성과 어울리지 않는다는 비난을 받지만, 반복적 경계는 그런 비난을 피할 수 있다. 반복적 경계는 시간의 흐름과 더불어 끊임없이 움직인다. 주권의 확립이나 불법체류자 사면 조치와 같은 일회성 경계는 사건 이후에 시간의 흐름에 따라 일어나는 변화에 적응할 수 없다. 그와 반대로, 반복적 시간 경계는 시간과 보조를 맞출 수 있다. 반복적 경계의 일정표가 시간에 따라 변하는 환경에 제대로 보조를 맞추지 못할 때도 있지만, 고정된 단독 경계는 하지 못하는 방식으로 보조를 맞출 능력이 반복적 경계에는 있다.[87]

　다음 장에서 설명하겠지만, 시간의 변화에 대한 적응력은 반복적 경계가 민주정치의 중요한 목적들을 달성할 수 있게 해준다. 국가가 국민의 시간을 지배할 수 있고 실제로 그렇게 한다는 사실은 이미 주권과 시간에 관한 논의에서 분명히 드러났다. 자유민주주의 국가는 자유주의와 민주주의의 기본 원리에 부합하는 방식으로 국민의 시간을 지배해야 한다. 자유주의와 민주주의 모두 그 안에 다양한 기준이 존재하므로, 그것들을 충족시키려면 다양한 시간제도가 필요하다. 하지만 자유민주주의의 근본 원리에 반하는 방식으로 개인과 조직의 시간을 체계화할 수도 있다. 국가의 시간제도가 자유민주주의의 원리에 위배될 때, 그 국가의 정당성은 약화된다. 반복적 경계가 민주주의를 설계하는 데 대단히 중요한 이유는 정례적으로 이루어지는 선거와 같은 절차가 그런 경계에 속하기 때문이고, 만약 이런 절차가 없다면 정치 시스템은 민주주의의 최소 기준도 맞출 수 없다. 정치에 참여할 기회를 보장하는 반복적 경계가 사라지면, 민주국가의 정당성에 의문이 제기된다.

그러므로 신의 절대적 권위 대신 참여와 대표성을 강조하는 정치체제로 이행하면, 다양한 권위의 차이를 반영하는 '시간제도'가 따라오리라 기대할 수 있다. 영토적 주권의 경계를 초월해서 주권을 가진 시민(대중 주권)이 형성되려면 일련의 복잡한 제도적 개선이 필요하다. 이런 개선책 중 가장 좋은 방법은 한 사람이 가지고 있던 합법적 권력을 참정권을 가진 시민들에게 똑같이 나누어주는 것이다. 주권의 분배는 한곳에 집중되었던 권력을 여러 곳으로 나누는 것이다. 왕과 같은 단독 주권자를 어느 한 순간으로 확인할 수 있다면, 주권을 가진 시민이 권력을 행사하는 순간은 한 번 이상이 되어야 하는 것은 당연하다.

시간적 경계의 규범적 의미

만약 체제 확립에 시간이 동원된다면, 모든 정치질서는 시간 순서에 따라 구축될 것이다. 달력의 날짜는 경계를 획정하는 다른 방법들을 대체하기보다는 보완한다. 시간적 경계 중에는 물리적 경계가 하는 일을 좀 더 수월하게 하는 것이 있고, 아예 다른 기능을 하는 것도 있다. 이번 장에서는 국가와 국민 그리고 '데모이' 주위에 설정되는 시간적 경계들에 초점을 맞추었다.

종교에서 권력을 빼앗고 세속 군주가 가진 권력을 정당화하기 위해 시간적 경계가 근세 정치의 영역으로 들어왔다. 주권이 확립되자, 시간적 경계는 국가들을 서로 구분하고, 국민들 사이에서 누가 어떤 권리를 가질 수 있는가를 정하는 수단이 되었다. 모든 경계가 그렇듯이, 시간적 경계도 불가피하게 무언가를 차별한다. 이것은 사람들을 권리를 가진 자와 가지지 못한 자로 나눈다. 개인이나 집단이 정치 참여에 배제되거나 참정권을 얻지 못할 때마다, 그런 차별에 대한 근거와 차별의 결과물을 철저하게 조사해야 한다.

시간적 경계는 국가 내 민족 구성, 유권자 관리, 이전 정부 형태로 회귀 등 여러 목적으로 설정된다. 시간은 국가는 물론 국민에게도 대단히 중요하므로, 시간적 경계에는 인종과 민족성과 관련해서 민족주의적 편견이 담긴다. 국가 내부를 가로지르는 수많은 시간적 경계는 의도적이고 효과적으로 구조적 소수structural minorities를 구속하고 배제한다.

시간적 경계의 규범성에 가장 직접적으로 영향을 미치는 것은 그 경계를 설정한 사람들과 조직의 의도지만, 시간적 경계의 포용력은 그 경계를 어떻게 배열하느냐에 좌우된다. 고정된 단독 경계는 미묘한 차이를 구별하는 능력은 없지만, 규범적 의미가 있는 사건들을 구분할 때는 정당화될 수 있다. 단독 경계는 시간이 정적이지 않다는 사실과도 맞지 않는다. 한 사건과 데드라인 사이에서 카운트다운을 하는 초읽기 경계는 비판 기능과 같은 민주주의 원리를 실현하는 데 고정된 단독 경계보다 더 많은 기회를 부여하지만, 궁극적으로 그것 역시 사람들의 권리 행사를 함부로 제한한다. 마지막으로 끊임없이 반복되는 경계는 시간의 흐름에 따라 스스로 조정하는 능력이 탁월하다. 시간에 따라 반복적으로 조정되는 경계에 대한 규범성 논쟁은 중요하다. 이 논쟁에서 핵심 주장은 다양한 시간 간격과 민주주의 원리 실현 사이에 중요한 상관관계가 있다는 것이다. 다음 장에서는 이 문제를 좀 더 깊이 파고들어서, 시간적 경계들 사이에 무슨 일이 벌어지는지 분석하고 구체적인 기간에 규범적 가치를 부여하는 정치사상들을 자세히 설명한다. 달력 날짜에서 일정과 측정된 기간으로 논점을 옮기면, 우리는 시간과 관련된 법들 중 권리를 수여하는 법이 어떤 것인지 좀 더 정확하게 확인할 수 있으며, 그런 시간적 법률이 평등주의를 실현할 때 노출하는 한계를 시험할 수 있다.

3

민주주의와 기간
그리고 살아있는 합의

정치적 재화인 '기간'과 민주적 '과정'의 관계

2장은 특정 순간들과 주권을 결정하는 경계의 불가분한 관계를 단독 시점으로 설명하는 것으로 시작했다. 그러나 2장에서도 지적했듯이, 주권과 연계된 시간제도에는 규범적 요소가 없다. 특별히 주권 자체는 규범적이지 않으며, 한 체제가 주권을 갖게 된 특정 순간에 규범적 요소가 있다 하더라도 극히 적다. 하지만 주권국가를 구성하는 정치 시스템은 불가피하게 자체 규범을 정당화한다. 예를 들어, 가치와 목표를 공유하고 합의와 대의를 우선시하는 규범적 목적을 실현하기 위해서 민주주의를 추구한다. 2장에서는 점점 복잡해지는 여러 시간적 경계를 식별해서 그것에 관해 논의했다. 2장을 마칠 때는 여러 시점을 적용하는 시간제도에 규범적 가능성이 있다고 언급했다.

반복적 경계는 시간과 정치에 관한 논의에 새로운 요소 하나를 첨가한다. 반복적 경계는 여러 개의 단독 시점만 다루지 않고, 두 시점 사이의 소요시간(기간)을 과학적으로 측정해서 그것에 정치적 중요성을 부여한다. 반복적 경계는 고정된 단독 경계보다 민주주의에 담긴 규범적 열망을 실현하는 데 좀 더 유용하다. 반복적 경계가 포함된 시간제도의 대표 사례는 정치 일정과 달력이지만, 이 경계는 각종 정치 과정에 등장한다. 종종 반복적 경계는 가치 판단적인 기간을 설정한다.

기간의 규범성은 현대 민주주의 이론가들이 그동안 기피했던 영역인데, 예를 들어 정치 지식을 축적하는 과정이 특정 영토에 사는 특정 국민 사이에서는 물론 시간의 흐름에 따라서도 일어난다고 보는 인식론적 민주주의자들이 그렇다.[1] 이와 마찬가지로, 미국의 정치발전사를 연구하는 학자들은 시간 체계가 어떻게 정치 과정을 구성하고 정치 양식을 드러내는지에 오랫동안 관심을 기울였다.[2] 또한 평등주의 이론가들은 시간이 평등 원리를 실현한다고 인식한다.[3] 지금까지 언급한 모든 연구 분야는 이번 장에서 내가 하려는 작업처럼, 정치적 의미가 담긴 과정들과 민주국가를 구성하는 실질적 절차들 사이에 연관성을 도출한다.

하지만 민주주의에서 기간이 갖는 규범적·실용적 의미는 다면적이며, 아직 충분히 연구되지 못했다. 벤저민 프랭클린Benjamin Franklin의 "시간은 돈이다"와 같은 비유뿐만 아니라 일상의 경험 덕분에 대부분의 사람들은 시간이 소중하다는 사실을 잘 안다. 그리고 이 책의 서론에서 밝혔듯이, 기간의 정치적 중요성을 분명하게 드러내는 수많은 사례가 있다. 귀화 승인 전 유예기간, 선거일정 등 다양한 정치적 절차들이 모두 권리를 획득하고 행사하기 위한 전제조건으로 시간이 필요하다는 점을 분명히 밝힘으로써 시간의 가치에 대한 단서들을 제공한다. 하지만 직업 세계 밖에서는 시간의 가치와 그 가치를 끌어내는 방식에 관해서 별로 알려진 내용이 없다.

이번 장에서는 자유민주주의의 핵심 과정들과 시간의 관계를 통해 어떻게 기간이 확실한 정치적 가치를 지닌 재화로 바뀌게 되었는지를 설명한다. 이를 위해 암묵적·명시적으로 기간에 정치적 가치를 부여했던 정치사상사의 전통을 들여다본다. 또한 그런 전통이 미국에서 시민권 제도가 확립될 때 어떻게 구현되었는지도 살핀다. 1장에서는 기간이 정치적 중요성을 획득하는 데 과정이 중요한 통로임을 확인했다. 사회적·정치적 과정이 일정 기간에 걸쳐 일어난다는 전제를 입증하는 수많은 방법들을 무시하는 것이 아니라면, 그 전제는 직관적으로 이해될 뿐만 아니라 널리 인정되기도 한다. 과정과 기간의 연관성은 고대에 그 기원을 둔다. 타고나지 못한 것은 무엇이든지, 그리고 타고났지만 수련이 필요한 것은 발현되려면 기간이 필요하다. 플라톤과 아리스토텔레스는 지식과 전문성 및 판단력을 기르는 과정이 포함된 다양한 맥락을 통해 과정과 기간의 연관성을 소개했다. 이것은 현대 민주주의 이론을 적용해서 정치조직을 설계하는 일과도 관련이 있다.

마르크스는 사회적으로 중요한 노동시간을 논의할 때 시간을 사용해서 노동의 가치가 측정된다고 주장했는데, 그와 마찬가지로 기간과 과정의 관계가 어떻게 기간을 정치적 재화로 전환시키는가를 밝히는 것이 이번 장의 목표다. 마르크스의 주장과 비교한 내용은 나중에 5장에서 통약 과정을 논의하기 위한 토대를 마련한다. 시간은 권력과 시민권을 획득하고 행사하기 위한 정치적 거래에 사용될 수 있다. 궁극적으로 우리는 기간에 내재된 규범적 잠재력이 이성과 합의, 진실 등의 결과물이 만들어지는 중요한 정치 과정들과 밀접하게 연관된다는 사실을 알게 된다. 정치가 자체 일정을 따르는 이유는 선악에 대한 이해와 타인과의 관계, 추론과 탐색 능력, 착실한 태도와 훌륭한 인격, 심의와 합의 과정 등 시민의 자격조건을 획득하는 데 시간이 중요하다는 생각을 전제하기 때문이다. 정치를 민주적으로, 국민을 민주시민으로 만드는 과정들에 기간이 중요하기 때문에, 그것은 정치적 재화가 된다. 시간은 이런 과정이 일어나기 위한 충분조건은 아니지만 필수조건은 된다. 시간의 가치는 정치 관행에서도 인정되는데, 이런 관행은 중요한 권리와 지위의 효력이 유지되는 기간과 그 효력이 다하는 기한을 정하는 절차들을 따른다. 데드라인, 유예기간 등은 정치적 절차에 직·간접적으로 과정을 삽입한다.

여기에서 재화의 정의를 간단히 짚어보겠다. 어떤 것이 재화로 간주되려면, 사회 구성원들이 그것을 가치가 있다고 널리 인정해야 한다. 엘리자베스 앤더슨Elizabeth Anderson은 "다원적이고, 다

틀 수 있으며, 역사적으로 불확정적이고, 사회적으로 널리 알려져 있으며, 사람들이 참여하는 관행"에서 나름의 가치를 획득한 것을 재화라고 정의한다.[4] 이때 재화와 관련해서 두 가지 조건이 필요하다. 첫째, 모든 재화의 가치는 사회 혹은 그 사회의 하부 단위가 소유한 관습을 통해 추론할 수 있다. 이 추론 결과를 바탕으로 이번 장에서는 시간의 정치적 가치에 관한 중간 결론을 도출한다. 둘째, 가치가 확실하게 정해진 재화는 설사 있더라도 극히 드물다. 가치는 종종 다툴 여지가 있다. 예를 들어, 모든 사회는 생명을 소중하게 여기지만, 생명의 가치는 (또는 생명을 정의할 때 포함되는 것조차도) 여전히 논쟁거리다. 이런 이유로, 이번 장에서는 합의에 필요한 시간이 정확히 얼마인지 체계적으로 표현할 수 있다는 주장은 모두 배제한다. 국제통화에 관한 책에서 볼 수 있는 환율표라는 것이 시간에는 없으며, 그런 표를 만드는 것도 불가능하다.

　재화를 사회적·정치적 맥락에서 자체 가치를 획득한 것으로 간주하는 것 외에, 이번 장에서는 과정과 절차의 차이도 다룬다.[5] 과정에는 행동과 변화가 포함된다.[6] 이 책이 주장하는 내용을 인정하기 위해 과정을 중시한 철학자였던 앙리 베르그송이나 알프레드 화이트헤드Alfred North Whitehead 등이 제시한 모든 견해에 동의할 필요는 없다. 여기에서는 변화를 현상학적으로 바라보는 시각만 인정하면 된다. 사람들과 사회는 정적이지 않고, 둘 다 시간의 흐름에 따라 변화를 경험한다. 절차란 관습이 형성될 때 거치는 제도적 메커니즘이며, 이 경우 관습은 민주정치의 관습을 의미한다.

정치를 예측가능하고, 질서정연하며, 가능한 한 효율적으로 만들려면, 제도에 절차를 삽입하고 국민들에게 그 절차를 따르게 해야한다. 이 정치적 절차에 직접적이든 간접적이든 과정을 끼워 넣으면, 정부 절차라는 바늘이 규범적 과정이라는 천에 실을 꿰면서 시간의 정치적 가치가 드러난다.

마지막으로 이 책의 주제에 맞게, 의도적으로 기간과 정치에 관한 논의는 정치적 절차의 한 부분으로 규정한 기간으로 확실히 제한한다. 절차가 이행될 때 불가피하게 발생하는 지연은 별도 논문에서 다루어야 할 정도로 질적으로 다른 대기 시간이다.[7]

정치사상사에서 시간의 정치적 가치

정치사상사에서 시간을 중요하게 다루었는지는 정치사상사의 여러 다른 전통에서 도출한 두 가지 핵심 내용을 어떻게 연결하느냐에 좌우된다. 첫 번째 내용은 포콕이 《마키아벨리언 모멘트》에서 구체화한 것이지만, 이는 고대와 근대 초기 철학에도 등장한다. 즉 과학적으로 측정된 시간을 포함하지만 거기에만 한정되지 않는 과학은 기회를 이용할 수 있게 하고 미래를 예측가능하고 안전하게 만들기 때문에 중요하다. 과학과 과학적 측정이 권위를 갖게 된 이유는 그것들이 인간의 환경을 개선하고 안전하게 해주기 때문이다.[8]

시간의 가치를 좌우하는 두 번째 핵심 내용은 민주정치에 특별히 중요한 과정들이 무엇이고, 그런 과정들이 일어나려면 얼마나 많은 시간이 필요한가를 정할 수 있다는 생각이다. 국가는 철저하게 안전을 추구하지만, 민주국가에서는 인성 개발, 심의, 숙고, 합의 등을 일으키는 과정이 특별히 합법성과 안정성을 확보하는 데 중요하다. 민주정치는 시간이 흐르는 동안 발전하고, 정확한 기간이 할당된 특정 과정이 통제하는 스케줄을 따른다.

근대 국가가 발전하기 이전에 도덕철학자와 정치철학자로서 가능성을 보여주었던 플라톤과 아리스토텔레스는 둘 다 특별히 과학적 측정법에 관심이 있었다. 《프로타고라스Protagoras》에서 플라톤은 심의의 실용성을 평가하는 과학이 필요하다고 주장한다.[9] '테크네techne'라고 부르는 이런 과학은 무언가를 기획하고 예측하며 개발하는 데 필요한 실용적인 판단력과 유사하다.[10] 인간의 삶을 안전하게 하려면, "신중한 측정 과학science of deliberative measurement"이 필요하다.[11] 이 표현은 정치행위뿐만 아니라, 시민을 안전하게 지킬 능력이 있는 정체와 정치 과정을 과학적으로 평가할 필요성 간의 관계도 잘 보여준다.

아리스토텔레스 역시 과정에 집중한다. 그가 보기에, 바람직한 정치 판단에 필요한 세부 사항들은 "에피스테메episteme(과학적·직업적·전문적 지식 등 지식 일반을 가리키는 말로, 철학에서는 실천적 지식에 반대되는 이론적 지식을 가리킨다 – 옮긴이)의 영역이 아니므로 경험을 통해 얻어진 통찰력으로 이해할 수 있다."[12] 아리스토텔레스는 의사결정을 제대로 하려면 경험이 필요하다고 생각했다. 이런 축적된 경험을 가진 사람이 누구인가는 그 사람이 살아온 세월을 관찰함으로써 어느 정도 파악할 수 있다. 그는 경험을 통해 통찰력을 얻는 과정에 가치를 부여해서, 기간의 정치적 중요성을 설명한다. 아리스토텔레스가 부각시킨, 실천적 지혜에 대한 플라톤의 잠재적 환원주의에는 분명하지는 않지만 실제로 시간의 중요성이 드러난다. 누스바움은 어린이와 젊은이가 아직 실천적 지혜(프로네시스phronêsis)를 갖추지 못했다고 확신한 아리스토텔레스를 언급하면서 이렇게 주장한다. "젊은이는 수학자나 기하학자가 될 수 있고 그런 학문에 정통할 수 있지만, 실천적 지혜를 가진 사람이 되지는 못한다. 그 이유는 실천적 지혜란 특별히 경험을 통해 얻을 수 있는데, 젊은이는 경험이 부족하기 때문이다. 경험을 얻으려면 어느 정도 시간이 필요하다."[13] 아리스토텔레스는 시간의 양(기간)과 판단 과정 사이에 직접적인 규범 관계를 설정한다. 그가 보기에, 시간과 경험은 밀접하다. 그의 관점에서, 기간은 정치적 판단을 내릴 때에도 중요하다. 시간에 특별한 의미를 부여한다는 점에서, 정확한 기간이 소요되는 과정들은 실천적 지혜에 대한 반론에도 중요할 수 있다. 기간은 중요한 과정을 만들어내는 정치적 재화로 인식된다.[14]

현대 정치이론에서 기간의 중요성

근대 국가가 등장하자 정치이론가들은 바뀐 정치 형태에 맞게 시간과 과정에 관한 개념을 수정하기 시작했다. 시간을 들여 합의를 이룬다는 생각은 로크가 정리한 합의에 기반한 시민권 사상에 분명하게 드러나고 있으며, 거기에는 기간이 동원된다. 합의가 아닌 출생시민권birthright citizenship을 옹호했던 '캘빈 사건' 이후 100년도 채 되지 않아서, 로크는 정치적 지위란 태어난 순간에 부여받는 것이라는 입장에서 "한 정체에서 태어난 아이가 성숙해서 합의 능력을 갖추게 되는 기간"[15]으로 결정된다는 의견으로 전향한다. 마거릿 소머스는 로크의 합의 사상이 "오래전 정치가 존재하기 이전의 국가가 사회계약에 의해 구성된 조직으로 대체되는 내러티브에 각인"되어 있음을 확인한다. "이 과정은 순차적으로 진행되므로 시간과 관련되며, 어느 한 순간(합의가 이루어지는 순간)에 끝난다."[16] 여기에서 로크는 앞 장에서 설명한 추론에 암묵적으로 의존한다. 로크가 보기에, 시민권을 얻으려면 두 가지 시간적 경계(출생일과 성년)가 반드시 필요하다. 국민들 사이에 경계를 세울 때 어느 한 시점으로 고정하던 것에서 기간을 설정하는 식으로 바꾸면, 통치 형태가 비민주적에서 민주적으로 전환한다. 실제로 어린이가 어른이 되었을 때, 시민권을 당연히 주어지는 것으로 받아들이지 않고 거부할 수 있다. 이와 같이 성숙을 중요하게 여기는 로크의 입장은 정치적 관계가 경험을 통해 쌓이지 않고 태어날 때 자동으로 결정된다고 보는 견해에서 그가 더욱 멀어졌음을 보여준다. 이는 로크가 스콜라 철학보다 경험주의를 더 선호한다는 사실과도 일치한다.[17]

로크가 완성하지 못한 작업은 헌법 모형을 세부적으로 설계하는 일이었다. 헌법 모형과 관련해서는 프랑스 수학자 콩도르세를 살펴봐야 한다. 콩도르세의 업적은 다른 사람들이 그저 손만 댔던 작업을 완성했다는 점이다. 즉 그는 민주적 의사결정 과정을 과학적 정확성과 연계해서 구체적으로 제도화했다. 콩도르세는 재화를 산술적으로 측정하고 계획하는 방법을 선호하는 수학자적 입장에서 바람직하고 민주적인 결정을 유도하는 것에 관해 규범성을 논의한다. 그의 '사회 수학social mathematics'[18]은 5장에서 다룰 시간의 정치경제학에 핵심이 되는 정치산술과 짝을 이룬다.[19]

콩도르세의 연구가 중요한 이유는 그것이 제도 설계를 위한 모형으로 '당연히' 사용되기 때문이 아니라 계몽주의가 성공적으로 만들어낸 제도를 설계할 때 그의 수많은 처방이 '실제로' 반영되었기 때문이다.[20] 콩도르세는 그 자신과 자신보다 좀 더 추상적인 동료 철학자들이 몰두했던 결과물을 성취하게 해주는 절차에 대단히 관심이 많았다. 그는 미국 헌법을 연구한 후에 헌법에 관한 자신의 생각을 정리했고, 헌법 제정자들의 사상 중 일부(특히 양원제)는 거부했지만, 다른 많은 내용은 존경하는 마음으로 자신의 논문에서 재현했다.

그러므로 콩도르세의 글을 읽는 것은 민주주의 기준을 충족하기 위해 정치적 절차가 어떤 속도로 진행되어야 하는가에 관한 사회과학적 설명을 읽는 것과 같다. 일반적으로 정치적 절차는 일정에 따라 움직인다. 절차에 일정이 없다면, 심각한 문제가 일어날 수 있고 실제로 일어난다. 정치 일정에 집중했던 콩도르세는 민주적 의사결정이 특정 속도로 일어나야 하는 이유에 대해 세부적으로 관심을 가졌던 것으로 유명하다. 자유주의의 중요한 요소인 이성은 "세월이 흘러도 변치 않는 것"으로 불린다.[21] 하지만 이성은 그렇게 보이기는 하지만, 실제로는 시간이 지나도 변치 않는 것이 아니다. 의사결정과 합의에 필수적인 다른 과정들처럼 이성도 그 과정들에 유용하도록 체계화된 기간을 필요로 한다.

우리는 시간에 관한 콩도르세의 사상들이 다수의 민주주의 헌법에 편입되어 있음을 알고 있다.[22] 헌법은 선거와 인구조사 일정을 계획하고, 시간의 흐름에 따라 여러 기본적인 정치 과정을 일으키는 각종 계기를 마련한다. 그러면 학자들은 다양한 정치적 결과물을 설명하고 예측할 목적으로 헌법에 규정된 절차들의 결과물을 연구한다. 경험주의 사회과학에서 기간이라는 주제는 매우 중요하므로, 기간을 하나의 변수로 측정하고 해석하는 방법을 연구자들에게 교육하는 방법론도 있다.[23] 게다가 어떤 국가가 스스로 민주적이라고 주장하기 위해 내세우는 모든 주장을 무력화하는 방식으로 헌법이 선거나 의사일정 같은 정치적 절차들을 계획할 수 있음(혹은 없음)은 충분히 이해된다. 선출직 공무원과 의원을 뽑는 선거를 각각 치르면 대개 투표율이 떨어지므로, 급진적이고 직접적인 민주주의가 실현될 기회가 줄어든다.[24] 또한 선거 횟수가 적으면, 민주주의의 정당성을 전반적으로 훼손할 수 있다.[25] 2016년 미국 대법원은 안토닌 스칼리아 Antonin Scalia 대법관이 사망한 후에 무기한 불확실한 상태에 돌입했다. 상원은 대통령이 후임 대법관으로 지명한 메릭 갈랜드Merrick Garland를 거부했고, 이에 자극받은 한 분석가가 다음과 같이 지적했다. "실제로 헌법에는 대통령이 지명한 대법관 후보자를 인준하는 표결을 언제까지 해야 한다고 정하고 있지 않다. 헌법에 그런 내용은 없다. 그러므로 우리는 불확실한 헌법이 지배하는 그런 나라에 살고 있다."[26] 당시 상황은 대법관 자리를 채우지 못해 대법원의 기능에 불확실성을 야기했을 뿐만 아니라, 대법관 임명 절차에 필요한 명확한 시간표가 없다는 사실을 발견해서 사람들을 불안하게 했다.[27] 이 책의 서론에서 주장했듯이, 국가는 국민의 시간을 합법적으로 관리하고 요구할 수 있다. 하지만 그런 국가의 요구가 전부 합법적인 것은 아니다. 더구나 국가가 국민의 시간을 요구할 권리가 없다면, 그것을 요구하기 위한 권력 행사는 불법이 될 수 있다. 대법관의 숫자가 부족할 때 일어나는 일은 좀 더 광범위하게 주권이 행사되지 못하는 국가 비상사태 때와 마찬가지로 절차적 정당성이 결여된다.[28]

철학자들은 종종 정치달력political calendars과 일정을 자세히 다루지 않았지만, 콩도르세는 대단히 구체적으로 관련 연구를 진행했다. 콩도르세는 투표를 의사결정과 비슷한 행위로 보았고, 이에 관해서 많은 글을 썼다.[29] 콩도르세의 투표 이론은 여러 단계의 의사결정을 필요로 하므로, 불가피하게 시간 순서에 따라 체계화되었을 것이다.[30] 콩도르세는 자신의 독창적인 수학 공식과, 미국 헌법처럼 민주주의 정신이 담긴 문서들에 들어 있는 공식을 종합해서 정교한 민주주의 달력을 만들었다. 사실, 콩도르세는 볼테르 같은 학자들에 실망했는데, 그들도 법률을 개혁하고 혁신하는 일에는 헌신했지만, 추상적 기준을 정확하고 효과적인 수학 용어로 표현해내기에는 역부족이었다.[31] 오렌Orren과 스코로넥Skowronek의 연구를 기반으로, 크라이더Kryder와 스타샥Staszak은 미국 헌법에 반복적으로 등장하는 민주적 절차의 속도에 관해 설명했는데, 미국 헌법에는 콩도르세가 집중한 정치 속도와 기간이 구체화되어 있다.[32] 콩도르세의 논문과 미국의 정치발전사를 연구하는 학자들의 분석 모두 민주정치가 암묵적이지만 정보에 근거한 합의를 바탕으로, 공정하고 신중하며 건전한 방식으로 확실히 실현되는 데 기간과 일정 관리가 매우 중요하다고 보았다. 이번 장의 후반부에서 논의하겠지만, 콩도르세가 집중한 기간과 정치 일정 관리는 미국 헌법 제정자와 초기 헌법 해석자들이 마련한 정치적 절차에도 침투해 있다.

시간의 헌법적 가치

콩도르세의 규범적 논문들은 시간의 정치적 가치를 구체적으로 설명했고, 시간이 민주주의 실현을 위한 핵심 재화임을 증명했다. 콩도르세가 바람직한 의사결정을 위해 수학적 측정방식을 선호하는 모습은 플라톤의 '테크네'를 떠올리는데, 그의 선호는 곧바로 과학적으로 측정된 기간에 대한 관심으로 이어진다. 계몽주의자였던 그의 동료들은 과학적으로 측정된 기간과 정치 사이의 연관성에 관심을 두지 않았다. 그러나 콩도르세는 그 둘의 관계에 집중했고, 민주적 과정을 확보하는 데 시간이 중추적 역할을 담당한다고 가정하는 정치이론을 만들어냈다. 그의 결론은 한 순간에 합의를 도출하는 방식은 추론을 방해하는 정치 시스템을 만들어낸다는 견해를 전제로 삼는다.[33] 2장에서 내가 단독 순간에 설정된 주권적 정치 경계는 자의적이고 비민주적이라고 주장했던 것처럼, 콩도르세 역시 단 한 번의 투표행위로 국민주권이 확립되지는 않는다고 생각했다. 그의 관점에서 보면, 루소는 "정치적 시간을 투표하는 순간으로 축소"했으므로 효과적인 국민주권 모형을 이론화하는 데 실패했다.[34] 일반의지를 추구하는 절차에 수학 공식을 집어넣으려 애썼던[35] 콩도르세는 루소가 기간과 민주주의의 관계에 대한 관심이 부족했던 탓에, 기간을 하나의 정치적 재화로 다루지 못했다고 생각했다.

(루소를 포함하여) 여러 민주주의 이론가처럼, 콩도르세도 투표만으로는 민주주의를 보장할 수 없다고 말한다.[36] 올바른 재료가 적정 비율로 준비된 후 사람들이 자기 의사를 표명해야만 투표 결과가 민주적이다. 사람들이 심사숙고하고 진실을 찾는 과정을 거치지 않은 채 의사를 결정한다면, 투표 자체가 비민주적인 것이 된다. 심사하고 토의하며 조사하는 과정이 없으면, 투표 행위와

투표 결과는 합의에 기초한 것도 아니고 민주적이지도 않다. 콩도르세는 합의에 필요한 신중한 의사결정은 복합적 판단과 심사숙고 그리고 어느 정도 시간이 지나야 얻어지는 지식을 수반한다고 주장한다. 그는 어떤 결정(예컨대, 최초 국가긴급권 발동)은 신속하게 이루어져야 하고, 어떤 결정은 내용을 파악하고 고민하는 데 시간이 필요하지만, 사람들이 자칫 정치에 너무 많은 시간을 뺏기면 민주적 절차의 목적이 훼손되리라는 것도 알았다. 과도하게 시간을 끌거나 서두르는 행위는 민주주의의 적이나 다름없다.[37] 콩도르세는 《연방주의자 논고The Federalist Papers》에 담긴 사상을 단순 복제하지 않고 명확하게 전달하고 있는데, 이 논고는 바람직한 행동과 결과물은 장려하고 문제가 되는 것들은 막기 위해 신중하게 정치의 속도를 조절하는 방법들을 다수 포함한다. 깊이 생각하지 않고 꼼꼼하게 조사하지 않은 채 결정하고 서둘러 투표하는 사람들은 신중하고 지혜로운 모습보다 극단적이고 충동적이며 순응하는 모습을 보이기 쉽다. 하지만 너무 서두르지 않아도(선거주기가 지나치게 긴 경우) 문제가 된다. 정치의 진로를 바꿀 기회가 부족하면 과거 결정자들이 현재 시민을 억압하게 된다. 달리 표현해서, 민주적으로 의사가 결정되기 위해서는 유권자 대비 대표자의 비율이 적절해야 하듯 주기도 적절해야 한다. 콩도르세는 정치에서 기간의 의미를 이해하지 못했을 때 발생하는 현상을 부정부패, 재화에 대한 오해, 불안정, 순응, 현재중심주의 등 다섯 가지로 설명하고 있으며, 그 내용은 다음과 같다.

첫째, 의사결정에 소요되는 시간이나 의사결정자의 임기를 부적절하게 제한하는 정부에서는 "파벌이 영향력을 행사하고 음모를 꾸밀" 가능성이 매우 커진다.[38] 콩도르세는 의회가 너무 오랫동안 바뀌지 않으면 의원들이 "게을러지고, 그 결과 위험해지는" 현상이 나타날 것이라고 걱정한다.[39] 그래서 그는 의회를 분야별로 나누고, 민생 관련 정책과 입헌적 결정에 필요한 시간을 각각 명시했다.[40] 의원의 임기와 정책 결정에 소요되는 시간을 최소화하면 의회와 대표자에 대한 국민의 믿음이 두터워질 것이다. 이와 관련해서, 콩도르세 역시 "정치적 권리를 획득해서 새로 시민이 된 사람에게 공적 기능을 수행할 자격이 있는지 평가받고, 행동을 보여주며, 자신의 원칙을 인정받기까지 충분한 시간"을 보장하기 위해 정치 입문자의 연령을 제한(25세 이상)해야 한다고 생각했다.[41]

둘째, 콩도르세는 "과도한 열정"을 억제하기 위해 의사결정 속도를 조절하는 데에도 관심을 쏟았다.[42] 합의의 필수조건인 지식을 습득할 시간이 부족하면, 사람들은 재화를 잘못 이해하기 십상이다. 합의에 필요한 지식과 경험을 쌓는 데에는 동료들과 신중하게 심의할 때와 마찬가지로 시간이 소요된다. 충동적인 정치는 사람들에게 그릇된 정보를 주고, 오판 가능성을 높인다. 결정 속도가 지나치게 빠른 의회는 억압적인 경향을 보일 것이다.[43] 여기에서 다시 콩도르세는 알렉산더 해밀턴Alexander Hamilton과 의견을 같이 한다.《연방주의자 논고》70번에서 해밀턴은 "행정부의 활력소는 첫째는 통일성이고 둘째는 지속성이며, 셋째는 적절한 지원이고 넷째는 유능함이다"라고 썼다. 해밀턴은 "대체로 입법부의 신속한 결정은 득보다 실이 많다"고 걱정했다.[44] 계속해서 그는 《연방주의자 논고》 71번에서 불안과 성급함과 같이 한눈에 알 수 있는 폐단과 정치인의 부정행위와 같이 눈에 덜 띄는 폐단을 줄이기 위해 의원들의 임기를 연장해야 한다고 주장한다.[45] 칸트는 《영원한 평화Toward Perpetual Peace》에서 "대중은 오직 천천히 깨달음을 얻는다. 혁명을 통하면 아마도 탐욕적이고 권력에 굶주린 자들의 억압과 폭정에서 벗어날 수 있겠지만, 사고방식을 진정으로 개혁하지는 못한다. 오히려 새로운 편견이 생겨서 몰지각한 대중을 지배하게 될 것이다"[46]라고 말하면서, 콩도르세처럼 성급함과 무지를 연결한다. 시간을 충분히 들이지 않은 정치운동은 참여자들을 해방시키지 못할 것이므로 민주적이라고 할 수 없으며, 오히려 사람들을 심한 편견에 가두고 잘못된 판단을 유도한다.

시간의 압축은 콩도르세만큼이나 현대인들도 우려하는 현상이다. 밥 제솝Bob Jessop과 하르트무트 로자는 민주주의에서 의사결정 시간이 압축되는 현상을 비판한다.[47] 기든스Giddens와 코놀리Connolly는 주변 환경이 시간의 흐름에 따라 점점 가속화될 때 나타나는 정치의 특성을 지적했다.[48] 혹자는 정해진 선거 일정을 따르지 않아도 되고 후보자의 선거운동 기간도 변경되는 사전투표와 같은 혁신적 방법을 콩도르세나 그의 동료 학자들이 어떻게 받아들였을지 궁금해한다.[49]

콩도르세는 순간의 결정이 안정적이지 못하다고도 주장한다. 즉흥적인 사고는 확고한 토대를 세우지 못하며, 유행이나 추세처럼 지나가기 마련인 덧없는 생각을 반영한다. 콩도르세는 기간과 헌신의 관계를 파악하려고 애썼다. 충동적인 사람은 불안정하고, 헌신에 필요한 꾸준히 심사숙고하고 토론하는 자질이 부족하다. 그래서 국가에 대한 것이든 참회에서 비롯된 것이든 상관없이, 진심 어린 헌신에 필요한 자질을 기르고 충성을 다하려는 사람들이 그런 결심과 행동을 기간과 연결시킬 것이라는 사실은 그리 놀랍지 않다. 데니스 톰슨Dennis Thompson은 일시적 기분에 좌우되는 정부는 민주적이지 않다는 확신을 되풀이하면서 이렇게 쓰고 있다. "(대중의 통제는)…… 일시적인 충동에서 혹은 정보가 부족해서 생긴 선호가 아니라, 참된 의지를 표현하는 경우에만 가치가 있다."[50] 콩도르세는 불안정성을 언급할 때, 시간과 불안의 오랜 관계에 관한 포콕의 견해를 근본적으로 뒤엎는다. 포콕은 "정의가 운명의 수레바퀴에 달려 있는 세상은 무섭지만, 역설적이게도 그 주기적 반복성 덕분에 명료성을 얻게 되었다"고 썼다.[51] 운명을 의미하는 '포르투나fortuna'와 반대로, '비르투virtu'는 보편적이고, 인간이 의도한 결과물이다. 폴리비오스Polybius(고대 그리스의 역사가로 《역사》를 쓴 작가 – 옮긴이)가 "시간의 불안정성을 걱정"[52]한 반면에, 콩도르세는 어떻게 하면 무한한 것을 다스리고 안정성을 확보할 수 있을까 하는 전근대적 문제를, 순환이 아닌 직진하는 정치적 시간을 연구하는 과학에 기대어 해결한다. 제대로 체계를 갖춘 정치는 무질서한 상황에 결코 빠지지 않는다. 이 때문에 우리는 기간 안에 민주적 잠재력도 있지만, 동시에 비민주적이고 막강한 권력을 행사할 가능성도 있음을 알게 된다. 정치 시스템은 국민의 시간을 민주적이거나 전제적인 방식으로 모두 다룰 수 있다.

두 번째와 연관되는 세 번째 현상으로는 성급한 정치가 나약한 사람들에게 일시적 유행을 좇게 하고, 군중심리를 조장한다는 것이다. 일시적 유행과 집단사고는 정치를 위태롭게 한다. 시민이라면 서서히 조심스럽게 나아갈 곳에 군중은 우르르 몰려간다. 신중하려면 천천히 생각해야 하고, 그러려면 시간이 필요하다. 무언가를 심사숙고하려면 동료와 토론하는 것만으로는 부족하다. 고독하게 시간을 보내면서 깊이 사색하고, 지혜를 모아야 한다. 콩도르세는 심의의 필수 요소인 단독 행위와 사회적 행위를 모두 인정하는 민주적 과정을 대단히 신중하게 설정한다.[53] 단독 행위는 군중의 영향력을, 사회적 행위는 자기중심적인 태도를 막아준다.

넷째, 사람들에게 충분히 시간을 주면, 내용을 숙지하지 못하거나 흥미를 잃을 위험이 줄어든다. 콩도르세는 의사결정할 때 시간을 투자하지 않으면, 민주주의 자체가 일종의 짐이 되거나 그 권위가 약해진다는 사실을 잘 알고 있었다. 하지만 그는 사람들이 결정할 시간이 부족해서 투표에 의존한다고는 생각하지 않았다.[54]

다섯째, 콩도르세는 성급한 결정이 현재중심주의를 일으킬 위험이 있다고 생각했다. 시간에 여유가 있으면, 사람들은 선택해야 하는 순간에 금방 떠오른 생각 외에 다른 의견들을 이해하고 종합할 수 있다. 이들은 과거(콩도르세가 지적한 첫 번째 문제에서 언급된 경험적 지혜)를 참고할 뿐만 아니라 미래에 발생할 문제도 고민한다. 콩도르세가 성급함을 반대하는 이유로 앞에서 언급했던 유행을 좇는 현상과 현재중심주의는 진부화obsolescence의 양면이다. 시간을 사용해야만 급박한 상황에서 벗어나 과거 경험과 지식으로부터 어떤 시각을 얻을 수 있으며, 그래야 미래 세대의 이익을 충분히 고려할 수 있다.

여기에서 우리는 콩도르세가 좀 더 과격하고 덜 온건한 민주주의, 즉 어떤 사람들(과거 국민)이 다른 사람들(미래 시민)을 대표하는 것이 정당하지 못하다는 생각을 지지하고 있음을 알게 된다. 그는 헌법과 같이 근본이 되는 문서도 정당성을 얻으려면 시간이 필요하다고 주장한다.[55] 지금 우리의 경험을 일반화해서 미래 세대에 영향을 줄 결론을 도출하는 행위는 나중에 우리 신념에 반하는 정보가 등장할 가능성을 차단한다. 민주주의 이론에서 이런 현재중심주의는 콩도르세와 로크가 공유하는 견해다. 브루너Brunner는 로크에 관해 이렇게 쓰고 있다.

(로크는) 최고 권력을 갖는 입법부가 정해진 기간에만 소집되는 반면, 국가 조직에서 입법부보다 하위에 있는 행정부는 지속적으로 활동한다고 말한다. 로크는 시간에 따라 두 권력기관이 어떤 차이를 보이는지 다음과 같이 설명한다. "법은 짧은 시간 내에 제정되지만, 끊임없이 집행되고, 그 효력은 지속적이다. 그러므로 입법부

가 항상 존재할 필요도 없고, 해야 할 일이 늘 있지도 않다." 이와 반대로, "즉시, 단시간에 만들어진 법이라도 꾸준히 지속적인 효력을 발휘하므로, 이를 영구적으로 집행하거나 적용할 기관이 필요하다. 그러므로 언제나 제자리에서 법을 집행하고 영향력을 발휘하는 권력기관이 반드시 필요하다."[56]

홉스의 절대주의는 통치에서 시간적 제약 요소를 제거해서 불안과 정치적 위기를 막으려고 했지만, 로크의 자유민주주의는 예측할 수 없는 것에 적응하고 정치 개혁을 위한 메커니즘을 확보하기 위해 시간 제한이 필요하다고 주장했다.[57]

현재중심주의는 제퍼슨Jefferson을 포함해서 콩도르세와 생각이 같았던 사람들에게도 골칫거리였는데, 이들은 "생물에게 땅의 사용권이 있다"고 하면서 훨씬 더 과격한 주장을 펼쳤다.[58] 제퍼슨은 미국 헌법 때문에 미래 세대가 이미 죽고 사라진 선조들의 신념을 저버리게 될까봐 걱정했다. 제드 러벤펠드는 특히 밀을 비롯해서 많은 계몽주의 사상가들이 자신들의 정치적 열망에 담긴 규범적 잠재력을 억제함으로써 그 안에 깃든 현재중심주의를 간과한다고 주장한다.[59] 이와 반대로, 톰슨은 우리를 미래의 수탁자로 행동하게 한다. 하지만 그 역시 우리가 특정 기간에만 주권자로서 권한이 있다고 말한다. 우리는 현재 주권자들이 제정하거나 승인하지 않은 법을 미래 주권자들이 제정하지 못하게 할 권한이 없다.[60] 이것을 현대 민주주의 이론가들이 공감할 수 있는 방식으로 표현하면 이렇다. '이해 관계자 참여 원칙'(어떤 결정에 영향을 받는 모든 사람을 그 결정 과정에 참여시켜야 한다)은 자동적으로 시간의 제약을 받는다.[61] 미래 시민은 지금 이루어지는 결정에 영향을 받는 집단이다. 그러므로 의사결정자는 미래 세대를 고려해야 하고, 미래 세대는 물려받은 결정을 재고할 수 있어야 한다. 이는 지식 민주주의와도 일치하는 것 같다. 그런 추론의 예로는 오늘날 환경 소송에서 미래 세대의 손을 들어주었던 판결들이 있다.[62] 란데모어 Landemore는 지식 민주주의에서 생각하는 시간적 문제들을 세대 간 변화로 묶을 수 있을 정도로 충분히 오랜 시간에 걸쳐 일어나는 것으로 보는 것 같다.[63]

콩도르세와 그와 생각이 비슷한 다른 사상가들이 현재중심주의를 피하려 했던 모습은 이들이 버크의 완만한 변화를 단순하게 해석하지 않았고, 시민권이 세대 간 합의라는 그의 설명을 반복하는 것 이상의 일을 했음을 보여준다. 현재중심주의를 피하는 행동은 합의에 유효 기간을 설정한다. 러벤펠드는 시간을 공간에 비유하면서 이렇게 주장한다.

뉴욕 시민에게 국가에 대한 헌신의 의미를 정할 권리가 없는 것처럼, 2001년을 사는 시민도 마찬가지다. 만약 어떻게든 시간을 늘려서 전체 국민이 동시에 한 목소리로 국가에 대한 헌신의 의미를 이해했다고 선포한다면, 불가능하지만 이런 선언은 최고 권위를 가진다고 간주할 수 있다. 하지만 시간을 늘린다고 해서 사람들이 동시에 한 목소리를 내지는 못한다. 사람들의 목소리는 시간이 흐르면서 저절로 세상에 새겨지는 것이다. 성문헌법의 자치 규정에 대한 해석 역시 그 자체로 성문화되어야 한다. 즉 조문과 조문이 잘 맞물리도록 오랜 기간에 걸쳐 문서로 만들어야 한다. 헌법이 제정되는 장엄한 순간에 살아있는 모든 시민이 한 목소리로 공포한 것이라 하더라도, 그것만이 유일하고 확실한 선언이 되는 것은 아니다.[64]

이와 같이 현재중심주의를 걱정하는 사람들은 중요한 결정 과정뿐만 아니라 모든 결정에 시간 제한을 두는 것에 찬성한다. 기한이 지나 합의 주체가 사라지면, 이들의 합의 역시 정당성을 잃는다. 실제로 콩도르세는 계약 당사자 중 하나가 사망할 확률을 계산해서 계약의 효력을 제한하기 위해 보험통계표를 사용해야 한다고 생각했다.[65] 제퍼슨은 이 생각을 너무나 진지하게 받아들인 나머지 모든 헌법은 효력을 상실하기 마련이므로 19년마다 다시 제정해야 한다고 주장했다.[66] 합의가 도출될 수 있는 시기는 따로 정해져 있다. 너무 빨리 내린 결정은 정당한 합의가 되지 못한다. 재고하지 않으면서 지나치게 지연되는 결정 역시 합의에 기초했다고 볼 수 없다. 날짜 하나만 있으면 되는 주권적 경계와 달리, 민주적 의사결정은 기간이 표시된 여러 날짜를 필요로 한다. 이는 앞장에서 제시한 규범적 결론을 확증하며, 거기에서는 민주주의 원리와 기간의 연관성을 지적했다. 콩도르세는 기간을 다양한 정치적 가치를 가진 재화로 취급한다.

앞에서 설명한 성급한 민주주의의 다섯 가지 함정(전횡, 무지, 불안, 군중심리, 현재중심주의)을 피하기 위해, 콩도르세의 헌법은 다양한 장소에서 여러 번 추론과 학습, 심사숙고를 하도록 강제하는 복잡한 민주주의를 제안한다. 그는 한 순간의 결정(투표)에 담긴 권위를 여러 시점으로 분산함으로써, 결정과 합의가 이루어지는 시간을 확장하는 동시에 제한한다. 그는 시민들이 숙고하고 판단하는 시간을 적당히(너무 적거나 많지 않게) 확보하게 함으로써 즉흥적이고 무절제한 자기 입법 행위를 피하려고 했다.

콩도르세는 데드라인 때문에 사람들이 제한된 합리성〔예를 들어, 데드라인이 설정되면 생각이 경직되고, 시간 압박 때문에 프레이밍 효과framing effect(문제를 제시하는 방법에 따라 선택이나 판단이 달라지는 현상 – 옮긴이)를 경험하기도 한다〕에 병적으로 민감해진다는 사실을 지나치게 의식했던 것 같다.[67] 여러 가지 면에서 그의 방식은 노동법과 같은 법률에서 사람들이 "일시적인 감정이나 생물학적으로 '들뜬' 상태에서" 결정을 내리지 않도록 "냉각기"를 두는 규정과도 비슷하다.[68] 그런 냉각기는 종종 협상을 좌우하지만, 부정을 막기 위해서도 사용되는데, 예를 들어 관련 법률의 규정에 따라, 의원직에서 물러난 사람은 일정 기간 로비스트로 활동할 수 없고, 퇴역 군인은 일정 기간이 지나야 국방장관과 같은 민간인 직위에 임명될 수 있다(미국은 법적으로 민간인만 국방장관이 될 수 있다 – 옮긴이). 의정활동과 관련해서도 그런 규정이 많다. 예를 들어, 상원에서는 안건에 대한 최종 투표를 하기 전에 필리버스터를 중단하는 표결을 한 다음 30시간을 기다려야 한다. 결과적으로 이것은 결혼이나 낙태 전에 유예기간을 두는 것과 비슷하지만, 그 두 가지는 의사결정 단계에서 데드라인을 여러 개가 아닌 한 개만 설정한다. 콩도르세의 이론에는 몇 가지 중요한 요소가 더 있는데, 특별히 심의, 신중한 판단, 충동 억제 등이 그러하다. 이것은 신중하게 사고하고 진실을 추구하도록 장려하면서 엄격히 체계화된 '신중한 민주주의slow democracy'다. 간혹 콩도르세는 별로 이상적이지 않은 의사결정 환경에서 지나치게 많은 결정을 내려야 할 때 발생하는 '결정 피로decision fatigue'와 관련된 문제들에 익숙한 듯 보인다.[69] 우르비나티Urbinati는 콩도르세의 민주주의 이론을 "대의 민주주의와 급진적 민주주의 사이에 존재하는 제3의 길"이라고 부른다.[70] 콩도르세 이론에는 "복잡한 시간 지연 체계"라는 독특한 개념이 있다.[71] 그의 헌법은 중간에 시간 간격을 두고 여러 번 심사숙고할 수 있다.[72] 투표를 통한 입법 행위에 반대했던 루소[73]와 달리, 콩도르세에게 "선거는 시민과 대표자가 참여하는 정치 행위의 연장선상에서 어느 한 순간이다."[74] 그는 시민들이 홀로 얻은 지식을 고찰하고 함께 심의할 시간을 충분히 얻으면 참된 결론에 도달할 가능성이 커진다고 믿었다. 합리적으로 판단하는 일에는 시간이 소요된다. 사람들은 시간이 있어야 충동을 다스릴 수 있고, 충동을 다스릴 수 있을 때에야 단순한 투표 행위로도 합의에 이를 수 있다.

콩도르세는 민주정치를 실현하기 위해 문제점을 진단하고 처방할 때 성급함, 불안정, 순응, 현재중심주의 사이에 인과관계를 설정함으로써 기간을 중요하게 다룬다. 시간은 목적 달성을 위한 수단일 뿐만 아니라 그 자체로 정치적 재화다. 아리스토텔레스가 순간적인 충동을 다스리는 일에 열중했다면, 콩도르세의 권고는 민주적 과정을 체계화하려고 했던 플라톤의 탐색과 통한다. 시간은 민주적 계획을 세우고 실행하는 데 활용된다. 확실히 콩도르세와 플라톤 모두 추론의 의미를 복합적으로 '판단'하고 있다. 그것은 서두르지 않고, 규칙적이며 신중하다는 의미로 사용된다. 또한 계량화할 수 있는 변수를 사용해서 과학적으로 측정될 수 있다. 하지만 미래 세대를 고려해서 이론을 만들었다는 점에서, 콩도르세는 영원한 과학으로서 정치에 대한 아리스토텔레스의 회의론도 암묵적으로 인정하고 있다.

콩도르세는 자치 정부를 구성하는 다양한 요소와 단계에 맞게 시간을 신중하게 배분한 정치 일정을 제공한다. 민주주의 이론에 대해 규범적 연구가 부족한 것은 아니지만, 콩도르세의 처방은 그의 수학적 자질 덕분에 대단히 전문적이고 정확하다. 과학적 민주주의를 실현하기 위해, 콩도르세는 시민들이 탐색하고 심사숙고하고 통찰하는 능력을 기르고 안정성을 확보할 수 있게 해주는 기본 공식들을 제공한다. 이것이 바로 민주주의 공식이다. 그의 공식은 정치철학의 특징인 심사숙고, 지식, 진리, 합의 등에 대하여 강력하지만 추상적인 말로 확언하지 않는다. 그 대신에, 의사결정 과정에 포함되는 다양한 변수를 명확히 밝히고, 수학 원리를 사용해서 변수들 간의 관계를 정리한다. 콩도르세가 동료 학자들과 구분되는 점은 계량화할 수 있는 변수들로 민주주의 공식을 만들었다는 사실이다.

콩도르세가 보기에, 시간은 눈에 보이지 않고(않거나) 질적인 것을 구체적이고 실체가 있는 것으로 다루어야 하는 과정에 대단히 중요하다. 그는 과학으로서 정치학이 가능할 뿐만 아니라 꼭 필요하다고 생각한다. 기간은 콩도르세에게 안정성을 확보해주지만, 그것이 폴리비오스의 정체순환론처럼 주기적이기 때문은 아니다. 콩도르세는 기간을 사용해서 진보를 측정할 수 있었다. 요컨대, 선거와 같이 규칙적이고 반복적인 사건들을 정치달력으로 정리할 수 있다는 점에서 민주주의는 순환적이지만, 시민들이 현명하게 진리를 찾아 나서고 미래 세대에게 자신들의 뜻을 강요하지 않는 한 흥망성쇠가 반복되지 않는다는 점에서 민주주의는 직선적이다.

콩도르세는 여러 단계로 이루어진 의사결정 과정에 왜 일정 시간이 소요되어야 하는지 그 이유를 설명한다. 하지만 그의 권고안은 당시 프랑스에 뿌리를 내리지 못했고, 그 대신 프랑스는 혁명 이후에 공포정치가 시작되어 결국 혼돈에 빠져버렸다. 그가 처방한 신중한 의사결정 방식은 무시되었다. 주권국에 합의의 장을 마련하려면, 국민들이 시간적 맥락을 공유하도록 새 달력을 만들어서 시행하는 것 이상의 대책이 필요하다. 프랑스의 실험이 실패한 것은 생득적birthright 위계질서가 지배하던 구체제를 시간적 맥락을 공유하는 새 체제로 대체하는 것의 상징적 중요성을 오해했기 때문이 아니라, 합의에 의한 의사결정에 필요한 제도적 틀이 없었기 때문이다. 이런 점에서 프랑스 공화국은 코크의 영국 군주제에서 조금도 개선되지 않았다. 무엇보다 두 체제 모두 합의와 권리를 기반으로 하는 효율적이고 안정적인 정부가 존재하지 않았다.

이러한 실패를 고려했을 때, 민주적 의사결정을 위한 콩도르세의 시간공식을 현실 정치에 대한 통찰이라기보다 한 철학자의 관념적 사색 정도로 일축할 수도 있다. 하지만 콩도르세의 연구가 단순히 규범적 열망만 보여주었던 것은 아니다. 그는 고대와 현대 민주주의의 구조적 특징이 모두 담긴 실례들도 설명했다. 자유민주주의의 예를 찾고 싶다면, 미국에서 시민권 제도가 확립되었던 사례를 참고하면 된다. 콩도르세가 규범적 언어로 표현한 사례 중에는 미국이 이룬 성취가 있다. 미국에서는 기간을 신중한 의사결정의 핵심 요소인 정치적 재화로 여기던 것에서, 정치 시스템 내에서 권리 획득 요건을 정하는 절차들을 체계화하는 수단으로 관점이 바뀌었다. 오렌과 스코로넥은 선거를 포함한 집단적 의사결정 과정의 제도적 처방으로서 기간을 포함하는 방법에 주로 집중했지만, 콩도르세가 전하고 싶었던 기본 메시지는 제도를 초월해서 시민권을 수여하고 행사하는 과정에 기간이 중요하다는 점이다.

두 경우(의사결정과 권리 배분) 모두, 기간을 정치적 가치를 지 닌 재화로 다룬다. 기간의 가치에 관해서는 4장에서 좀 더 자세하 게 설명하기로 한다. 지금부터는 자유민주주의에서 권리를 결정 하는 절차에 기간을 포함시키는 방법을 자세히 살펴보겠다.

자유민주주의에서 하나의 재화로서의 시간

콩도르세에게 기간이란 적절하게 사용했을 때 자유로운 사고 와 올바른 의사결정, 사회 안정 등 민주정치를 실현하게 해주는 재화다. 정치적 결정을 할 때 예측가능하고 시차가 있는 스케줄을 고수해야 한다는 그의 주장은 그것이 직접 민주주의와 포퓰리즘, 그리고 순수한 급진적 민주주의를 적당히 혼합했다는 비판에도 불구하고 널리 받아들여지고 있다. 2장에서 보았듯이, 세속국가가 수립되는 데 불확실한 현실이 대단히 큰 역할을 했다. 종교적 권 위가 제공하던 영원한 구원의 약속을 대체하기 위해서, 군주는 국 민에게 세속권력이 안전을 제공할 수 있다는 확신을 심어주어야 했다. 이들이 한 일 중 일부는 속세의 시간을 이용해서 정치 시스 템을 확립하는 것이었다. 만일의 사태에 대비하고 그 발생 횟수를 줄이는 일은 국민을 통치하는 법률을 제정할 때 중요하다. 여기에 서 우리는 규범적으로 바람직한 결과물을 창출하기 위해 법률을 제정할 때 시간이 중요하다는 사실을 알게 된다. 콩도르세의 정치 일정과 달력은 이미 결정된 내용과 합의를 주기적으로 재고하게 해준다. 그것들은 급진주의를 완화하고 긴박한 상황에 대처하도록 설계되었지만, 급진적인 민주주의자도 정당성을 확보하려면 거의 항상 일정한 시간적 틀 안에서 행동해야 한다. 국가는 주권의 주된 수호자로 간주되므로, 민주적 정당성을 확보하려면 어떤 식으로든 시간 질서가 필요하다.

하지만 시간이 정치적 재화라는 생각을 구현하는 것에는 헌법과 제도, 참정권과 대표권만 있는 것이 아니다. 사실 기간을 정치적 가치가 명확한 재화로 취급하는 공식에 근거하면 배분할 수 있는 권리는 거의 무한대로 다양하다. 이런 공식들과 그것들이 시간에 부여한 가치는 세계 최고의 자유민주주의 국가가 시민권 수여 절차를 만들기 시작했을 때 효력을 발휘했다. 그 결과 미국 헌법이 제정되고 비준되었으며, 관련 작업은 입법부와 사법부에서 전개되었다.

대부분의 시민은 출생지와 나이가 포함된 공식을 통해 권리를 획득한다. 특정 영토에서 출생한 사람이나 그들의 자녀는 출생 시에 권리의 일부만 갖고, 다른 많은 권리는 시간이 흘러서 성인이 되어야 가질 수 있다. 이는 흔한 시간공식이다. 출생 시에 권리를 얻지 못한 사람들에게 권리를 수여하는 공식 역시 쉽게 접할 수 있다. 대개 이런 공식에는 다른 요건과 함께 일정 기간 해당 국가에 거주하는 조건이 포함된다. 이 공식은 종종 귀화로 완성되지만, 그것이 반드시 이민에만 적용되는 것은 아니다. 사실 그것은 미국 국민들 사이에 경계가 설정될 때 핵심 요소가 되었다.

최초로 시민권자의 자격 조건을 정하는 일은 코크가 '안테나티'(제임스 1세가 통합 군주가 되기 전에 태어난 사람들)로 칭한 여러 유사 집단 때문에 복잡해졌다. 미국 '안테나티' 중에서 건국 이후에 시민권자로서 문제가 된 사람들은 미국에서 독립전쟁이 일어나기 전에 태어난 사람들과 독립전쟁을 종결시킨 조약이 승인되기 전에 태어난 사람들 그리고 연방 헌법과 주 헌법이 모두 채택되기 전에 태어난 사람들이다. 이런 분열은 서로 의견이 다른 사람들이 엇갈려 존재한 탓에 발생한 일인데, 이들은 바로 미국 편에 섰던 사람들, 영국 편이지만 출생지와 거주지, 활동지역 때문에 미국 당국이 미국인으로 간주하는 왕당파 그리고 의심할 여지 없이 영국 왕의 신민인 "진짜 영국 국민"이다.[75] 여기에 더해, 영국으로 달아났지만, 한때는 뒤에 남은 동포들과 함께 미국에 충성을 맹세했던 사람들도 문제였다.

미국이 독립국의 지위와 정치적 정당성을 확보하려면 장차 미국 국민이 될 사람들의 정치적 지위가 명확해야 했다. 또한 시민정신에 기초한 국가라면 시민이 될 사람이 누구인가를 확실하게 말할 수 있어야 했다. 미국 헌법에는 시민의 권리가 나열되어 있지만, 그 권리를 향유할 사람들의 자격 조건이 제대로 명시되지는 않았다. 실제로 헌법에는 시민권에 대한 생각이 거의 담겨 있지 않았다. 이는 입법부와 사법부가 할 일이었다. 무엇보다도 재산을 물려주고 물려받을 권리가 문제였다. 참여 민주주의가 확립되기 전에는, 재산권과 상속권이 국민의 대표적인 권리로 여겨졌다. 당시에는 아마도 '캘빈 사건'에서 정의한, 민주주의 이전 사회 구성원의 자격 요건은 일종의 유물이 되었을 것이고, 서로 동류인 재산권과 상속권이 참정권보다 훨씬 더 많이 시민권의 대용물에 가까웠다.[76] 당연하지만, 재산권은 민주정치가 확립될 때 대표적인 시민권으로 남았다. 실제로 재산권은 여전히 기본권 분쟁에서 중요한 부분을 차지한다. 국가가 법적 배우자로 인정하지 않은 상속인에게 재산을 물려주고 싶었던 사람들 중 일부는 인종간결혼금지법anti-miscegenation laws을 무너뜨리려 했던 획기적인 사건들과 동성결혼금지 재판들을 끌어들였다.[77] 영국 국왕의 신민인가 아닌가를 판단했던 사건처럼, 국가가 설립되었을 때 미국 시민이었던 사람만이 재산을 물려주고 물려받을 수 있었다.

미국 법학자들은 미국 땅에서 태어나지 않은 사람들은 완전한 시민권을 누릴 수 없다는 것을 명시했다는 점에서, '캘빈 사건'의 '출생지주의'를 반복하지는 않았다. 하지만 이들은 합의를 우선시해서 그 규정을 조절했다.[78] 코크가 말한 충성 의무는 태어날 때부터 시작되고 포기될 수 없다. 그와 반대로, 로크의 합의는 생득적이지도 영속적이지도 않다. 이것은 일정한 나이가 되었을 때부터 가능하며, 합의로 획득한 정치적 지위는 포기할 수 있다.[79] 미국에서 합의와 '출생지주의'가 결합된 결혼은 기간이 시민권을 거래하는 절차에 포함될 수 있는 정치적 재화라는 사상에 근거를 두었다. 기간이 합의와 관련된다는 것을 명문화했으므로, 이제 시민권 없이 태어난 사람들이 시민이 되기로 합의하는 절차에 기간이 정치적 재화라는 생각을 적용할 수 있게 되었다.

미국 시민권: 기간과 살아있는 합의

코크는 충성 의무를 영속적인 것으로 설정했다. 즉 충성 의무는 태어날 때부터 생기며, 포기할 수 없다. 그와 반대로, 로크의 합의는 주어지는 것이 아니다. 합의는 어린이가 성인(합의할 수 있는 나이)이 되었을 때에만 가능한 것이며, 포기할 수 있다.[80] 미국의 시민권 제도가 '캘빈 사건'의 시간적 추론 방식을 수정해서 주권이 결정되는 단독 순간이 아닌 특정 날짜들로 제한되는 기간에 권위를 부여했으므로, 합의와 '출생지주의'가 결합된 결혼으로 시민권 획득이 가능해졌다.

1804년부터 법원에서 잇따라 시민권 관련 판결이 내려졌고, 그 결과 누가 미국 시민이 될 수 있는가에 대한 합의가 도출되었다. 미국식 '안테나티'에 대한 미국 대법원의 최초 결정은 '맥클베인 대 콕스McIlvaine v. Coxe's Lessee 사건'에서 이루어졌다. 이런 소송이 발생한 이유는 미국이 정확히 언제 주권을 획득했고, 그 결과 시민권이 언제 확립되었는가를 두고 영국인과 미국인 사이에 분쟁(영국인은 파리조약Treaty of Paris에서 미국 독립이 승인된 해인 1783년을, 미국인은 1776년을 주장했다)이 끊이지 않았기 때문이다.[81] 건국 초기에 발생했던 다수의 시민권 분쟁과 마찬가지로, '맥클베인 사건'은 '안테나티'가 땅을 상속받을 수 있는가라는 질문을 포함하고 있다. 이 사건에서는 대니얼 콕스Daniel Coxe의 충성 의무와 시민의 적격성도 그가 독립전쟁 중에 영국당원이었다는 사실 때문에 문제가 되었다. 양측의 주장은 복잡했는데, 재판에서 콕스가 독립선언(1776년), 제이 조약Jay's Treaty(1794년에 영국과 미국 사이에 맺은 호혜통상조약 - 옮긴이)(1794년) 등 특정 시기에 어디에 거주했는가가 지적되었고, 향후 반역 행위로 간주될 만한 행동을 명확하게 열거한 뉴저지 주의 잠정 입법 조치가 언급되었다.[82] 결론적으로, 이 판결은 콕스가 건국된 때(주 헌법이 채택된 때)부터 뉴저지 주가 시민권을 규정한 법을 통과시킨 시점까지 계속 뉴저지에 거주했으므로, 그의 암묵적 합의가 있었음을 인정해서 콕스를 시민으로 선언했다.[83] 맥클베인의 표현에 따르면, 콕스가 거부 의사를 밝히지 않았으므로 또는 당시 뉴저지에 계속 거주함으로써 "영국 왕에게 충성하기를 고집"하지 않았으므로 그에게 시민권이 있었다.[84] 여기에서 판단의 근거가 된 기간은 문자 그대로 콕스가 뉴저지에서 보내기로 선택한 기간이었다. 그가 합의한 것은 미국에 충성하기를 거부하지 않겠다는 것이었다. 그리고 그것은 기간과 장소로 표시되었다.

시간·장소·합의의 상호 구성적 관계는 자주 인용되는 '잉글리스 대 세일러스 스너그 하버 수탁자 사건Inglis v. Trustees of Sailor's Snug Harbor'의 스토리 판사의 판결문도 있지만, 톰슨 판사의 판결문에서 더욱 구체화되었다.[85] 이 사건에는 미국이 주권을 확립한 순간과 합의나 선택이 가능한 적절한 기간을 장황하게 논의한 후 결론을 낸 과정이 포함되어 있다.[86] 이 판결문에서, 톰슨 판사는 "미국의 '안테나티'가 더 이상 영국 국민이 아닌 순간은 미국 법과 영국 법의 규정에 따라 양국이 다르게 판단한다. 영국은 1783년에 평화조약이 맺어진 날짜를 택한다. 우리 법은 독립선언일을 택한다"[87]라고 쓰고 있다. 또한 기간과 합의에 관해서는 "독립선언이 있기 전이나 있은 직후에 틀림없이 선택 기회가 있었을 것이라고 말한다면, 그 선택권은 가치를 잃게 될 것이다"[88]라고 썼다. 톰슨 판사는 이런 식으로 '안테나티' 사건들을 통해 자신의 신념을 반복적으로 표현하면서, 합리적인 기간 안에 시민들이 동의 의사를 표한 것은 합의라고 볼 수 있지만, 정부가 특정 날짜를 강요하는 경우는 자의적이고 합의에 의한 것이 아니라고 강하게 주장했다. 콩도르세가 쓴다 해도, 합의에 관한 자신의 결론이 적용되는 글을 이보다 더 완벽하게 쓸 수는 없었을 것이다. 합의에는 이성적 사고가 필요하고, 이성적 사고를 하려면 시간이 필요하다.

이런 시간과 합의의 관계는 스토리 판사의 판결문에서도 확인되지만, 그는 '맥클베인 사건'의 판례가 충성 의무의 발생 시기에 관한 자신의 엄격한 결론과 모순된다는 점을 인정하고 있다. 스토리 판사는 영국이 1776년 9월 15일에 뉴욕을 점령한 사건이 충성 의무가 1776년 7월 4일에 시작되었다는 모든 주장을 상당히 혼란스럽게 했다고 생각했다. 그래서 그는 1783년을 선택 마감일로 간주해야 한다고 줄기차게 주장했다. 그러면서도 독립선언 덕분에 개인들에게 충성 여부를 선택하도록 적절한 기간을 허용해야 한다는 사실이 중요해졌다고 강조했다. 그는 이렇게 썼다. "이런 선택은 반드시 합리적인 시간 안에 이루어져야 한다. 어떤 사건들에서는 입법부가 그 시간을 이렇게 명시하기도 했다. 국가가 독립한 후 혹은 다른 특정 기간이 지나고 난 후에 그 국가에 거주했다는 사실이 시민이 되기로 한 선택을 분명히 드러냈다."[89] 또한 스토리 판사는 이 원칙의 유래를 다음과 같이 명시했다. "미국 법정에서 주장되는 일반 원칙은 독립이 선언되었을 때 이곳에 있지 않았지만, 나중에는 이곳에 있었고, 이후에 오랫동안 영국의 지배하에 있었더라도 평화조약 이전에 이곳으로 돌아와서 조약이 맺어진 때에 여기에 있었다면 시민으로 간주한다. 그러나 평화조약을 맺을 때까지 영국 국왕을 계속 섬긴 사람은 미국 시민으로 간주하지 않는다."[90] 한 번 더 말하지만, 합의에는 이성적 사고가 필요하고, 이성적 사고력을 갖추었는지는 시간이 지나야 알 수 있다.

이런 대법원의 판결들은 이례적인 것이 아니다. 심지어 독립전쟁 중에도 이미 대부분의 주에서 충성의 개념이 "의지에 따른 충성"으로 바뀌고 있었는데, 여기에는 자신의 시민권을 선택할 수 있는 시간이 필요하다는 생각이 담겨 있다.[91] 실제 많은 주가 그 원칙을 도입했고, 나이와 부재 기간, 미국의 정치·경제·사회에 재편입된 기간 등을 고려하여 시간공식 혹은 방정식을 만들어서 미국 시민의 자격 기준을 명확히 표현하고 관련 문제들을 "해결"했다.

초창기 시민권 소송에서 시간을 다룬 방식을 보면, 영국의 출생 시민권 제도와 미국의 합의에 의한 시민권 제도 사이에 중요한 차이가 드러난다. 미국의 '안테나티'에 관한 판결 과정에서, 법원은 사람들이 시민권을 선택할 때 이성적으로 판단하고 합의할 수 있는 시간이 어느 정도 필요하다는 사실을 점점 고집하기 시작했다. 그 시간은 '캘빈 사건'에서처럼 단독 시점으로 파악되지 않고 두 개의 날짜로 정해졌다. '안테나티' 사건의 결정문을 쓴 판사들은 사람들이 시민이 되기로 선택할 수 있는 '합리적인' 기간을 분명하게 요구했다. 그 기간이란 사람들이 합의하기로 한 결정을 "숙지"하게 도와주는 정보(새로 채택된 헌법과 사회적·정치적 상황)를 얻어서 중요한 정치적 판단을 내리는 시간을 의미했다.[92] '캘빈 사건'에서, 개인이 선택할 수 없고 평생 유지되는 주권자에 대한 충성 의무는 그 사람이 태어나는 순간부터 시작되었다.[93] 오늘날의 시민권은 생득적 충성 의무에 근거할 뿐만 아니라 합의를 통해서도 획득된다. 코크의 '출생지주의'는 식민지 주민들이 보기에 자의적이었는데, 이들은 '안테나티'의 시민권을 결정하는 기준을 점령 여부에서 "선택권"으로 대체했다.[94] 식민지 주민들은 합의를 합법화하기 위해 정치적으로 판단할 수 있는 시간을 마련해서 자의성 문제를 해결했다. 시민권 재판의 판결문에 등장하는 합의는 '안테나티'가 시민권을 선택하는 시점에 새로운 주권국에 살면서 이루어진 것이고, 시민권을 교환하는 과정을 완전히 묵인한 것은 아니었다는 점에서 '살아있는 합의'였다.

기간은 미국식 '출생지주의'에 판단 요소를 주입해서, 코크의 영속적 충성 의무에 담긴 자의적인 면을 피했다. 기간에 정치적 가치를 부여한 결정은 블랙스톤Blackstone의 입장과 상반되는데, 그는 자신의 논문에서 어린이는 스스로 보호할 수 없기 때문에 태어나는 순간부터 마땅히 충성 의무가 생겨야 하고, 그 충성 의무는 "시간이나 장소, 환경의 변화로 박탈당하거나 취소되거나 변경될 수 없다"[95]는 점을 확실하게 밝혔다. 무엇보다 '맥클베인 사건'에서 그런 차이를 주목했다.[96]

실제로 시간은 로크가 논한 '암묵적 합의'에 정당성을 부여할 때 대단히 중요하며, 사회계약에 근거한 민주주의에도 필수적이다.[97] 하지만 기간으로 판단하는 살아있는 합의는 케트너Kettner가 '의지에 따른 충성'을 이야기할 때 언급한 것처럼 완전히 암묵적인 것이 아니다. 스토리 판사는 '잉글리스' 판례에서 충분히 언급했지만, 기간과 거주 요건 모두 "(시민들의) 선택권에 대한…… '명시적인' 행위나 합의"를 형성한다고 주장했다.[98] 시간에는 가치가 있고, 특정 장소나 정치 시스템에서 시간을 보내기로 한 선택은 명시적이다. 시간은 그냥 일어나는 현상이 아니다. 우리는 시간을 소비할 방법을 선택할 수 있다.

콩도르세처럼 미국 대법원도 시간의 가치가 대부분 합의에 앞서 일어나는 추론 행위와 관련된다고 생각했다. 하지만 다른 사람들은 수많은 행위와 과정, 인성 개발과 관계 형성이 일정 기간에 걸쳐 이루어진다고 생각했다. 지금부터는 입법자들이 시민권과 귀화 규정을 만들 때 기간에 부여한 광범위한 의미를 분석한다. 그리고 정치적 권리와 지위에 관한 중요한 기준들이 거래될 때 기간에 가치가 부여되는 과정도 밝힌다. 이런 거래 사례는 시간의 정치경제학이 탄생하는 계기를 마련한다.

합의를 넘어: 민주적 과정을 위한 시간의 가치

'안테나티' 소송 외에 시민권 획득에 관한 입법부의 토론 내용을 보면, 합의 말고도 관계와 행동, 가치와 인성 등의 요소가 기간과 연관된다는 사실을 알 수 있다. 시민권 제도를 확립하는 데에는 기존 국민에 대한 규정뿐만 아니라 신규 전입자를 시민으로 전환해주는 규정도 필요한데, 이는 역사가 짧은 국가의 생존과 안정에 중요한 작업이다. 정치 통합에 관한 초기 논쟁은 대체로 다음의 두 시기에 일어났다. 하나는 국가 운영의 전제조건들을 논의했던 제헌회의Constitutional Convention이고, 다른 하나는 그 몇 년 후에 있었던 귀화법 논의다. 당시 수많은 대표자의 걱정과 열망(이들은 외국이 영향력을 행사하고 공직을 매수할까봐, 국민들 사이에 불평등을 조장할까봐, 외국을 지지하는 사람들이 원하는 목적을 달성할까봐, 자유롭지 못한 사회가 될까봐 걱정했다)은 시간의 언어로 표현되었다. 당시에 시간의 의미, 시간과 관련된 법들의 공정성, 시민권을 세분화하는 데 시간이 미치는 영향 등에 관해 엄청나게 많은 토론이 이루어졌다는 사실이 인상적이다. 이 토론들을 꼼꼼히 분석하고 나면 충성 의무와 시민의 자격과 같은 무형의 가치와 기간의 관련도가 명확해지는데, 그것들의 관련성은 시계와 달력에 점증적으로 표시되는 숫자로 측정이 가능하고, 시계와 달력은 외국인에게 시민권을 수여하기 위한 공식을 만들어낸다.

제헌회의에서는 새 국민이 귀화 '후' 몇 년을 거주해야 의원이 될 자격을 얻는지를 정하는 토론도 이루어졌다. 어떤 사람들은 유예기간이 필요 없다고 주장했지만, 어떤 사람들은 하원은 7년, 상원은 14년이 필요하다고 주장했다. 제임스 매디슨James Madison이 기록한 토론 내용에는 "헌법이 편협하다는 인상을 줄" 정도로 유예기간을 그렇게 길게 둘 필요가 있는가에 관해 극심한 견해 차이가 드러나 있다.[99] 조지 메이슨George Mason은 "외국인과 사기꾼들"이 법을 만들지 못하게 하고, 의원 전부가 시민에 관해 제대로 된 지식을 확보하도록 하원의원이 되려면 7년간의 유예기간이 필요하다고 주장했다.[100] 거버너 모리스Gouverneur Morris는 14년의 유예기간을 주장하면서, 외국인은 자신의 첫 번째 정부에 충성하기 마련이라고 말했다.[101] 이 논쟁에서 최종 결정된 유예기간은 상원 9년, 하원 7년이었다.

의원들은 자신들이 생각하기에 시간이 지나면 획득할 수 있는 다양하지만 제한된 가치들을 언급했다. 코크와 그의 생각을 지지했던 미국 판사들처럼, 일부 입법자들은 귀화 전에 두는 유예기간을 "신의와 충성"을 판단하는 수단으로 파악했다.[102] 다른 사람들은 토론의 주제를 충성 외에 정부와 시민의 가치로까지 확대했다. 하틀리Hartley는 "어느 정도 실거주한 사람들에게는 국가의 본질적 가치를 파악할 기회와 정부를 자랑스러워할 기회를 주어야 하며, 이는 그들이 훌륭한 시민임을 우리가 확신하기 위해서 대단히 중요하다"고 말했다.[103] 매디슨은 이민자의 거주기간을 단순히 정부와 법률에 대한 이해뿐만 아니라 시민권의 본질적 가치에 대한 이해와도 연결했다.[104] 세지윅Sedgwick 역시 거주기간을 "신체제의 혜택을 누리기 위해, 공화주의에 대한 순수한 열정을 앗아갈지 모를 군주제와 귀족 사회에서 학습된 편견"[105]을 없애는 것과 연결했고, 한 걸음 더 나아가, 사람들을 훌륭한 시민으로 만들어줄 다양한 시민의식[106]과도 연결했다. 이 거주기간 말고도, 다른 부수적인 시간 이슈도 제기되었다. 예를 들어, 해외여행이 잦은 사람들의 시민정신에 문제를 제기하면서, 시간의 연속성이 얼마나 중요한가에 관한 토론도 있었다.[107] 심지어 몇몇은 일정 기간 미국을 떠나서 해외에 체류하는 시민들을 추방하고 싶어했다.[108] 지속적 체류는 미국 영주권자가 시민권을 획득할 때 필수조건으로 남아 있다.[109]

법원이 '안테나티'의 살아있는 합의를 확인했듯이, 1790년 귀화법에서는 시민권 없이 태어난 사람들에게 2년간 기다린 후 시민이 될 수 있는 기회를 제공했다. 입법자들은 시간이 시민의 자격을 판단하는 수단이 될 때 그것이 시장 거래와 같아진다는 점을 분명히 했다. 이들은 시간이 정치적 교환가치를 가진다는 사실을 직접 언급하면서, 입국 즉시 시민권을 주는 행위는 시민권을 너무 "저렴한 것"으로 만든다고 맹비난했다.[110] 외국인법과 보안법Alien and Sedition Acts에 의해 귀화 전 유예기간은 14년까지 늘어났다가, 1802년에는 5년으로 개정되었다.[111]

유예기간은 미국에서 처음 등장한 것이 아니며, 심지어 현대적인 개념도 아니다. 그것은 식민지 주민의 지위를 따로 규정한 로마법까지 거슬러 간다.[112] 하지만 미국이 자체 시민권 규정을 만들 때 참고했던 영국의 보통법에서는 신규 진입자의 완전한 귀화를 허용하지 않았다. 귀화 전에 유예기간이 필요하다고 주장한 미국 입법자들은 같은 규정을 두었던 로마법의 예를 참고했다. 하지만 미국 입법자들이 유예기간의 가치를 정하는 방식에는 독특하게도 미국 시민의 자질과 가치에 대한 평가가 포함된다. 실제로 시간으로 측정하는 방식의 장점은 상황에 따라 그리고 맥락을 공유하는 행위자들에 따라 다양한 가치들을 표현해낼 수 있다는 점이다.

유예기간 공식이 이민과 귀화에만 있었던 것은 아니었다. 권리를 주는 국가에 정착하겠다는 약속과 그 약속을 표시하기 위해 거주기간을 이용하는 방식은 단순히 귀화 문제를 넘어 널리 퍼져 있던 관행이었다. 그 중요한 예로 홈스테드법Homestead Act, 무력점유법Armed Occupation Act, 이주지원법Donation Land Claim Act 등 몇몇 법률에서 재산권을 판단하는 기준으로 반복해서 거주기간을 사용한 경우가 있다.[113] 이때 시간의 정치경제학이 근거로 삼은 것은 해당 땅에 계속 거주한 사람들에게 그 땅의 일부를 소유할 권리가 있다는 것이었다.[114] 땅의 소유자가 자유로운 백인 남성일 경우에 한해서, 해당 땅은 점유 기간에 따라 사적으로 소유할 수 있는 재산으로 바뀌었다. 여기에는 오래 거주했지만 백인이 아닌 사람들을 내쫓으려는 목적도 있었다.

　미국의 건국자·입법자·법학자들에게는 기간, 민주시민이라는 규범적 이상, 절차적 민주주의 사이의 연관성에 대한 콩도르세의 신념을 표현하는 잠재 시민들에게 어떻게 권리를 수여할지 정할 책임이 있었다. 정보를 얻고, 애정을 키우며, 판단하고 동의하는 과정은 모두 권리에 영향을 주는 기간을 필요로 한다. 유예기간을 두는 목적에는 기다리는 사람들에게 대가를 치르라고 요구하는 것만 있지 않다. 거기에는 유예기간으로 표시된 시간 속에서 여러 과정들이 전개되도록 허용하려는 의도도 포함된다. 시민권 획득을 위한 시간공식은 시민권 제도에만 있는 것이 아니다. 시간공식은 성인이 된 사람에게 권리를 주고, 누구에게 낙태를 허용할지, 유죄 판결의 결과가 무엇인지 등 권리를 수여하거나 거부하는 셀 수 없이 많은 다른 절차들을 정한다. 또한 시간공식은 특정 정치 시스템에서만 나타나는 것이 아니다. 이것은 모든 상황에서 나타날 수 있고 실제로 나타난다. 앞에서 찾아냈던, 핵심 시민권의 시간공식이 갖는 의미에는 자유민주주의에서 시간에 부여된 의미

중 일부가 드러난다. 우리는 판단, 합의, 학습, 심의, 인성 개발 등 민주주의에 중요한 추상적 과정들이 필요한 모든 상황에 시간이 동원되는 것을 볼 수 있다. 시간은 민주정치를 실현하는 데 대단히 가치 있는 요소다.

　사람들이 판단, 심의, 합의 등의 과정을 경험하는 동안 시간의 정치적 가치가 드러난다. 이렇게 가치를 얻은 시간은 실용적으로 사용될 수 있는 정치적 재화가 된다. 앞에서 언급했듯이, 재화란 사회의 여러 부문에서 그 가치를 인정받은 것이다. 정치 시스템의 기능과 같은 비추상적인 것들에 대단히 중요한 추상적인 재화는 어떻게든 덜 추상적인 용어로 옮겨야 한다. 구두로 서약하든, 투표용지에 표시를 하든, 일정 시간을 기다리든, 어떤 방식으로든 합의가 표현되어야 한다. 추상적 재화를 정치적 절차에 익숙한 용어로 변환하는 수단으로 과학적으로 측정된 기간만 있는 것은 아니다. 하지만 기간은 몹시 흔하고, 그렇기 때문에 민주정치에 기본이 된다. 이렇게 흔하게 존재하는 기간의 특성들은 4장에서 다룰 예정이다. 임금 노동자는 노동한 시간만큼 보수를 받는다고 주장한 마르크스가 충분히 증명했듯이, 많은 정치공식들이 시간을 이용해서 권리의 적격성을 평가한다. 시간이 노동 중심 경제에서 교환수단이 되었을 때 완전히 새로운 가치를 얻은 것처럼, 권리 중심의 정치에서 교환수단이 된 시간도 새로운 가치를 얻게 된다. 권리와 정치권력을 거래할 때 시간이 교환수단이 된다는 생각은 5장에서 좀 더 자세히 분석하기로 한다.

이 책의 주된 목적 중 하나는 시간이 정치, 특별히 자유민주주의에서 얻게 되는 가치를 정치 관행에서 추론하는 것이다. 이렇게 하면 시간에 부여된 가치에 관한 논쟁을 이해할 수 있게 된다. 민주주의 이론에 의지해서, 바람직한 정치 규범과 특정 기간 내에 일어나는 과정의 관계를 명확하게 파악할 수 있다. 이 책의 주된 규범적 결론은 5장 후반부에 등장하지만, 2장과 3장의 내용을 근거로 한 가지 결론을 도출할 수 있다. 2장에서는 단독 데드라인이 다소 자의적이고 민주적 정의에 해롭다고 주장했다. 3장에서는 그 생각을 확장해서, 시간은 그 자체로 정치적 가치를 지니는 과정들에 도움이 되므로, 정치적 가치를 얻는다는 점을 보여주었다. 여기에서 이어지는 생각은 데드라인도 있을 뿐만 아니라 그 데드라인이 예외적으로 변경 불가능한 정치적 절차들에 관한 것이다. 그런 절차의 예에는 사형 선고나 가석방 없는 종신형, 추방 등 최종 판결로 마무리되는 사법 절차[115]와 덜 흔하지만 불임수술 명령 같은 것이 있다. 만약 어떤 정치 시스템이 시간에 좌우된다고 알려진 인성 개발과 같은 현상들을 예측할 수 있는 관례들을 채택한다면, 영구 장애와 영구 배제, 심지어 사형 등은 대단히 정당화되기 어렵다. 이렇게 정당화될 수 없는 이유는 과정에 영향을 받지 않는 사람이 있을 수 있다는 생각과 누군가의 권리나 생명을 박탈한 이후에 기존 결정을 뒤집는 새로운 정보가 발견될 수 있다는 생각에 근거한다. 그런 불변하는 속성은 인간의 성격과 시민의 적격성이 시간에 따라 변한다는 생각을 받아들인 정치 시스템과는 전혀 어울리지 않는다.

아직 밝히지 않은 내용은 다른 재화와 달리 시간이 정치에서 그런 중요한 지위를 얻게 된 이유다. 4장에서는 "왜 시간인가?"라는 질문에 답을 찾기 위해 시간의 가치를 좀 더 자세히 분석한다.

정치 과정의 대용물로서 시간적 절차

2장은 정치적 경계를 설정할 때 단독 시점의 역할을 언급하면서 시작했다. 2장의 후반부에서는 주권국의 경계 안에 추가된 시간적 경계와, 규범적 기능을 하는 기간을 설정하는 방식을 설명했다. 3장은 민주주의 이론과 현실에서 기간의 중요성을 자세히 설명했다. 민주주의 이론에서 기간은 독특한 정치적 가치를 가진 재화로 변형된다. 처음에 기간은 정치적 맞춤상품처럼 보인다. 구성원들이 잘 알고, 안정적이고 지속적이며, 합의가 필요한 결정들에서 시간은 필수 요소이기 때문이다. 하지만 민주정치와 자유주의적 열망이 합해지면, 기간의 의미는 확장된다. 그것은 모든 과정과 관계, 권리 획득의 전제조건과 연계되는 정치적 재화가 된다.

현대 정치 관행에서 기간의 정치적 역할은 플라톤이《프로타고라스》에서 시간에 관해 주장한 내용과 상당히 비슷하다. 플라톤은 윤리적 분쟁을 해결하기 위해 측정 기술이 발전했다고 주장했고, 시간이 인간의 경험을 모두가 이해할 수 있는 과학적 언어로 변환하는 수단임을 확인했다. 콩도르세의 처방적 이론인 신중한 민주주의는 안정적이고 신중하게 사고하며 합의에 기반한 의사결정과 기간 사이의 관계를 정확하게 서술함으로써 플라톤의 '테크네'를 자세하게 설명한다. 민주주의에서 시간의 필요성과 구체적인 기능이 확인됨으로써, 기간은 콩도르세의 민주주의 공식에서 다양한 가치를 가진 재화로 취급된다. 우리는 콩도르세의 동료들이 한 연구보다 그의 공식을 통해서 시간과 민주주의의 관계를 더 잘 이해할 수 있다. 시간으로 만든 정치공식 덕분에, 우리는 민주주의를 구성하는 다양한 요소들의 관계를 파악할 수 있다. 미국의 입법자와 법학자들이 실현한 정치 시스템에서는 선거 일정을 짤 때 신중하게 기간과 의사결정을 연결할 뿐만 아니라 기간별로 권리를 수여하고 거절하는 절차를 마련한다.

미국을 포함해서 여러 자유민주주의 국가들은 주의 깊게 선거 일정을 계획하고, '데모이'를 구성하는 시간공식과 권리를 수여·거절하는 시간공식을 만드는 과정에서 기간에 규범적 의미와 가치를 부여했다. 다음 장에서는 이번 장에서 다룬 시간을 더 깊이 이해하기 위해 좀 더 체계적으로 시간과 과정의 도구적·표현적 관계를 분석한다. 과정과 시간은 불가분의 관계다. 하지만 중요한 시간적 절차는 대개 과정의 대용물로 시간을 사용한다. 중요한 과정은 반드시 일정한 기간에 걸쳐 일어나므로, 사람들에게 유예기간을 감수하고, 선거 일정을 계획하고 마감일을 맞추라고 요구하는 대신에, 다수의 정치적 절차들은 사람들이 생각하는 다양한 필수 과정에 시간 요소를 삽입한다. 이런 시간의 지시 대상물은 실제 과정이라기보다는 과정의 대용물이다. 과정의 대용물로 시간을 사용하면 그렇게 하지 않았을 때는 불가능했을 수많은 정치적 가능성들이 열린다. 4장에서도 권리를 수여하고 거절하는 시간적 절차들이 자유민주주의 국가에서 흔하고 중요한 이유들에 집중할 예정이다. 이는 시간의 정치경제학이 작동하는 방식을 분석하고, 권리를 거래할 때 시간을 사용한다는 것의 규범적 의미를 비판하기 위한 기초를 마련한다.

4

_____

시간의 정치적 가치

시간 공식

앞 장에서는 자유민주주의에서 기본권을 수여하고 행사하는 데 필요한 절차를 확립할 때 시간이 얼마나 중요한가를 강조했다. 모든 절차에 기간을 정확하게 설정하는 일은 기본적인 정치 규범과 관련되므로 중요하다. 우리는 기간이 선거나 권리 수여와 연관된다고 믿기 때문에 선거 일정을 계획하거나 시민권 획득을 위한 유예기간을 마련한다. 이런 기간은 권리를 수여하거나 거절하는 다른 필수조건과 함께 공식에 포함된다.

시간의 가치는 민주적 의사결정의 기본 구조에서뿐만 아니라 자유권을 주거나 거절하기 위한 수많은 중요 절차에서도 드러난다. 이런 절차들은 공식으로 표현할 수 있다. 예를 들어, 일반적인 귀화 공식은 '거주기간+훌륭한 인품=시민권'이다. 처벌 공식은

'범죄 유형+범죄 경력+나이-선행=수감기간'이다. 성인이 되는 나이는 18세다. 낙태는 신청 후 얼마 간 기다리기만 하면, 대개 임신 6개월 내에 가능하다. 군대는 현역 복무기간, 파견근무 기간, 예비군 훈련 기간 등 다양한 기간을 설정한다. 이런 목록은 끝이 없다. 이런 절차들은 누가 어떤 권리를 받을 자격이 있는가를 결정할 때 시간 외에 다른 방법을 사용할 수 있고, 실제로 그렇게 하기도 한다. 하지만 징역 선고는 금전적·신체적 고통보다는 시간을 사용해서 사람들의 권리를 제한한다. 정치적 성숙 여부는 추론 능력이나 기술, 교육 수준보다는 나이로 판단한다. 권리를 분배하는 다양한 절차들을 보면, 시간을 사용하는 행위에는 어떤 의도와 의미가 있어서 주목할 만하다는 사실이 분명하게 드러난다. 여기에서 시간의 가치란 무엇인가라는 문제가 전면에 등장한다. 또한 기간이 왜 그렇게 자주 선택의 기준이 되는가 하는 의문도 생긴다.

이번 장에서는 시간의 가치를 분석하는 것을 시작으로 그 두 가지 질문에 답하려고 한다. 우선, 어떻게 시간이 정치에서 도구적·표현적 가치를 획득하는가를 설명한다. 시간은 필수적인 정치 과정에 중요하므로, 도구적 가치를 지닌다. 또한 그 도구적 가치 때문에, 사람들은 시간에 표현적 가치가 있다고 생각하게 된다. 그래서 너무나 추상적이어서 정치공식에 포함하지 못하는 과정과 특징을 표현할 때 종종 기간을 사용한다.

다음으로 4장에서는 시간이 상충하는 자유민주주의 원리들과 독특한 관계를 맺으므로, 권리에 관한 정치적 결정과 절차에서 시간공식을 흔하게 볼 수 있다고 주장한다. 시간은 과학적으로 측정될 수 있고, 객관적이고 중립적이며, 궁극적으로는 대단히 평등한 방식으로 계량화할 수 있다. 그리고 모든 사회에는 시간이 각인되어 있어서, 그 덕분에 사회는 민주시민이 갖춰야 할 주관적 자질을 반영할 수 있다. 자유주의와 민주주의는 둘 중 하나만 없어도 실현되기 어렵지만, 사실 자유주의의 중립성과 민주주의의 배태성embeddedness은 서로 모순된다. 시간은 사회가 권리 획득에 필요한 전제조건으로 정한 인격, 과정, 관계 등의 요건을 객관적이고 과학적으로 측정할 수 있는 한편, 사회에 배태된 규범 및 방식과 친밀하고 특별한 관계도 맺고 있다. 시간공식은 권리를 거래하는 절차들 중 모순된 가치들의 요구를 충족시키는 몇 안 되는 수단이다.

시간은 어떤 가치를 지니는가?

시간은 고대와 현대 민주주의 이론에서 정치적 가치를 확실하게 인정받았다. 시간적 경계를 논의할 때도 여러 번 말했지만, 시간의 지시 대상물이 흔한 이유는 굳이 말할 필요도 없이, 시간이 필요하기 때문이다. 즉 정치든 무엇이든, 시간을 생각하지 않고는 아무 일도 일어날 수 없다. 하지만 민주주의 이론의 역사를 살펴보면, 수많은 사상가가 정치에서 시간을 당연한 것으로 취급하지 않고, 심사숙고해서 신중하게 다루고 있다. 정치에서 시간은 당연한 것일 뿐만 아니라 자연법과 물리법칙 덕분에 어디에나 존재하는 것이 되었다. 시간은 뒤늦게 추가된 것도 아니고, 불가피하지만 우연하고 대단찮은 정치적 입장을 가진 인간이 피할 수 없는 상황도 아니다. 민주주의 이론의 역사를 통틀어, 시간은 의도적으로 명백한 가치를 가진 것으로 묘사되었다. 언제나 시간은 광범위한 토론을 거쳐 정당성을 얻고, 구체적이고 정확한 정치적 가치를 의도적으로 부여받는다.

시간이 정치적 가치를 지닌다는 주장은 정치에서 시간이 서로 별개인 도구적 가치와 표현적 가치를 모두 가진다는 생각으로 뒷받침된다. 여기에서 도구적 가치는 구체적인 정치 과정이 전개될 때 실제로 시간이 맡는 역할에서 비롯된다. 표현적 가치는 구체적이면서 가급적 계량적으로 표현되어야 하는 상황과 관련되는데, 이런 상황은 정치적으로 중요하지만 실체를 파악하기가 어렵다. 시간의 도구적 가치와 표현적 가치가 늘 배타적이기만 한 것은 아니다. 하지만 둘의 차이가 중요한 이유는 시간을 의미 있는 분석 단위로 생각하는 대신 소중한 기본 가치나 과정의 대용물로 혼동함으로써 그것의 정치적 가치를 폄훼하려는 사람들이 있기 때문이다. 예를 들어, 어떤 사람은 시간을 시민권에 실질적으로 중요한 가치를 대용하는 것 정도로 생각해서, 귀화 공식에 항상 포함되는 거주기간 요건을 대수롭지 않게 여기고 싶어한다. 이것이 그렇게 터무니없는 생각은 아니다. 하지만 실제로 시간은 시민권을 얻기 위해 거치는 과정들과의 연관성에 기초해서 도구적 가치를 지닌다. 만약 사람들이 가치가 실현되는 과정과 시간 사이에 도구적 관계가 없다고 생각한다면, 시간은 중요한 가치의 대용물로서 설득력이 떨어질 것이다. 인성을 개발하거나 판단력을 기르려면 어느 정도 시간이 흘러야 한다는 생각에 누구나 쉽게 동의하기 때문에, 시간은 시민권 획득에 필수적이지만 표현하기 어려운 과정·관계·특징의 대용물로서 매우 적합하다. 시간의 도구적 가치와 표현적 가치 모두 민주정치에 중요하다.

시간의 도구적 가치

시간의 도구적 가치는 정치적 과정과의 관계에서 비롯된다. 과정이란 오직 시간의 흐름 속에서만 전개되며, 어느 한 순간에 발생하지 않는다. 시간이 정치에서 도구적 가치를 지니는 이유는 그것이 인성 개발과 지식 획득과 같은 구체적인 과정들과 불가분의 관계이기 때문이며, 이 과정들은 민주정치를 좌우하는 제도와 정책에 핵심 요소다.

이 사실을 받아들이는 방식에는 이견이 있지만, 플라톤과 아리스토텔레스 모두 시간이 정치에 필수적인 질적 경험을 획득하는 과정에 중요하다고 생각한다. 시간은 경험의 (충분조건은 아니라도) 필요조건은 된다. 플라톤이 보기에, 경험은 시간으로 측정할 수 있고 계량적으로 분석할 수 있다. 이렇게 얻어진 통찰력은 과학적으로 사용할 수 있다. 아리스토텔레스는 '투케tuche'(운명과 과도한 열정)를 시간이 흐르면 갖추게 되는 실용적 판단력으로 대체하고 싶어한다. 이때 그는 시간의 흐름에 따라 경험을 얻는 과정을 참고한다. 아리스토텔레스의 아레테_arête_(도덕성) 관점에서 보면, 시간은 인간이 경험하는 정치적·사회적 과정의 중요한 한 부분으로서, 그 자체로 독특한 가치를 지닌다. 이때 시간은 실용 지식을 획득했거나 성숙했음을 상징하지 않는다. 시간은 그런 자질들을 얻기 위해 거치는 하나의 과정이고, 그런 자질을 갖추기 위해 필요한 전제조건이며, 그런 이유로 자질을 갖추는 과정이 일어났음을 관찰할 수 있게 해주는 증표가 된다. 이는 인간이 경험하는 시간에 관한 견해의 일종으로, 나중에 베르그송과 들뢰즈_Deleuze_가 그 내용을 복잡한 이론으로 발전시킨다.[1]

현대 사회는 도구적 가치가 있는 시간과 대용물로서 시간을 구분하는 선들이 흐려진 것 같다. 콩도르세의 사상을 피상적으로만 보면, 그가 생각하는 도구적 가치를 지닌 정치적 재화들이란 진실을 찾는 능력과 훌륭한 판단력밖에 없는 것 같다. 만약 이것이 사실이라면, 콩도르세의 사상에서 시간은 그런 재화들의 가치를 표현해주는 대용물에 불과하다. 콩도르세가 제안한 의사결정 일정은 진실을 발견하고 훌륭한 판단을 내리기 위한 수단이 되므로, 만약 잘못된 정보에 근거한 결정을 즉각 수정해야 한다면, 그는 자신의 처방에 담긴 시간적 제약을 제거하는 데 동의할 것이다. 이 때문에 우리는 콩도르세가 시간을 정치적 가치가 내재된 재화로 생각하지 않았다고 결론짓게 된다.

하지만 아리스토텔레스의 사상에서도 확인했듯이, 콩도르세에게 시간은 의사결정에 필요한 요소들의 단순한 대용물이 아니다. 시간은 합의에 의한 결정의 실질적 구성 성분이다. 콩도르세는 합의를 순간적인 사건으로 단순화했다며 루소를 비난했고, 자기 성찰과 심사숙고, 사실 수집과 협상 등 신중한 의사결정에 필요한 다양한 요소를 최대한 활용하기 위해 기간을 체계화해야 한다고 주장했다. 이렇게 측정된 기간도 합의로 완성되는 민주적 과정에 필수적이다. 이는 미국의 입법부와 사법부가 시민권과 귀화 제도에 관해 논쟁할 때 합의를 도출하는 방식을 확립하는 과정을 통해 증명되었다. 이런 과정이 일어나는 데 시간은 충분조건까지는 아니라도 필요조건은 된다. 시간은 진실을 볼 줄 알고 제대로 판단할 줄 아는 능력을 발전시키는 과정에서 무엇으로도 대체할 수 없는 부분이다. 체내 세포에 산소를 전달하는 것이 혈액밖에 없듯이, 의사결정에 적정 시간을 투입하지 않고는 신중한 정치가 될 수 없다. 우리는 정치 사상가들이 즉석 투표 같은 것을 좀처럼 요구하지 않는다는 사실에서 그렇게 추론할 수 있다. 시간은 신중하고 사려 깊은 정치 행위의 대용물이 아니다. 그런 행위에 필수 요소다.

콩도르세가 이렇게 비판할 때, 그는 기본적으로 단독 경계가 비민주적이고 자의적이라는 2장에서 언급되었던 주장을 강조하고 있다. 그는 의사결정 시 개인은 물론 집단의 판단도 반영하고, 안정성을 확보하며, 국민이 새롭게 구성되면 재논의도 할 수 있는 방법을 추구한다. 이런 목적들은 시간을 생각하지 않고는 달성할 수 없다. 우리는 혼자이면서 동시에 여럿일 수 없고, 한 순간에 안정성을 확보할 수 없으며, 이전 세대가 첫 결정을 내린 순간에 바로 다음 세대가 그 결정을 재고하기는 불가능하다. 심사숙고, 시민적 교양, 충성심 등 이 모든 것은 시간이 흘러야 갖춰지는 자질이다. 이런 것들은 타고나는 것이 아니라, 갈고 닦아야 한다.

시간의 표현적 가치

정치에서 시간은 주로 도구적 가치를 가진다고 여겨지므로, 정치공식에서도 대용물로 널리 인정된다. 정치적으로 중요한 관계와 자질, 습관 등을 쌓고 기르는 일은 모두 과정에 좌우된다. 하지만 이 과정은 종종 눈에 보이지 않으므로, 그것을 정확하게 정의하고 확인하고 측정하기란 어렵다. 훌륭한 인격이나 동포에 대한 애정을 증명하는 사물은 많지 않다. 시간은 과정에 필수 요소이고 과정은 표현하기 어렵기 때문에, 시간은 정치적 절차에서 과정을 표현하는 편리한 수단이 된다. 시간을 대용물로 여기는 법률이나 규칙은 시간이 과정을 정의하는 수단임을, 아니 어쩌면 '유일한' 수단임을 압축해서 보여준다. 그리고 이는 각 국가의 기준에 맞추어 조정된다.

시간이 과정을 표현하는 예는 무수히 많다. 성인으로 인정받는 나이를 정해놓으면 성숙한 정도를 정밀하게 측정하는 방식보다 시민의 자격에 대한 합의가 훨씬 잘 표현된다. 이와 유사하게,

공소시효는 질적 과정(증거의 소멸)을 시간을 사용해서 표현한다.[2] 구체적 시간을 명시하고 있는 모든 법률도 그와 비슷한데, 예를 들어 사실혼과 취득시효는 각각 다른 사람이나 재산과의 관계가 법적으로 변형되는 과정을 표현하기 위해 기간을 사용한다. 정확한 형량이나 이민 유예기간이 특정 결과와 직접적으로 어떤 관계를 맺는지 거의 아무도 알지 못한다. 그 대신에 적정 형량이나 이민 유예기간은 법을 어겼을 때 경험하는 과정이나 귀화하려는 외국인이 거치는 과정과 좀 더 느슨하게 연결된다. 교정, 처벌, 문화 적응 등의 정치 과정에서 시간의 도구적 가치가 암시하는 내용은 법을 어기거나 귀화하는 경우, 또는 심지어 어떤 과정이 특정 기간에 일어나고 있다는 주장이나 증거가 없는 경우에도 권리가 거래될 때 기간이 사용된다는 점이다.

미국에서 시민권 제도가 확립되는 모습은 평등한 '국민' 사이에 주권적 경계를 설정하기 위해서뿐만 아니라 합의를 기반으로 국가와 시민 사이에 권력과 권리를 배분하는 과정에서 민주 '시민'의 보이지 않는 핵심 자질을 표현하기 위해서 기간이 어떻게 사용되었는지 생생하게 보여준다. 미국 의회가 시민권 제도를 두고 토론을 벌일 때 심사숙고했다는 사실은 시간이 특정 과정·자질·관계를 정하는 데 필수불가결할 뿐만 아니라 이것들을 표현하는 기능을 한다는 점도 암시한다. 예를 들어, 시민권을 "너무 저렴한 것"으로 만들고 싶지 않다는 발언은 시민권을 부여할 때 시간이 지나야만 얻을 수 있는 시민 지식과 의무감을 좀 더 많이 반영하겠다는 합의를 표현하고 있다. 만약 귀화를 신청한 사람이 해당 국가와 정부에 충성을 다하는지 아닌지를 아무도 점검하지 않는다면, 혹은 그들의 충성심을 확인하는 시험을 설계조차 할 수 없다면, 그 사람들을 일정 기간 기다리게 하는 관행은 상징적이다. 이때 시간은 민주정치에 중요하다고 간주되는 과정·자질·관계의 대용물로 기능한다.

시간의 표현적 혹은 은유적 역할은 정치이론가보다는 사회사상가와 인류학자에게 널리 인정받고 있다. 모든 사회는 의사소통 시스템에 필수적인 은유 덩어리를 만들기 위해 공통적으로 시간에 의존한다.[3] 은유적 기능을 하는 시간은 민주정치에서 학습, 애착, 추론 능력 등 시민이 갖춰야 할 자질을 제대로 기르기 위해 시간적 여유를 허용한다. 종종 우리는 정확한 기간을 이용해서 민주시민에게 필요한 자질과 관계의 유무를 판단하려고 한다. 이는 시간이 성숙에 필수적이나, 사실 그것을 확실히 보장하는 것은 아니라는, 다시 말해서 시간이 도구적 가치를 가진다는 생각에서 출발한다. 시민에게 요구되는 판단력을 갖출 만큼 성숙하려면 18세가 충분하지 않을지도 모른다. 하지만 정치적 목적을 위해서라면, 그 정도의 시간은 성숙의 대용물이 될 수 있다. 귀화 절차나 형량 선고와 같이 좀 더 복잡한 시간공식에서 기간은 다른 변수들과 어깨를 나란히 한다. 이 두 사례에는 바람직한 행동과 훌륭한 인격 등 계량화할 수 없는 변수와 시간 변수를 조합한 공식이 있다. 시간 변수만 가지고도 많은 것을 할 수 있지만, 이를 계산하는 방식은 조정 가능(비시민권자가 미국 시민과 결혼하거나 입대하면 유예기간이 2년 단축된다)하고, 시간 변수에 다른 요소를 추가(독방형으로 징역형의 강도를 높일 수 있다)할 수도 있다. 모든 사례에는 바람직한 행동과 훌륭한 인격처럼 계량화할 수 없는 변수와 시간 변수를 조합한 공식이 있다.

　기간도 종종 한꺼번에 여러 가지 것들의 대용물이 된다. 우리는 징역형을 선고할 때 그것을 분명하게 확인할 수 있다. 자격 박탈, 행동 저지, 징벌, 속죄 기회, 교화 등 수감의 목적을 두고 의견이 분분하다.[4] 기간은 이런 다양한 목적을 동시에 한꺼번에 표현할 수 있으며, 저마다 다른 목적을 추구하는 사람들이 복잡한 양형 공식에 동의하게 한다. 어느 정도 시간이 지나면 상황이 어떻게 변할지 아무도 명확히 알지 못한다는 사실 덕분에 이견이 생길 가능성이 줄어든다. 규범적 가치에 관한 견해차를 좁히고 합의를 도출하는 데 기간이 어떻게 사용되는지는 5장에서 다시 논의하기로 한다.

왜 시간인가?

　많은 정치이론가들은 신중하게 정치적 시간에 가치를 부여했다. 시간이 '어떤 이유'에서 고대와 현대 사상가들이 부여한 역할을 맡도록 선택받았는가라는 질문에 대한 답은 아직 알려진 바가 없다. 또한 시간이 단순히 정치이론에서뿐만 아니라 정치 관행에서도 가치가 있다고 널리 인정되는 이유에 대해서도 설명이 필요하다. 어쨌든 많은 재화가 도구적·표현적 가치를 가지고, 권리를 거래하는 데 사용되며, 정치적 의사결정을 체계화하고, 중요한 정치 목적에 이용된다. 재산권은 사람들에게 각종 권리를 누릴 자격을 주는 도구가 될 수 있으며, 지금까지 그렇게 이용되고 있다. 정치적 특권을 가진 집안에서 태어나는 것도 마찬가지다.

자유민주주의 국가에서 가치를 매기고 권리를 거래하는 데 시간이 이상적 수단이 될 수 있는 것은 시간에 다음과 같은 다섯 가지 특징이 있기 때문이다. 첫째, 시간에 관한 여러 생각들은 특별히 국가 공동체가 형성될 때 급변하는 사회 환경과 역사 속에 배태된다. 둘째, 시간은 과학적으로 측정 가능하고 계량화할 수 있다. 셋째, 계량화할 수 있는 시간은 과학적이고 객관적이며 중립적이라는 인상을 준다. 넷째, 중립적이라고 간주되는 시간은 공정하거나 심지어 평등한 정치 규칙의 등장과 관련된다. 다섯째, 시간은 배태성이 있으면서 동시에 객관적일 수 있는데, 다른 평가 도구들은 둘 중 하나만 가능하다.

지금부터는 시간의 중요성에 관한 네 가지 설명을 자세히 살핀다. 이렇게 하면, 기간이 포함된 절차가 시간이 각인된 '데모스'와 공정한 대우를 받고 싶다는 열망을 어떻게 매끄럽게 연결하는지를 보여줄 수 있다. 이는 권리를 관리하는 절차들에서 왜 시간이 공통 요소가 되는지 설명해준다. 또한 시간을 이용한 평가 및 측정 방식이 전부는 아니더라도 규범적 기대 중 일부라도 충족시킬 수 있는지에 관한 질문들도 제기한다.

상황에 영향을 받는 정치적 시간

과학적으로 측정된 시간이 정치적 가치를 인정받을 수 있는 첫 번째 이유는 시간에 상황구속성 situatedness이 있기 때문이다. 과학적으로 측정된 시간의 다른 특징들인 계량가능성, 공정성 및 객관성과 결합할 수 있는 능력, 소위 평등주의 등은 모두 자유주의 국가의 전제조건이다. 현실적으로 어느 정도 규모가 있는 현대 국가에서 자유로운 절차를 수립하려면, 중립성과 평등성을 확보할 수 있는 계량 기법이 대단히 중요하다. 그래서 토머스 M. 앨런은 다음과 같이 결론짓는다. "시간은 이질적인 사회경제적 조직들을 매개하는, 고도로 차별화된 수단이다."[5] 시간의 상황구속성은 자유주의 국가가 아닌 시간이 각인된 '데모스'와 그 구성원들이 만들어낸 결과물이다.

시간은 사람들이 민주정치를 경험하고, 시민 정신을 기르며, 동포와 연대하게 해주는 수단이다. 역사학자 린 헌트Lynn Hunt는 현대를 "보편적이고 동질적이며 심오한"[6] 시대로 설명한다. 상황적 경험, 애착, 민주시민의 자질 등은 측정된 시간을 활용해서 계발할 수 있다. 그러므로 시간은 중립적이면서 동시에 맥락에 따라 여러 의미를 지니기 때문에 개별적인 '속성'과 '행동', '관계'는 시간을 통해 권리 획득 요건으로 변환될 수 있다.

2장에서는 시간이 정치적 맥락에 배태되는 한 가지 방식을 다루었다. 특별히 중요한 시기의 특정 순간들은 정체에 경계를 형성하지만, 다른 시간적 경계들은 국민을 대상으로 권리를 가진 쪽과 그렇지 않은 쪽으로 구분한다. 하지만 기간은 배태성을 드러낼 가능성이 훨씬 크다. 베네딕트 앤더슨Benedict Anderson은 시계와 달력을 규격화해서 국민이 시간적 맥락을 공유하게 하는 조치가 현대 국민국가가 발전하는 데 중요했다고 지적한다.[7] 또한 앤더슨은 "사회적 동물이 달력의 날짜를 따라 동질적이고 공허한 시간을 헤치며 나아간다는 생각은 국가관과 대단히 흡사하다"[8]고 쓰고 있다. 시간은 눈에 보이는 것 같지만, 영토적 경계와 달리 무엇을 제한하고 있는지 분명히 드러나지 않는다. 라이너 바우뵉Rainer Bauböck은 "문화 공동체는 공간보다 역사적 시간에 더 확고한 기반을 둔다. 사회는 역사적 단위라기보다 영토적 단위다. 정치에서는 역사적 지속성과 영토적 경계 모두 필수 요소가 된다"[9]고 주장한다. 시간이 독립국의 지위와 특별한 관계를 맺는다는 사실은 국경의 영향력을 강화한다. 피터 프리체Peter Fritzsche는 이원론자dualist(한 체계 안에 서로 독립적인 두 가지 상태가 존재한다고 주장하는 철학적 입장 – 옮긴이)의 입장에서 프랑스혁명이 유럽의 정체성에 미친 영향에 관해 논문을 발표했는데, 거기에서 그는 "시간의 흐름에 따라 형성되는 정체성은 한 세대가 느끼는 감정과 다르지 않으며, 전 세대나 전전 세대로부터…… 분리되거나 단절됨으로써" 빚어지는 차별화와 맥락의 공유가 유럽 정체성에 들어 있다고 쓰고 있다.[10] 토머스 M.

앨런은 18세기 미국에서 일어난 일을 사례로 들면서, 미국은 "시간을 열렬한 민족주의를 전파하는 수단"으로 만들었다고 쓰고 있다.[1] 실제로 1883년에 미국에서는 누구나 현재 시간을 알 수 있도록 철도 공무원들이 네 개의 표준시간대를 만들었는데, 이것이 미국인들을 하나로 묶어주었다.

유럽의 국민국가들이 엄격하게 국경을 획정하기 전에도, 불가피하게 각국의 시간 체계에는 정치 시스템과 그 시스템의 배태성이 표시되어 있었다. 급성장하는 국민국가는 모두 자체 시간 체계가 있었다. 데이비드 랜즈는 16세기와 17세기에 일어난 다음의 현상들에 주목한다.

나라마다 지역마다 다른 시간에 하루를 시작했다. 일출이나 일몰에 하루를 시작하는 지역이 있는가 하면, 정오나 자정에 시작하는 곳도 있었다. 바젤은 오후에 일과를 시작하면서 하루가 시작되는 시간을 1시로 정했기에, 바젤의 시계들은 항상 이웃 지역의 시계보다 한 시간이 빨랐다. 어떤 지역은 하루를 24시간으로 나누었는데(소위 이탈리아 시간), 그 때문에 종을 울려서 시간을 알려주는 시계의 사용자들은 상당히 불편했다. 다른 지역은 하루를 12시간씩 나누어서 시간을 표시했다(보헤미아에서는 독일 시간으로, 프랑스에서는 프랑스 시간으로 불렀다). …… 경험이 많은 여행자는 시간 환산표 없이는 절대로 해외여행을 하지 않았다. 결국 상업과 통신의 필요성 때문에 표준시간을 사용하도록 권장되었고, 점점 오늘날 알고

있는 것처럼 낮에 주로 생활하는 방식으로 바뀌었다.[12]

데이비스는 베네딕트 앤더슨의 연구를 이렇게 해석한다. "그는 봉건제도 중심에서 벗어나 '절대주의'에 기초하여 시대를 다시 구분했다. 그러나 서로 밀접하게 관련되는 두 가지 시대구분법 모두 보편적 연대표에 주권적 경계를 표시했을 때 봉건주의 역사기록학으로 되돌아가는 과정에서 등장한다."[13] 결국 19세기 말에, 전 세계 국가들은 국가 안보라는 명분을 내세우며 표준시간대로 옮겨갔다.[14] 그러나 이런 "글로벌 시간 변환"은 국가 정체성에 대한 논쟁만 부각시킨 비교 연구의 시간 측정법이 변형된 것이었다.[15]

다양한 사회와 그 하위문화에 존재하는 각양각색의 문화적 시간을 다룬 사회학과 인류학의 문헌들을 연구한다면, 이는 주제에서 크게 벗어난 일이 될 것이다. 이번 장의 주제는 정치와 기간이며, 지금부터는 다음의 두 가지를 증명하려고 한다. 하나는 권리를 수여하는 절차에서 기간을 효율적으로 사용하는 사람들에게 그 기간이 특별한 의미를 갖는다는 점이다. 다음은 그런 특별한 의미 덕분에 민주적 절차에서 시간이 정치적 가치를 드러낼 수 있다는 점이다. 만약 '데모스'가 충성심을 충분히 보여준 사람들을 가려내는 절차를 시행하려 한다면, 그리고 시간이 충성의 대용물로 활용된다면, 귀화 신청자가 사람들 사이에서 혹은 해당 국가에서 기다리는 시간은 수많은 문화적·사회적 의미와 연관된다. 이는 성년이나 처벌 기간도 마찬가지다.

계량화할 수 있는 재화로서의 시간

모든 시간이 과학적이거나 측정 가능한 것은 아니지만, 이 책에서 언급한 절차들은 공통적으로 측정 가능하고 계량화할 수 있는 시간에 의존한다. 이언 해킹에 따르면, 19세기에 이르러서야 국가 통계가 완전히 자리 잡을 수 있었지만, 이미 영국은 1662년에 정치산술을 현실 정치에 적용하기 시작했다.[16] 이런 발전은 근대 국가가 발전하기 훨씬 전에 인류의 안전을 위해 지식을 체계화하려고 했던 그리스 사상가들의 예견과 일치한다. 누스바움과 허스트하우스는 플라톤의《프로타고라스》에 관해 이렇게 언급한 바있다. "가치판단과 선택 과정에서 다양하고 불확실한 문제에 직면하게 되면, 질서와 진보에 관심이 있는 사상가는 자연스럽게 우리의 삶을 측정할 수 있는지 자문하게 된다."[17] 해킹은 국가가 국민을 산술적으로 연구하고 평가해서 어떻게 위험을 관리하려 했는지를 설명한다. 정치산술은 일단 도입되면, 널리 확산된다. 처음에는 계량화할 수 없어 보이는 것을 포함해서, 무엇이든 측정하게 된다. 시간을 과학적으로 측정하는 도구에 대해 신뢰가 커지면, 종교단체와 국가기관 혹은 준공공기관을 포함해서 모든 공공조직이 그 도구를 채택한다.[18] 온갖 공공장소에서 시계와 달력을 볼 수있고, 그런 도구를 쉽게 사용하도록 규칙을 만든다. 이런 도구들이 정교화되기 전에도, 과학적으로 측정된 기간은 정치사상에서 대단히 중요한 역할을 했다. 플라톤은 시간의 두 가지 특징인 측정 가능성(계량화하고 계산할 수 있다)과 보편성(모든 정치 문제와 과정에 두루 적용된다)을 강조했다. 두 특징 모두 시간을 언급한 현대 정치이론에 중요하다.

무언가를 계량화해서 측정하는 작업은 적어도 정치에서 세 가지 중요한 기능을 한다. 첫째, 계량화는 쉽게 이해하고 보편적으로 적용할 수 있는 측정방법을 만들어낸다. 수학은 만국 공통어다. 충성을 서약하는 방식은 나라마다 다르고, 어쩌면 같은 나라에서도 지역마다 차이가 있을 수 있다. 하지만 시민권을 획득하려면 5년간 의무적으로 거주해야 한다는 요건을 마련하면, 계량화할 수 없는 서약의 내용을 두고 있을지 모를 격렬한 논쟁이 필요하지 않다. 여전히 어떤 이는 국가에 대한 충성을 증명하는 데 과연 5년이 적절한가에 대해 다른 생각을 할 수도 있다. 하지만 3년을 주장하는 사람과 5년을 주장하는 사람 모두 숫자를 사용해서 자기 견해를 밝힌다. 이는 충성 서약의 대상이 신이라고 주장하는 사람과 헌법이라고 주장하는 사람 사이에 벌어지는 논쟁과는 다르다. 거주기간 요건에 관한 논쟁에서는 참여자들이 적어도 공통어를 가지고 있으므로, 이들이 각각 우선시하는 기준과 과정, 관계를 구체화하는 절차를 만들고자 할 때 서로 같은 언어를 구사할 수 있다.

플라톤에 따르면, 선goodness을 구성하는 핵심 변수들을 측정할 수 있다는 것은 저항할 수 없는 유혹이다. "확실히 소크라테스는…… 우리의 긴급한 윤리 문제를 해결하려면 측정 기법처럼 사람들의 생명을 구할 수 있는 '테크네'가 필요하다고 믿는다. 측정

과학이 윤리적 이견 및 불확실성을 해결할 수 있음은 자명하다."[19] 변수를 측정할 수 없다면, 우리가 가진 실용 지식을 체계적으로 이해하거나 적용하기 어려울 것이다. 특히, 세세한 내용들을 다루어야 하는 경우, 심의가 더욱 어려워진다. 경험을 체계화하는 과학이 없다면 우리는 통찰력을 배울 수도, 얻을 수도 없다. 중요한 사실이나 패턴을 가려낼 수 없고, 경험을 지혜로 바꾸지도 못할 것이다. 이는 사람들이 훌륭한 인생을 계획하고 살아내는 능력을 제한한다.[20] 그래서 윤리학에 관해 플라톤은 이렇게 주장한다. "(윤리학은) 단 하나의 기준만 사용해서 평가하고 측정한다…… 그런 과학은 단독으로 어디에나 존재하며 선뜻 선택하기 어려운 가치를 측정할 때 필요하다."[21] 시간은 플라톤이 수용한 과학적·수학적 방법에 이용될 수 있기 때문에, 시간으로 경험을 측정할 수 있다는 사상에서 우리는 의사결정과학science of decision을 받아들이는 입장과 그렇지 않은 입장이 서로 중첩되는 지점을 발견한다. 실제로 시간이 지나 얻게 된 경험을 사용해서 판단한다는 생각은 확률을 연구하는 학문과 유사하며, 그런 과학은 한 사람보다는 여러 사람의 경험적 판단을 일반화할 때만 개선된다.[22]

둘째, 특징과 관계를 파악하기 어렵거나 모호한 것들을 계량화하면, 눈에 보이지 않는 것을 좀 더 쉽게 감지할 수 있다. 국가에 대한 충성도와 합리적이고 성숙한 태도, 심지어 범죄자들의 교화 정도는 눈에 보이지 않은 마음의 상태이자 인격이나 관계를 가리키는데, 간혹 이것들과 연관되는 특징이나 상황 등이 지나치게 많이 언급되기도 한다. 이를 과학적으로 측정된 시간을 사용해서 표현하면, 그렇게 하지 않았을 때보다 더욱 구체적인 형태를 갖추게 된다. 햇수는 마음의 상태와 달리 명확하게 표시될 수 있다. 성년 규정은 시간을 사용해서 말로 표현하기 어려운 성숙의 조건을 구체화한다. 사람들이 생각하는 성숙의 정도를 표현하는 수단에 시간만 있는 것은 아니지만, 성숙해지는 과정은 시간의 흐름에 따라 일어나므로 나이로 표시하는 방식이 널리 이용되며, 그런 측정 방식은 구체적이고 보편적으로 확인할 수 있는 햇수로 성숙의 조건을 규정한다.

셋째, 근대 국가와 함께 등장한 통제와 통치성governmentality을 연구하는 학문에서 계량화는 중요하다. 이런 점에서 범죄자가 사회에 진 빚을 갚기 위해 얼마나 수형생활을 해야 하는지 혹은 국가의 복지 혜택을 받으려면 해당 국가에 얼마나 오래 거주해야 하는지 등을 판단할 때 국가가 계량 기법에 의존하는 모습은 정치학 연구가 계량적 방법론을 지향하는 현상의 일부다. 시간과 관련된 법률은 인구조사, 기대수명, 출생률, 발병률 등 계량 데이터를 수집하는 방식과 잘 어울린다. 나를 포함해서 여러 사람이 논의하고 증명했듯이, 자유주의 국가는 국민을 효과적으로 다스리기 위해 계량 데이터를 사용해서 꼼꼼히 조사하고 과학적으로 계산하는 과정을 거치며 발전한다. 이런 맥락에서 본다면, 권리를 관리하는 절차와 의사결정 과정이 계량 기법에 의해 체계화되지 못한 사례가 발견된다면, 이는 상당히 특이한 일이 될 것이다.

시간은 대단히 주관적이고 추상적이며 질적인 과정을 매우 정확하고 이해하기 쉬운 계량적인 용어로 표현한다. 그 덕분에, 시간은 정치에서 중요하게 여기기 마련인 인성과 과정, 관계를 대신 측정하는 수단으로 매우 유용하다. 시간이라는 단위는 정치를 효과적으로 측정할 수 있다. 정치에서 가치의 대용물로 시간을 사용하면, 가치를 표현하는 다른 수단들보다 절차적 정의를 실현하기 위한 자유주의 기준을 좀 더 충실하게 구현하는 것처럼 보인다.

그러므로 질적인 경험과 관계, 특징을 계량화해서 측정하는 방식은 정치 과정을 통약할 때도 중요하다. 통약이란 "다양한 특성을 하나의 공통 지표로 변환해서 측정하는 것"이다.[23] 모든 정치 체제는 어느 정도 통약 과정이 필요하지만, 그중에서 특히 자유주의는 국민의 다양성을 조화시켜야 할 의무가 있기 때문에 더욱 그렇다. 자유주의는 구성원들이 공존하면서 집단 스스로 통치할 수 있도록 개개인의 다양성을 조화시킬 방법을 제공하고 싶어한다.

플라톤에게 시간이라는 자원은 모순되는 가치들을 통약해주는 보편적 도구다. 플라톤이 말했듯이, "가치판단과 선택 과정에서 다양하고 불확실한 문제에 직면하게 되면" 가능한 한 문제를 "과학적으로 측정"할 수 있어야 한다.[24] 그는 통약 과정을 통해 가치가 상충하는 문제를 해결할 수 있다는 생각을 받아들인다. 모든 정치 주제에서 흔하게 나타나는 통약 과정은 그 과정이 없었으면 추상적이었을 진실을 과학적으로 계산 가능한 용어로 정확하게 바꾸어준다. 시간이 교환가치를 측정하는 보편적 수단이라는 마르크스의 주장도 그 논거의 뿌리는 비슷하다. 자본가는 생산과정에서 발생하는 차이를 다룰 능력과 의지가 없다. 그들은 교환가치를 측정하는 계량 기법을 필요로 한다. 그리고 확실히 이들은 노력과 기술 혹은 생산 작업을 측정하는 다른 수단들을 쉽게 계량화하지 못한다. 이들은 생산 작업을 측정하기 위해 시간(작업 시간)에 집중한다. 여기에서 사회적 필요노동시간이라는 개념이 탄생했다. 사회적 필요노동시간이란 평균적인 근로조건하에서 주어진 상품을 생산하기 위해 평균적으로 노동자에게 요구되는 시간의 양을 의미한다. 생산 대비 노동의 가치는 시간으로 측정되고, 이는 나중에 돈으로 보상된다. 추상적인 것(노동)을 구체적이고 규격화된 용어로 측정하고 해석하는 데 시간이 이용되는 셈이다.

그 과정을 바브라 애덤Barbara Adam은 이렇게 설명한다. "시간은 맥락과 상황의 영향을 받지 않고, 노동이라는 추상적 가치를 돈으로 환산해준다."[25] 노동 자체는 노력과 산출물, 이윤 등 다양한 방법으로 측정될 수 있다. 그러나 (하루 8시간 근로처럼) 노동시간뿐만 아니라 시작과 종결 시간도 일정하게 정함으로써 시간 단위로 노동을 측정하면, 효율적인 자본주의 생산에 필요한 표준화와 임금 노동자가 가진 덜 규격화되고 생생한 경험 사이의 차이가 줄어든다.

이런 노동과 표준화된 시간에 관한 통찰과 정치에서 시간이 어떻게 기능하는지를 비교하면, 시간의 정치적 가치를 쉽게 이해할 수 있고, 궁극적으로 시간의 정치경제학의 작동 원리도 파악할 수 있다. 시간의 정치적 가치는 성숙하게 정치적 판단을 할 수 있는 사람들에게 권리를 주거나 범법자에게 권리를 박탈하는 것처럼 권리 거래를 수월하게 한다. 과학적으로 측정된 시간을 사용해서 이성, 시민다움, 시민다운 관계, 충성, 성숙 등의 자질과 과정을 계량화하고 표현하면, 실질적으로 정치 행위에 참여하고 시민권을 행사하는 사람들이 가진 덜 규격화되고 생생한 경험과 정부가 요구하는 획일성의 차이가 줄어든다. 이것이 권리 수여 절차에서 시간과 그 시간의 사용 결과를 평가하는 과정, 즉 통약 과정을 만들어낸다. 그 통약 과정 덕분에, 우리는 "이질적인 정보를 쉽게 비교할 수 있는 숫자로 축소하고 단순화할 수 있다. 그러면 사람들은 손쉽게 차이를 이해하고 표현하며 비교할 수 있게 된다."[26] 통약 과정을 촉진하는 정치는 플라톤이 "신중한 측정과학이 인간의 사회생활에 큰 도움을 줄 것"이라고 말했을 때 마음속에 그리고 있던 바로 그 정치 시스템이다.[27]

정치적 통약 과정에서 시간 측정의 중요성은 다음 장에서 다시 다루기로 한다. 지금은 계몽주의 시대에 이성과 합리적 의사결정을 중요하게 여기고 선함을 추구했던 현상이 자유민주주의 사상에 시간이 편입되는 길을 마련했다는 점에 주목하는 것으로 충분하다. 계몽주의 사상가들이 확실하게 합의했던 것은 윤리 지식이 체계화될 수 있고 체계화되어야 한다는 것이었다. 백과전서 학파부터 존 스튜어트 밀John Stuart Mill까지 철학자들은 윤리학을 만들고 체계화하는 데 필요한 다양한 방법들을 정당화하려 애썼다. 볼테르는 의사결정 과정을 더욱 과학적으로 만들어줄 증거 검토 절차를 마련하는 데 열심이었다. 여러 가지 면에서 이것은 하나의 운동이라 할 수 있는데, 그 주된 목적은 인간의 진보와 탁월함의 원천을 체계적으로 확인하면서 동시에 그 방법을 구체화하는 것이다. 로크와 라이프니츠Leibniz는 한 걸음 더 나아가서, 어떤 지식이 윤리적인 것이 되려면 반드시 수학적이어야 한다고 주장했다.[28] 시간은 이 명령을 이행할 수 있는 몇 안 되는 재화 중 하나다.

객관성과 중립성

계량화할 수 있는 윤리학이 바람직하다는 견해에는 과학적으로 측정된 재화가 자유주의가 추구하고 목적으로 삼는 객관적 요소를 정치에 주입할 수 있다는 생각이 담겨 있다. 과학적 도구로 측정된 시간은 인공법보다 자연법의 영향을 더 많이 받기 때문에, 인간의 판단만으로 가치를 매기는 방식보다 좀 더 객관적이라고 여겨진다. 달력과 시계가 시간을 과학적이고 보편적으로 만들 수 있다는 사실이 발견되기 전에도, 플라톤은 시간의 과학적 속성이 시간을 객관적으로 보이게 했고, 인간의 활동을 체계화하고 통제하는 능력을 스스로 부여했다고 주장하면서 이렇게 말했다. "번호를 매기는 것과 아는 것이 서로 관계가 있고, 셈을 하거나 측정하는 능력이 이해하고 통제하는 능력과 연관된다는 생각이 인간의 인지능력을 연구한 그리스 사상에 대단히 깊이 박혀 있다."[29] 그리스인들만 이런 사상에 몰두했던 것은 아니었다. 훗날 키케로가 상상한 심의과정과 진리, 시간 사이의 관계도 그와 유사했다.[30] 계량화될 수 있는 것은 편파적이고 주관적인 인간의 판단이 빚어내는 결과물과 달리, 합리적이고 객관적이며 중립적이다.

과학적으로 측정된 시간이란 계산도구로 측정한 것이며, 그 덕분에 "인간사에서 시간이 분리"되었다.[31] 실제로 일상에서 시간을 완전히 분리할 수는 없지만, 시간은 인간이 만든 신념에서 벗어나 과학적 원리에 따라 작동하는 기계로 측정되므로, 어떤 면에서 우리는 그것을 자연법의 산물로 이해한다. 과학적으로 측정된 시간은 인간이 개입해서 더 빠르거나 느리게 흐르게 할 수 없다. 이런 시간은 인간의 영향력에서 벗어나 존재하며, 특정인의 존재와 상관없이 계속 흐른다. 독재자나 저항 운동가가 무슨 말을 하든, 경계가 움직이든, 시장 상황이 어떠하든 상관없이 시간은 계속 간다. 재산권과 영토적 경계는 사람이 설정한다. 과학적 시간은 사람이 만들어내거나 통제하지 못한다. 미국 의회에서 시민권 자격 요건을 정하는 법을 만들 때, 시민권을 받으려면 얼마나 오랫동안 기다려야 하는가에 대해서는 의원들 사이에 의견이 분분했다. 하지만 시간과 관련된 절차가 인간의 심각한 편견에 오염되었을 가능성에 대해서는 아무도 문제 삼지 않았다. 인종과 재산, 성별로 시민권 자격을 판단하는 방식은 적어도 일부는 이견이 있을 수 있는 주관적이고 질적인 방식이다. 시간은 그것과 다르며, 주관적인 인간 때문에 오염되지 않는다.

우리는 과학적 시간이 인간의 영향을 받지 않는다는 사실을 알기 때문에, 시간을 사용해서 특성, 경험, 관계 등을 측정해서 권리를 거래하는 절차 역시 객관적이라고 추론할 수 있다. 이는 거래 자체가 객관적이라는 의미가 아니다. 그것은 이런 식으로 '시간을 사용'하면 혈통이나 재산을 기준으로 했을 때처럼 절차의 객관성을 무의식적으로 훼손하지는 않을 것이라는 의미다. 과학적으로 측정된 시간은 그 시간에 의한 평가 결과와 상관없이 객관적이라는 인상을 줄 수 있다.

평등주의

과학적으로 측정된 시간은 객관적으로 보이기 때문에, 시간이 포함된 법과 정책 역시 종종 공정한 자유권 배분 절차처럼 보인다. 객관성은 평등주의와 밀접한 자유주의 이론에서 특별한 위치를 차지한다. 칸트주의적 자유주의와 신 칸트주의적 자유주의 모두 객관주의와 이성주의에서 출발해서 평등주의를 지향한다.

과학적으로 측정된 시간이 평등하게 보이는 주된 이유는 정치의 대용물로 사용되는 다른 재화와 달리, 시간은 누구나 이용할 수 있고, 그 덕분에 인간의 결정이나 법률에 직접적인 영향을 받지 않기 때문이다. 이런 특징 덕분에, 경제학 용어로 표현할 때, 시간은 다른 사람들의 소비에 따라 가치가 변하는 '지위재positional good'가 아니라 '자유재free good'로 분류된다. 이에 마이클 샌델과 같은 정치철학자들은 시간과 관련된 법률이 다른 법률보다 더욱 공정하고 평등하다고 가정한다. 수많은 시간의 속성들이 시간에 평등하다는 인상을 부여하는데, 이는 권리를 수여하는 다른 기준들 중에서 돈과 재산에는 없는 것이다. 과학적으로 측정된 시간은 사회적 지위나 날 때부터 갖는 권리와 무관하게 같은 속도로 흐른다. 과학적 시간은 법으로 보호받는 계급 구조와 달리, 다음 세대에 물려줄 수 없다. 또한 돈을 주고 살 수도 없다. 돈과 재산, 신분과 심지어 신념과 달리, 시간은 누구나 소유한다. 징역형, 성년, 혹은 선거주기조차도 누구나 접근할 수 있는 가치와 누구나 이용할 수 있는 재화를 측정하기 위해 시간을 사용한다. 다른 집단의 정치적 시간을 무단으로 사용하기는 어렵다. 만약 모든 사람이 정당의 예비선거와 본선거 사이에 심의할 시간을 얻는다면, 다른 유권자나 집단에게 자신들의 시간을 빼앗긴다고 생각하지는 않을 것이다. 이런 맥락에서 시간은 부패하지 않는다. 포콕은 시간과 부정부패의 관계에 관심을 두었고, 그 내용이 그가 만든 '비르투' 공식에 담겨 있다. 그는 근대 초기 정치학에서 '비르투'에 관한 담론의 방향이 '포르투나'에서 부정부패로 바뀌었다고 지적했다.[32] 세속적이고 정치적인 시간은 '비르투'의 시간이다. 포콕이 생각하기에, 시간이 흘러 질서가 잡힌 공화정은 부정부패를 막을 수 있는데, 그 이유는 생득권이나 재산이 정치적 가치의 대용물로 사용되는 정치 시스템과 달리, 안정된 체제는 부당한 관행에 별 영향을 받지 않기 때문이다. 이것의 진위 여부는 나중에 다시 다루겠다. 어쨌든 시민의 자격이나 훌륭한 판단력을 평가해주는 다른 재화

들과 비교할 때, 시간은 좀 더 평등하게 분배되고 덜 부패하는 것처럼 '보인다.'

　과학적 시간이 평등하다는 인상을 주려면, 한 국가에 모든 국민이 동시에 존재해야 한다. 수학이 만국 공통어인 것처럼, 시간도 마찬가지다. 우리는 계몽주의 시대 프랑스에서 정치적 시간의 일반적인 형태가 발아했음을 알 수 있다. 1792년에 갓 수립된 프랑스 공화국은 군주제의 종말과 주권을 가진 시민의 탄생을 구분하기 위해 완전히 새로운 달력과 시간 측정 방식을 전 국민을 대상으로 시행함으로써, 정치적 시간이란 것을 최초로 사용하기 시작했다. 그 덕분에 달력에 표시된 시간은 계층·계급·신분제도를 확립한 법률과 관행을 초월하는 초기 수단이 되었다. 여러 가지 면에서 프랑스 공화국 달력의 탄생은 '캘빈 사건'과 유사한데, 둘 다 국민의식subjecthood이 형성되기 시작한 기준점을 마련했다는 점에서 그렇다. 하지만 프랑스 공화국 달력은 '캘빈 사건'보다 한 걸음 더 나아가 계몽주의 철학이 군주제가 아닌 자유민주주의를 실현하기 위해 시간과 관련된 법률을 어떻게 개정했는가에 관해서 통찰을 제공한다. '캘빈 사건'은 평등하게 살고 있는 시민간의 합의가 아닌 나면서부터 갖게 된 국가에 대한 충성 의무에 근거를 두었다. 이 충성 의무 때문에 국민 위에는 주권자가, 국민 아래에는 국민의 자격을 갖추지 못하고 태어난 사람들이 존재하는 계층 구조가 형성되었다. 영국과 달리, 과거 프랑스인들이 시간을 사용한 방식에는 코크의 법률체계에는 없었던 계몽주의적 평등 원리가 싹튼 흔적이 있었다.

세속적 정치권력을 공유함으로써 사회적 계급이나 종교가 다른 사람들도 정치적으로 똑같이 중요해졌다.[33] 프랑스 공화국 달력은 국민을 조상과의 종속적 관계가 아니라, 동포와 시간을 공유하는 수평적 관계 속에 두었다. 시간을 공유하는 것은 적어도 영토를 공유하는 것만큼의 잠재력을 발휘했다. 이는 실뱅 마레샬 Sylvain Marechal의 영향력 있는 연감에서 분명히 드러나는데, 그의 연감 속 달력은 프랑스 공화국 달력의 전신이나 다름없었기에 나중에 프랑스 공화국 달력은 마레샬의 달력을 차용했다. "마레샬은 시간에 대한 공통된 혹은 생생한 경험을…… 마치 그것이 시간을 합리적으로 측정해서 나온 것처럼 표현할 수 있다."[34] 모든 사람이 같은 장소에 살 수는 없지만, 같은 순간을 살 수는 있다. 프랑스에서는 전통적인 시간 측정 방식이 근대적이고 합리적인 달력으로 교체되었고, '구체제'를 제거해서 이성이 왕의 권위를 대신하도록 기초를 마련했다. 사람들이 시간을 느끼는 방식을 포함해서, 감각적 지식이 사고에 영향을 미쳤다. 그런 이유로 (프랑스 공화국 달력처럼) 시간을 과학적으로 측정함으로써 합리적 사고와 이성적인 시민이 출현할 수 있었다. 특별히, 그 과정에는 시간의 양과 규칙적인 시간 측정이 중요했다.[35]

혁명기에 프랑스 정치인들은 새로 시행한 달력이 합법적으로 확립된 계급제도를 초월해서 모든 시민을 평등하게 대우한다는 목적을 내세운 새로운 정치체제를 견고하게 해주기를 바랐다. 근대 초기에 합법적인 계층 제도는 사회를 안정시키는 효과 때문에 정당화되었지만, 이제 '마키아벨리언 모멘트'는 사라졌고 조정 가능한 달력이 불안이 아닌 안정을 주는 수단으로 취급되고 있기에, 대중이 공유하는 세속 권력이 법에 명시된 계층 제도를 대신할 수 있었다. 또한 우리는 미래 세대가 과거 세대의 지배를 받아서는 안 된다고 한 제퍼슨의 주장에서도 비슷한 내용을 추론할 수 있다. 과거 세대의 횡포 때문에 현재를 사는 사람들이 평등한 목소리를 갖지 못하고, 이미 죽은 사람들의 결정을 지나치게 강조함으로써 세대 간 종속 관계를 재현한다. 실제로 시간을 공유하고 동시대에 함께 어우러져 사는 사람들만 오직 정치적으로 평등할 수 있다.

정치적 가치를 과학적으로 평가하는 방식이 명백히 세속적이라는 사실은 과학적으로 측정된 정치적 시간이 중립적이고 평등하다는 주장을 뒷받침한다. 앞 장에서는 세속 군주의 출현과 세속 국가의 발전을 도왔던, 비세속적 시간과 정치 사이에 존재하는 균열을 확인했다. 이는 종교적 권위를 파괴한 사람들이 과학적 시간을 설정하는 조건으로 정치권력에 개입하지 않았다는 의미가 아니다. 실제로 칼뱅 신학이 자유주의적 개인주의 정치의 토대로 전환될 때 정치적 시간에 관한 사상이 필수적이었다.[36] 여기에서 핵심 변화는 노동과 종교 활동을 제외한 나머지 시간을 부지런한 사람들이 몹시 싫어하는 단순 여가가 아닌, 심의 민주주의를 실현하는 자본deliberative democratic capital으로 취급할 것을 요구했다는 점이다.

칼뱅주의에서 정치적 시간은 아리스토텔레스의 여가와 상반된다. 칼뱅주의자들은 종교 활동이나 생산 활동을 하지 않는 것을 정당화하기 위해서, 정치적 시간을 물질적으로 비생산적이고 나태해 보이는 여가와 구분해야 했다. 하지만 정치적 시간은 확실히 종교 의식과는 무관하며, 칼뱅주의자가 수용할 만한 용어로 바꿔 표현한다고 해도, 그것은 세속적인 시간이었다. 거기에는 어떤 장벽도 없었고, 칼뱅주의자나 비非신자가 정치에 접근하지 못하게 하는 종교적 시험도 없었는데, 이런 사실은 미국 건국의 아버지들이 추구했던 관용에 기반한 정치를 확립하는 데 중요했다.

칼뱅주의가 채택한 세속적 시간은 미국 건국자들이 합리주의적 이신론자deist(18세기 계몽주의 시대에 신앙을 이성적 진리로 한정한 합리주의 신학을 추종하는 사람들 – 옮긴이)의 입장에서 약속한 내용을 제도화하는 데 중요했다. 특히 콩도르세는 제퍼슨이나 매디슨, 페인Paine과 프랭클린처럼 이신론자였다. 이들에게 과학적 시간은 자연법을 확장한 것이었다. 과학적으로 측정된 시간은 신을 먼 곳에 사는 시계공에 빗댔을 뿐만 아니라, 건국자들이 정치를 통해 실현하고 싶었던 가치를 훌륭하게 대체했다. 제퍼슨이 시간 자체와 시간을 지키는 것에 집착했다는 사실은 프랭클린이 시간 사용법에 관심을 두었다는 것만큼이나 잘 알려진 일이었다. 이들이 시간에 관해 논의한 내용을 보면, 언제나 주제는 삶과 죽음, 구원이 아니라 삶의 균형과 조화, 근면함이었다. 제퍼슨과 그의 동료들은 이민 유예기간의 필요성을 옹호할 때 신의 권위를 언급하지 않았고, 종교와 상관없이 시민의 자격을 평가할 수 있는 세속적 기준을 언급했다. 국민의 요구에 잘 대응하고 이들의 의사를 안정적으로 대표하는 정부가 미신적인 수비학numerology(숫자와 사람, 사물, 장소 등의 연관성을 연구하는 학문 - 옮긴이)과 다르다는 점을 확실히 밝히기 위해 주기적으로 선거를 치르는 제도가 확립되었다. 이 선거 주기는 정치철학자와 사회학자들이 만든 바람직한 의사결정 모형과 매우 비슷했는데, 이들은 정치제도를 통해 세속적이고 합리적인 계몽주의 시대 규범을 적용하고 싶어했다.

그러나 사람들이 시간은 객관적이고 평등하게 '보이는 것'뿐이라고 가정한다는 사실을 간과해서는 안 된다. 다음 장에서 자세히 다루겠지만, 시간이 표시된 법과 정책은 때때로 객관적이지도 않고 평등하지도 않다. 그러나 법과 정책은 객관적이고 평등할 것이라는 가정만으로도 종종 사람들의 마음을 끈다. 옳든 그르든, 이런 직관 덕분에 시간이 표시된 법은 불공정하고 편파적으로 보이는 법보다 훨씬 쉽게 정당화되고 시행된다.

야누스 같은 시간

시간이 정치적 가치를 표현하는 이상적 수단이 되는 이유와 관련하여 마지막으로 짚을 점은 다른 많은 재화에는 앞에서 언급한 시간의 속성들(상황구속성, 계량 가능성, 보편성, 평등성)이 없다는 것이다. 특히, 상황에 영향을 받으면서 동시에 보편적일 수 있는 속성 덕분에, 시간은 야누스처럼 성격이 수시로 변하는 소수의 재화들에 포함된다. 일반적으로 상황구속성이란 보편적이거나 객관적이지 않은 성질로 정의되므로, 보편적이거나 객관적인 것은 상황에 영향을 받을 수 없다. 하지만 정치적 시간의 역설 중 하나는 시간이 사회적 산물이면서 동시에 인간이 만든 법보다 과학법칙에 더 많이 의존한다는 점이다. 여기에서 나는 겉보기에 "세월이 흘러도 변치 않는" 자유주의 정치 구조와 시간이 정당화 혹은 합법화하는 정치 구조를 명확히 구분하지 않고, 그 대신에 시간이 종교적 권위와 세속적 권력 모두를 정당화하는 수단임을 증명하겠다.[37]

　자유민주주의에서 기본권을 다루는 절차들에는 항상 시간이 존재한다는 말은 종종 논거가 부족한 직관의 산물인데, 이때 직관은 과학적으로 측정된 시간이 과정과 가치, 특성과 관계를 측정하고 표현하는 데 다른 수단들보다 좀 더 중립적이고 평등하다는 생각이다. 하지만 이는 믿음에 불과하다. 왜냐하면 과학적으로 측정된 시간이 권리를 관리하기 위한 공정하고 중립적이고 평등한 수단인지 아닌지 질문하는 데에는 그럴 만한 이유가 있기 때문이다. 사실 정치적 시간이 우리의 생각대로 상황에 구속되는 동시에 공정한 시간이 암시하는 대로 중립적이기는 아마도 불가능할 것이다. 하지만 과학적으로 측정된 시간과 중립적일 것이라는 가정(표면적 중립성)이 서로 연관된다는 사실은 중요하다. 이 두 사고방식은 서로 갈등관계다. 나는 시간의 두 얼굴인, 중립적이고 평등한 모습과 상황구속적인 모습 중에서 어떤 것이 시간의 정치경제학이 가진 모습인지 질문을 던지면서, 그 갈등관계를 분석하려고 한다. 하지만 그전에, 다음 장에서는 시간의 정치경제학이 어떻게 작동하고, 특별히 통약 과정이 어떻게 진행되는지부터 자세히 설명하기로 한다.

정치적 시간과 정의

시간은 국가와 국민 모두를 구분하는 주권적 경계를 설정한다. 이 경계 안에는 다른 사람들 및 국가와 정치적 관계를 맺는 민족이라는 집단이 있다. 민족의식peoplehood이라는 것은 시간을 포함해서 여러 힘이 복합적으로 작용해서 형성된다. 연속하는 시간에 다수의 경계가 표시되는 기간은 정치적 절차를 이행할 때 커다란 잠재력을 발휘한다. 시간은 정치적 과정과의 관계는 물론, 특별히 합의를 이끌어내는 추론과 심의, 학습과 인성 개발과 같은 민주적 과정과의 연관성 덕분에 정치적 재화가 된다.

시간을 정치적 재화로 취급하는 절차들이 제도로 만들어진 덕분에, 시간은 정치적 가치를 지니게 되었다. 개인들의 시간은 자본주의로부터 금전적 가치를 부여받았듯이 정치적 가치도 확실하게 인정받았다. 정치적 시간은 정치이론가들이 다양하게 분석할 수 있는 재화다. 시간공식은 정치체제에서 규범적 가치를 드러낼 것이다. 그러므로 이런 공식이 체계화되고 적용되는 방식은 진지하게 고민할 만하다. 절차적 정의가 여러 질문을 일으키듯, 정치가 시민들의 정치적 시간을 다루는 방식도 몹시 다양하다. 한 정치체제가 얼마나 평등한가를 판단하려면, 그것이 국민의 시간을 어떻게 다루는지 평가해야 할 것이다. 이 작업을 체계적으로 하려면, 정치적 시간이 작동하는 방법을 이해해야 한다. 평등한 대우와 그런 평등한 대우에 수반되는 것은 정치이론에서 가장 많이 논의되는 주제이기는 하지만, 그것들과 시간의 관계는 시간이 권리를 관리하는 절차로 흔하다는 사실에도 불구하고, 그렇게 지속적인 관심을 받지는 못했다. 이는 정치적 정의에 관한 핵심 질문들이 충분히 제기되거나 논의되지 못했음을 의미한다. 앞장에서는 영토적 주권이 단독 순간들에 권위를 부여한다는 사실을 증명했다. 이번 장에서는 시간이 가치를 부여받는 과정과 시간의 흐름에 따라 권력이 분산되면서(의사결정 속도를 조절하고 시민 개개인의 시간에 권한을 부여함으로써) 민주화되는 과정을 설명했다. 다음 장에서는 자유민주주의 국가에서 시간이 특별한 역할을 한다는 생각을 받아들여서, 그 역할이 어떻게 드러나는지를 분석한다. 이렇게 하면 시간 거래가 어떻게 체계화되고 그 결과가 무엇인지에 관하여 규범적으로 분석할 수 있을 것이다.

5

시간의 정치경제학

정치적 거래 도구로서의 시간

지금까지 이 책에서 주장한 내용들은 기술적이었다. 그리고 이 책에서는 사회과학이라면 평범하지만 명백한 인간의 활동을 원인과 결과 및 사회적·정치적 삶의 의미를 통찰하는 방식으로 서술해야 한다는 명령도 완수했다. 그런 맥락에서, 이번 장은 시간공식의 본질이 무엇이고, 교환수단인 시간을 사용했을 때 절차적 정의가 어떻게 실현되는지 심도 있게 분석하면서 시작한다. 이번 5장에서는 기간이 권리를 분배하는 절차에서 대단히 중요한 정치적 재화이며, 시간의 정치적 가치가 도구적이면서 표현적이라는 점을 확인한 후, 자유민주주의 국가와 그 시민들이 정확한 기간을 사용해서 권력을 거래하는 방식을 자세히 살펴본다. 또한 시민으로서 갖춰야 할 자질과 경험, 관계 등 질적 요인을 기간을 사용해서 계량적으로 평가할 때 얻어지는 규범적 결과물도 분석한다.

이번 장은 두 부분으로 구성된다. 전반부에서는 4장의 분석 내용을 확장해서, 시간이 정치적 가치를 가진 재화라면, 권리를 획득하거나 박탈당할 때 시간이 교환수단이 되는 정치적 거래 시스템을 '시간의 정치경제학'이라 부르기로 한다. 여기에서는 시간의 정치경제학을 창조한 사상들의 계보를 간단히 살펴보고, 그 결과물이 통약 과정임을 확인한다. 이를 통해 우리는 다양한 정치 과정이 기간을 사용했을 때 드러내는 의미를 통찰할 수 있다. 독특하게도 통약 과정에 사용되는 시간은 상황에 구속되므로 정치에서 적절한 교환수단이 된다. 하지만 일부 사상가들은 통약 과정이 철저히 환원적일 뿐만 아니라 해로운 시장 논리에 묶여 있다고 생각한다. 이번 장에서는 그 두 가지 주장을 평가하고, 통약 과정에 일부 비판받을 요소가 있지만 전체를 비난하는 것은 적절하지 않다고 주장한다.

또한 통약 과정은 효율적이고 여러 규범 사이에서 합의를 도출하는 데 핵심 요소이므로, 국정 운영에 대단히 중요하기도 하다. 특히 앞 장에서 논의한 것처럼 시간에는 다양한 의미가 담겨 있으므로, 시간을 이용한 통약 과정은 모순된 견해들로부터 절차적 해법을 도출할 수 있다.

후반부에서는 4장에서 언급했던 규범적 주장들을 발전시킨다. 어디에나 시간공식이 존재하는 이유 중 일부는 과학적으로 측정된 시간은 계량화할 수 있고, 정치 활동을 수행할 때 중립적이고 심지어 평등한 수단처럼 보이기 때문이다. 그러나 시간에 대한 생각들은 종종 상황에 구속되는 정치 역사에 각인된다. 시간은 공정하고 중립적이면서 동시에 상황구속적이고 배태적일 수 없다. 이런 통찰은 시간적 절차가 혹은 적어도 권리를 수여하거나 거절하는 절차에서 시간적 요소가 공정한지, 중립적인지, 평등한지를 두고 더 많은 연구가 이루어지도록 자극한다. 그런데 시간적 절차는 실제로 공정하거나 중립적이거나 평등할까? 궁극적으로 이번 장은 통약 과정에 관한 오래된 두 가지 비판에 질문을 제기함으로써 결론을 도출한다. 그 두 가지 비판은 통약 과정이 환원적이라는 것과 상업화되지 말아야 할 정치의 영역에 해로운 시장 관행이 침투한다는 것이다. 이를 논의하는 과정에서 시간공식의 독특한 특징들이 드러난다.

하지만 그것은 일부 사람들의 정치적 시간이 제대로 평가받지 못하는 사례에서 증명되듯이, 시간의 통약성의 어두운 면을 드러내기도 한다. 이는 과학적으로 측정된 기간을 평등한 교환수단이라고 생각하는 맹목적 신념에 어긋난다. 어떤 집단이나 개인의 정치적 시간을 평가절하하는 행위에는 이들의 도덕적 가치에 대한 냉소주의가 반영되어 있다. 국민의 시간을 중요하지 않게 생각하는 관행은 국민에게 권리를 부여하는 절차에서 일종의 교환수단으로 돈이나 재산 혹은 생득권이 아닌 시간을 사용한다는 주장의 논거를 크게 약화시킨다.

시간의 정치경제학

기간은 정치적 가치가 부여된 일종의 재화다. 앞 장에서는 자유민주주의에서 권리를 분배할 때 시간이 획득하게 되는 가치의 본질을 분석했다. 이런 시간의 가치는 누가 어떤 권리를 받을 수 있는가를 결정하고, 자유민주주의 국가에서 그 권리를 관리하는 수많은 절차들에서 핵심 요소가 된다. 또한 4장에서는 계량화할 수 없는 규범적 기준을 시간이 쉽게 대체하는 이유들도 나열했다. 수많은 권리 수여 공식에 시간 요소가 포함되어 있음을 확인할 때 시간의 정치적 가치는 분명해진다.

마르크스가 노동시간에 따라 임금 노동자에게 보수를 지급하는 방식을 보여주었듯이, 여러 정치공식은 시간을 토대로 권리 취득자의 적격성을 평가한다. 노동 기반 경제에서 시간이 교환수단이 되었을 때 완전히 새로운 가치를 획득하듯이, 권리 중심 정치에서 교환수단이 된 시간도 마찬가지다. 이런 시간의 정치경제학은 마이클 샌델과 마이클 왈저Michael Walzer 같은 규범이론가들이 우리에게 거래하면 안 된다는 신념을 심어준 정치적 절차들에 거래적 성격을 부여한다.[1] (이번 장에서 시간의 정치경제학에 담긴 거래적 성격을 상세하게 분석한다.) 자유민주주의 국가는 국민에게 공식적으로 권리를 수여하고 거절하기 위해 시간을 포함한 몇 가지 변수를 사용해서 공식을 만들어낸다. 징역형, 이민 승인 전 유예기간, 복지 혜택 수급자격, 낙태 허용 기간 등 권리와 관련된 절차는 그 권리를 주거나 박탈할 때 시간이 핵심 역할을 하는 공식을 사용한다.

시간공식은 상당히 탄력적인 정치 도구다. 이 공식은 다양한 변수를 사용해서 만들 수 있으므로, 권리의 개별 특성을 상당히 정확하게 반영할 수 있다. 예를 들어, 오랫동안 미국과 캐나다의 법은 이성간의 성관계를 우대하기 위해서 성관계 합의 연령을 정할 때 이성과 동성 사이에 차별을 두었다.[2] 미국은 자국민과 결혼했거나 미군에 입대한 이민자에게 2년이라는 시간적 '특혜'를 주어, 유예기간을 5년이 아닌 3년으로 줄여준다. 쿠바에서 온 이민자와 망명 신청자, 군인 등에게도 유예기간에 혜택을 준다. 이와 비슷하게, 미국에서는 10년 주기로 실시하는 인구조사 결과에 따라 선거구를 조정하는데, 법원은 (선거구 조정을 위해) 초단기 수감자를 인구수에 포함하는 방식이 적절한가에 의문을 제기하기 시작했다.[3] 그리고 학군사관후보ROTC 프로그램의 표준 교육 기간은 8년이지만, '육군장교 프로그램Green to Gold'에 선발된 사람에게는 그 기간이 단축될 수 있다. 장학금을 받지 못한 사관후보생을 위해서도 다양한 시간표가 마련되어 있다.[4] 국민에게 권리를 분배하기 위한 이런저런 공식들은 당연히 정확해야 하지만, 거기에는 누구나 이의를 제기할 수 있거나 적어도 질문할 가치가 있는 민주적 규범도 담겨 있어야 한다.

유사 결혼 서약(사실혼), 재산의 법적 이전(취득시효), 성인 재판을 받는 미성년자 흉악범, 형사사건에서 증거 소멸, 직업군(경찰, 군대, 교사 등)마다 다른 정년, 복지 혜택 수급자격 등 권리와 관런된 수많은 규정에는 상황을 고려하고 시간을 사용해서 만든 공식들이 있다. 시간공식은 늘 어디에나 있으므로, 이를 당연하게 여기기 십상이다. 이런 식으로 권리를 거래하는 방식은 현대 정치에서 흔한 현상이다. 또한 굳이 정치로 한정하지 않더라도, 이는 특별히 현대성에 어울리는 방식이다.

시간과 통치 과정, 정치경제학 그리고 시장 논리

시간에 정치적 가치가 있다는 생각은 전근대적 사고지만, 통치 논리는 시간의 가치와 정치경제학이라는 두 용어를 결합해서 시간의 정치경제학이라는 대단히 현대적이고 세련된 개념을 만들어낸다. 시간에 정치적 능력이 있다는 생각은 고대인들이 시간성을 생각하기 시작한 때부터 상식이 되었다. 여가가 시민의 자격 조건이라는 고대의 믿음을 고찰할 때 그와 같은 사실을 확인할 수 있다.[5] 현대에 와서 변한 것은 시간을 측정하는 수단과 새로운 정치 행위에 필요한 수단이다. 시장 중심의 통치 사상에는 시간이 가진 정치적 능력에 대한 오랜 인식과 새로운 기술에 대한 관심이 교차하고 있다. 이런 현상이 시간이나 새로운 기술 때문은 아니다. 하지만 데이비드 랜즈와 E. P. 톰슨 같은 역사가들도 기술했듯이, 시간을 기록하는 현대 기술이 전에는 상상할 수 없을 만큼의 규모로 이념적 변화를 일으킬 수 있다.[6]

푸코Foucault가 통치성의 계보에서 설명한 정치경제학의 기원은 시간의 정치경제학이 발전하는 데 토대를 마련한 정치 구조에 시장과 시장 논리가 어떻게 스며들었는지를 미리 보여준다.

푸코는 다음과 같이 통치성을 정의한다.

> 통치성이란 제도와 절차, 분석과 심사숙고, 복잡하지만 대단히 구체적인 권력을 행사하게 해주는 신중한 계획과 전술의 총체이며, 국가의 통치 대상은 국민이고, 기본 원리로 삼는 지식은 정치경제학이며, 핵심 기술 수단은 안보조직이다.[7]
>
> 본질적으로 통치술이란…… 경제를 도입하는 방법(즉 개인의 재화와 가족의 재산을 관리하고…… 가족의 자산을 늘리는 올바른 방법)과 가족을 살뜰히 보살피는 가장처럼 국가를 관리하는 방법에 관해 묻고 답하는 일과 관련된다.[8]
>
> (중략) 통치술은 경제 모형을 본떠서 그 모형에 따라 권력을 행사하는 기술일 뿐이다.[9]

푸코는 효율성과 합리성 등 경제의 여러 특징이 통치 행위에 맞게 조정되고 적용되는 정치를 표현하기 위해 '정치경제학'이라는 용어를 사용한다. 이런 맥락에서, 시간의 정치경제학이란 효율성과 합리성을 추구했을 때 얻어지는 논리적 결과물이다. 이것은 가족을 보살피듯 통치해야 한다는 목적을 직접 달성했기 때문이 아니다. 실제로, 푸코는 결국 가족이란 통치 모델이기보다는 통치 대상이 된다고 말한다. 그 대신에 시간의 정치경제학에는 권력 행사 방식을 가능한 한 경제 모델로 설명하려는 정치학의 흐름이 반영되어 있다. 푸코의 말처럼, 이 용어는 '편리한' 통치 방식으로 해석되는데, 여기에서 법은 다양한 목적을 달성하게 해주고 각종 수단을 활용할 수 있게 해주는 전천후 전략이 된다.[10] 푸코는 종교에게서 권력을 빼앗기 위해 국민에 대한 지배를 합리화하는 과정으로 통치를 재정의한다.

푸코가 언급한 과정은 16세기 말과 17세기 초에 구체화되었고, 18세기에 자본주의와 함께 꽃을 피운다. 영국의 경제학자이자 철학자인 윌리엄 페티 경Sir William Petty은 17세기에 '정치산술'의 개념을 만든 사람으로 유명하다. 페티는 위험 감소, 예산 기획, 재정 정책, 인구 자료 수집 및 활용 등에 관심이 있었고, 그중 상당수가 푸코의 분석 대상이 되었다. 하지만 정치산술은 결정주의에서 벗어나 보험계리학actuarial science을 활용하려는 움직임을 간단하게 표현한 개념으로, 급성장하는 국가들이 국민을 평가하고 관리해서 궁극적으로 통제하기 위해 이 보험계리학을 이용했다. 그것은 홉스가 말한 정치의 의무, 즉 미래를 길들이겠다는 목표를 달성하게 해주었다.[11]

수치화할 수 있는 것은 안전하다는 느낌을 준다. 인구조사는 점점 복잡해졌고, 국민을 안전하게 하거나 위험에 빠뜨리는 현상들을 계량화해서 국민을 연구하는 수많은 다른 학문과 연계했다. 인구조사나 공중보건학이 새로운 것은 아니었지만, 둘 다 근대로 이행하던 시기에 완성되었다. 널리 알려진 몇 가지 시간공식도 마찬가지였다. 예를 들어, 푸코의 《감시와 처벌Discipline and Punish》은 범죄자들을 고통스럽고 기묘한 방식으로 죽이는 처벌에서 일정 기간 교도소에 수감하는 방식으로 형벌제도가 변화한 과정을 연대순으로 상세히 기록하고 있다.[12] 구금의 역사를 연구하는 학자들은 시간이 포함된 처벌 형식이 널리 보급되어서 이제는 교도소가 빠진 형사사법제도를 상상조차 할 수 없을 정도라고 말한다.[13] 그럼에도 대부분의 인류 역사에서 형벌 제도는 징역형보다는 추방, 고문, 사형을 의미했다. 푸코가 기록했듯이, 변형된 처벌 방식은 국가가 극단적으로 효율적인 국민을 창조하기 위해 어린이를 포함해서 모든 통치 대상의 시간을 광범위하게 통제하고 체계화하는 과정에서 등장했다.[14] 인간의 삶을 계량화하려는 시도와 자본주의 시장의 발전이 동시에 일어났는데, 이는 다수의 학자가 시장경제와 정치경제학의 유사성에 주목하게 된 원인이 되었다.[15]

이런 관점에서 보면, 시간의 정치경제학이 어떻게 혹은 어떤 이유로 뿌리를 내리고 발전했는지 쉽게 파악할 수 있다. 규모가 크고 국민이 효율적인 절차를 요구하는 자유주의 국가를 관리하려면 계량화가 필수적이다. 자유주의 국가는 작은 왕국이나 공화국보다 국민을 덜 구속한다. 현대 국가는 사람들에게 벌을 주고, 귀화를 허락하며, 성숙한 시민의 모습을 설명하기 위해 고도로 효율적인 수단을 필요로 한다. 그리고 이런 효율성은 계량화와 정확성을 요구한다. 만약 시간에 가치가 있고, 그래서 과학적 도구로 이 시간을 정확하게 측정할 수 있다면, 대용물로서 시간의 가치는 대충 계산되지 않는다. 그것은 정확히 계산된다. 이것은 플라톤이

'테크네'라는 개념을 사용해서 주장했던 내용이기도 하다. 이 책에서 설명한 시간공식들은 말로 표현할 수 없는 정치적 자질, 과정, 관계를 관리하기 쉬운 구체적인 상태로 전환해주는 대단히 효율적이고 확실한 절차다. 이런 시간공식들은 푸코가 설명하고, 페티와 그의 동료들이 추구했던 보험통계적 사고actuarial spirit를 구체화한다. 또한 자유민주주의가 발달할수록 시간의 정치경제학과의 관계가 왜 그렇게 밀접해지는지 그 이유를 쉽게 찾을 수 있다. 미국의 시민권 제도는 자유민주주의 사회에 시간의 정치경제학이 등장하기에 알맞은 순간과 상황에 확립되었다. 시계와 달력을 사용해서 추론과 합의를 측정하는 방식은 이원론적이고 합리적이었던 미국 건국자들의 신념과 일치했다. 로크처럼 건국의 아버지들도 정치적 규범을 다루는 영역에서조차 경험주의를 선호했다. 더구나 미국이 건국될 무렵에는 좀 더 광범위하게 여러 의견을 평가하고 통일시키려는 분위기가 무르익고 있었다. 이 시기에 국가와 개인 모두 정치적 관계를 형성할 수 있는 세속적이고 정치적인 시간을 마음에 두기 시작했다.[16] 2장에서 설명했듯이, 18세기 영국의 국채 발행 사례는 과거를 산술적으로 평가한 결과를 토대로 미래 행동을 신용하기 시작한 사회적 변화를 보여주었다.[17] 이와 유사하게, 몇 년 동안 해당 국가에 거주하면서 평생 그 국가와 정치 시스템에 헌신하겠다는 의지를 보여준 사람들에게 영속적인 정치적 지위(시민권)를 부여하는 일도 계량적 도구로 그 사람들의 과거를 평가한 후 그들에게 권리를 확대해주는 것이다.[18] 이와 반대로, 징역형은 시민권을 박탈할 만한 행동을 한 대가로 범죄자에게 시간을 희생할 것을 요구한다.

  3장에서 설명했듯이, 미국처럼 합의를 바탕으로 국가가 운영되는 현대 민주주의 국가들은 민주적 시민정신의 여러 구성요소 중 합의와 권리 획득 요건을 평가하고 측정할 수단이 필요하다. 시간 요소를 도입해서 시민권 제도를 확립했던 미국의 법학자들에게는 합의를 증명하고 심지어 이를 문서화할 수 있는 방법들이 많았고, 그중 일부는 이미 널리 사용되고 있었다. 일례로 국민이 분열되어 합의가 필요할 때는 충성 서약이 훨씬 더 직접적이고 구체적이며 적극적인 표현 수단이 될 것이다.[19] 서약을 의식의 실질적 변화로 여기는 사람들도 있지만, 그런 명시적인 구두 약속이 미래 행위를 효과적으로 예측해주는 지표가 되는지를 두고는 의견이 분분하다.[20] 규모가 큰 자유민주주의 국가가 발전하는 데 적합한 것은 보편적으로 적용할 수 있고, 주관적인 판단이 필요 없으며, 많은 사람들에게 효율성을 가져다줄 정치산술이다. 그렇다고 서약이 불필요하다거나 시민의 적격성을 평가하는 다른 질적 방법들을 포기해야 한다는 의미는 아니다. 하지만 그것은 자유민주주의가 발달하면서 급속히 확산되었던 통일성과 효율성이라는 새로운 정신을 구체화하는 방식을 정치와 경제 모두 채택하게 되었음을 의미했다. 20세기에 이르러, 테일러의 과학적 관리법이 만들어지고 개선되는 동안 시간에 관한 생각도 진화했다. 시간 관리법과 과학적 시간 연구법은 점점 세분화되어, 사람들이 "자신들의

'실제' 이익에 맞게 행동하도록" 자극했다.[21] 과학적 시간 관리법의 지지자와 비판자 모두 그것을 일종의 정치적·도덕적 실천방안으로 보았다.[22]

통약 과정과 정치적 시간

시간의 정치경제학은 통약 과정에 필수적이므로 통일성과 효율성을 갖추었다고 말할 수 있다. 앞 장에서 언급했듯이, 통약 과정은 질적인 것을 계량화한다.[23] 달리 말하면, 통약 과정은 질적이면서 아마도 보이지 않는 무언가가 계량적 도구를 사용해서 표현될 때 시작된다. 통약 과정은 원래 형태로는 비교하기 어려운 사물들을 비교할 수 있게 해준다. 합리적 선택에는 통약이라는 독특한 과정을 통해 다양한 가치를 단일 차원으로 변환하는 작업이 필요하다.[24] 웬디 에스프랜드Wendy Espeland는 "통약 과정이란 모든 차이를 종류의 문제가 아닌 정도의 문제로 바꾸는" 과정이라고 설명한다.[25] 통약 과정은 대용물을 사용해서 구체화하기 어려운 사물들을 비교하는 것을 포함해서 여러 절차를 표준화하기도 한다.[26] 그것은 공통된 측정 도구로 사물을 계량화해서 표현해냄으로써, 이질적인 무형물들을 단순화한다.[27] 통약 과정은 서로 비교하기 어려운 상품들에 금전적 가치를 매기는 시장경제에서도 일어난다. 정확한 기간을 사용해서 특징과 관계, 과정을 구체화하는 것 역시 통약 과정의 예다.

시간이 통약 과정에 사용된다는 사실은 4장에서 시간이 교환

가치를 측정해주는 보편적 수단이 된다는 마르크스의 주장을 언급할 때 이미 드러났다. 공통 기준을 사용해서 노동생산성을 측정하면 노력이나 기술 등 불규칙한 변수들로 노동의 가치를 측정하는 것을 피할 수 있다. 이것이 통약 과정의 전형적인 예다. 이 책의 주제인 시간을 사용하는 경우도 마찬가지다. 성년이나 징역형은 시간의 양을 생생한 정치 경험과 과정을 측정하는 것으로 간주하는데, 그런 경험과 과정은 완전한 시민의 자격을 갖추었다(성인)거나 제대로 처벌(징역형)받았다는 사실을 사회가 인정할 때 필요한 것들이다. 본질적으로 질적인 과정을 계량화하지 않고 국정을 운영하는 현대 국가를 상상하기란 거의 불가능하다. 4장에서는 왜 시간이 자유민주주의에서 대용물로 적당한지 논의했다. 시간은 보편적이고 중립적이며, 쉽게 이용하고 계량화할 수 있는 것처럼 보인다. 시간의 이런 속성들은 유용한 통약 도구가 되기도 한다.

통약 과정과 정치적 목적

통약 과정이 꼭 필요한 이유는 적어도 세 가지 정치적 딜레마 때문이다. 첫 번째 딜레마는 일반적으로 가치들을 서로 비교할 수 없기 때문에 발생한다. 모든 정체의 규범적 토대에는 정치 현장에서 측정되기 어려운 가치와 사상들이 혼재해 있다. 평등, 관용, 자유는 모두 명확하고 통일된 측정지표가 없는 규범이다. 그러면 어떤 정체가 평등한지, 관용적인지, 자유로운지 어떻게 확실히 알 수 있을까? 정책 결정자나 연구자의 어려움 중 하나는 평등하고 관용적이고 자유로운 환경이 어떤 것인지 파악한 다음 그런 환경을 조성하는 일이다. 그 과정에서, 평등은 제대로 된 교육, 전망이 밝은 노동시장, 차별하지 않고 사람들의 기본적 욕구를 만족시키는 것 등으로 정의될 것이다. 혹은 인간의 기본적 욕구를 충족시켜주는 것으로 정의될 수도 있다. 두 경우 모두, 평등이라는 추상적 개념으로는 불가능한 계량화를 통해 평등한 상황을 해석할 수 있다. 미국 교육은 일반적으로 16년간 공립학교를 다니고 표준화된 시험을 통과하면 마무리된다. 전망이 밝은 노동시장은 낮은 실업률이 그 증거가 된다. 사람들이 차별받지 않고 기본적 욕구를 충족하려면, 살 만한 집과 의료보험 등이 필요하다. 이러한 평등 조건은 오늘날 계량 데이터를 사용해서 표현할 수 있다. 관용이나 자유 혹은 다른 가치를 표현할 때도 같은 방식이 이용된다. 측정할 수 없는 것은 계량 지표를 사용해서 표현하면 측정할 수 있다. 이런 측정지표는 시간(16년간 공립학교 교육)이 되겠지만, 고졸 검정고시처럼 모든 지표가 시간과 연관되지는 않는다. 그러나 중요한 점은 그런 지표 덕분에 규범적 임무를 완수해야 하는 국가가 기준을 통일해서 적용할 수 있게 된다는 것이다.

통약 과정과 관련되는 두 번째 딜레마는 기본 원리들 사이에 모순이 발생한다는 점이다. 여기에 대해서는 앞 장에서 간단히 다루기도 했다. 민주주의와 자유주의는 상충한다. 중립적이고 평등한 의사결정을 가능하게 하는 자유주의적 기준들은 윤리적이고 상황구속적이며 경계로 구분된 '데모스'를 필요로 하는 민주주의 기준에 정면으로 배치된다.[28] 중립적이면서 동시에 편파적이고, 경계가 없으면서 동시에 있을 수는 없다. 통약 과정으로는 이 문제를 해결할 수 없지만, 상황에 따라 타협을 유도할 수는 있다. 예를 들어, '데모스' 구성원이 되는 나이를 18세로 정하고, 외국인이지만 해당 국가에 5년간 거주한 성인에게는 시민권을 주기로 한다면, 이는 '데모스'의 경계에 관한 원칙과 외국인을 영원히 준시민권자semi-citizenship로 두지 말아야 한다는 원칙을 조화시킨 것이다. 18세라는 '데모스' 구성원의 자격 조건은 일정 시간이 지나면 정치적 '노모스'에 각인되는데, 이는 마치 귀화 전에 거주기간 요건을 채운 사람들이 시간이 지나면 시민이 되는 것과 같다. 그러므로 시민의 자격 조건을 수치화한 시간 지표로 표현하면 타협이 가능해진다.

가치를 통약하지 못해 발생하는 결과와 다양한 규범들 사이의 모순이 심화되는 상황은 다른 가치보다 우선하는 가치가 무엇인가를 두고 의견을 모으지 못한 경우다. 규범적 질서에 관해 이견이 있을 때, 통약 과정은 단순히 타협의 장을 마련하는 것 이상의 역할을 할 수 있다. 통약 과정은 "망라하는" 역할을 한다. 미국에서 귀화 절차를 두고 심의하던 상황으로 돌아가 보면, 당시 그 논의에 참여한 사람들은 시민이 갖춰야 할 자질을 두고 서로 의견이 달랐다. 이 경우에, 통약 과정에 필요한 통일된 측정지표를 만들면, 심의 참여자들이 각자 생각하는 개인의 자질이라는 요건을 귀화 전 유예기간이라는 요건과 연결해서 생각할 수 있다. 같은 기간에 여러 과정이 한꺼번에 진행될 수 있으므로, 사람들이 충성심을 갖는 동시에 편견을 없애고, 시민으로서 필요한 지식도 갖추는 일이 가능하다. 시민의 자격을 질적으로 측정하는 방식과 달리, 유예기간은 가장 중요한 시민의 자질이 무엇인가 하는 논쟁을 피할 수 있다.

정치적 시간공식을 사용한 통약 과정이 규범적 타협을 이끌어낼 수 있는 것은 부분적으로 그 정치공식이 다양한 권리 획득 기준을 포용한 덕분이다. 여러 과정이 정해진 기간에 한꺼번에 일어날 수 있으므로, 사람들도 같은 기간에 여러 과정이 일어나고 있다고 믿을 것이다. 또한 시간은 정치공식에 포함될 다른 변수들과 짝을 이루기도 쉽다. 성년과 같이 간단한 공식에는 변수가 하나만 있다. 그러나 귀화 공식은 훨씬 복잡한데, 거기에는 충성 서약과 시민권 시험, 인성 평가와 심지어 면접도 포함된다. 이것이 시간공식만의 문제는 아니지만, 이를 굳이 언급하는 이유는 시간공식이 지나치게 환원적이라는 비판을 곧 다룰 것이기 때문이다.

통약 과정과 불완전하게 이론화된 합의

통약이 가능한 정치공식은 캐스 선스타인이 명명한 "불완전하게 이론화된 합의incompletely theorized agreement"(이하, ITA)와 상당히 유사하다.[29] ITA란 심의 참여자들이 어떤 관례를 선택하도록 지침이 되는 일반론에 꼭 동의하지 않아도 그 관례에는 합의할 수 있다는 의미다.[30] 예를 들어, 유예기간을 두는 목적에는 동의하지 않아도 유예기간을 귀화 조건에 포함하는 것에는 합의할 수 있다. 선스타인은 이렇게 쓰고 있다. "법(과 다른 영역)에서 불완전하게 이론화된 합의는 특별한 이점이 있다. 그것은 다양한 사람들이 어울려 살며 합의에 이르고, 오류를 피해 많은 결정을 내리게 한다."[31] 유예기간을 정할 때 기간을 얼마로 할 것인가를 흥정하는 일은 적어도 공통된 측정 단위가 있기 때문에 가능하다. 충성이 신앙심에서 나온다고 생각하는 사람은 그 믿음을 시험하기 위해 유예기간이 필요하다고 생각하는 것처럼, 충성이 정치적 관계에서 나온다고 생각하는 사람은 시민적 유대감을 고취하기 위해 유예기간이 필요하다고 생각한다.

ITA는 (여러 공식들 중에서) 시간공식이 가능하게 한 통약 과정을 필요로 한다. 선스타인은 사람들이 원칙에 합의하지 못할 때 규칙과 유추가 문제 해결의 장을 마련한다고 말한다.[32]

사회 규칙의 핵심 기능은 사람들이 다른 것에는 합의하지 못해도 통치법의 의미와 권위 그리고 심지어 법의 건전성에도 합의하게 한다는 것이다. 기준, 지표, 강력한 유추 등 법문화에서 발견되는 다른 장치들에 관해서도 거의 똑같이 말할 수 있다. 실제로, 법학자가 전통적으로 사용하는 모든 도구는 흥미롭지만 다양한 방식으로, 특정 결과물에 대해 불완전하게 이론화된 합의를 이룰 수 있게 한다.[33]

ITA는 원칙에 이견이 있을 때 합의를 용이하게 하려고 유비적 사고를 사용한다.

ITA처럼, 통약 과정도 유비적 사고를 통해 규칙을 만들어낸다. 이 책의 주제와 관련해서 말하면, 시간은 표현적 가치 혹은 선스타인의 용어로 유추적 가치를 가졌다고 널리 간주되므로, 시간이 명시된 법에는 정치적 힘이 있다. 시간이 가치를 부여받을 때 거치는 과정은 재산이나 생득권, 현금과 같은 다른 중요한 정치적 재화가 빠지기 쉬운 함정이 없는 정치 지표를 만드는 과정이다. 시간에 정치적 가치를 부여하는 법이 어디에나 존재하는 이유는 규칙과 비유가 규범 논쟁을 해결하는 데 대단히 중요하고, 시간은 모든 사회에서 "비유의 구성요소"이기 때문이다.[34] 권리를 분배하는 다양한 정치공식들이 기간과 기한 혹은 둘 중 하나를 사용하고 있음을 명시한 규정은 대단히 많다. 시간은 피할 수 없는 상황이며, 쉽게 비유(유추) 대상이 되고 계량화될 수 있다. 이를 바탕으로, 우리는 유예기간, 징역형, 데드라인, 성년 등을 규정하는 법을 만들어낸다.

선스타인은 ITA가 중요한 이유를 다음과 같이 다섯 가지로 설명한다. 그가 주장하는 내용은 시간이 명시된 법률이 일으키는 통약 과정이 자유민주주의 사회에서 왜 그렇게 흔하고 중요한지 그 이유를 설명하는 데에도 도움이 된다.

1. ITA는 사람들의 견해가 달라도 결론을 도출하고, 규범들에 우

선순위를 매기지 않고 여러 기준이 공존할 수 있게 한다.

2. ITA는 원하는 것을 얻지 못한 사람들의 실질적 손해를 줄여서, 이견에 따른 비용을 절감한다.

3. ITA는 도덕적 발전을 돕는다.

4. ITA는 사람들의 시간과 능력에 한계가 있을 때 유익하다.

5. ITA는 전례를 존중하는 정치 시스템에 잘 맞는다.[35]

나는 위 다섯 가지에 선스타인이 암시했지만 포함하지는 않았던 두 가지 중요한 이유를 다음과 같이 추가하겠다.

6. ITA는 상충하는 규범들이 토대가 되는 정치 시스템에서 정치를 지원한다. 자유주의와 민주주의는 서로 연관되지만, 자유와 자기결정권과 같은 규범이 상충할 때 둘은 서로 다른 결론을 요구한다. 이런 충돌을 ITA는 적당히 넘긴다. 이는 앞의 두 번째 이유와 연관되지만, 규범적 충돌이 드러나든 드러나지 않든 ITA는 그것을 이견에 따른 결과물이라기보다는 정치적으로 불가피한 상황으로 다룬다.

7. ITA가 없으면, 자유민주주의는 본질적으로 상충하는 개념들 때문에 혼란에 빠지게 될 것이다.[36] ITA는 본질적으로 상충하는 개념들을 기반으로 하는 정치 현실에서 실용적인 결과물이다. 시민권, 대표성, 정의는 자유민주주의를 구성하는 개념이며, 이 모든 것이 어떤 의미이고 무엇이 수반되는지에 관해 합의된 것은 전혀

없다. 시민권의 개념을 구성하는 요소들은 근본적으로 상충한다.[37] 사회계약으로서 시민권은 불완전하게 이론화된 합의다. ITA가 없다면, 본질적으로 논쟁적인 시민권의 개념적 특성 때문에 시민의 자격 조건을 명확히 하려는 모든 시도는 억제될 것이다. 이와 유사하게, 선거구를 조정하고 선거 일정을 정하는 공식이 없다면, 대표성에 담긴 본질적으로 논쟁적인 속성이 자치를 실현하려는 모든 시도를 억누를 것이다.

선스타인이 불완전하게 이론화된 합의의 예로 반복한 것 중 하나가 미국의 양형 기준이었다는 사실은 우연이 아니다. 선스타인은 양형위원회Sentencing Commission(입법 기능을 하는 임명 조직)가 범죄의 심각성에 따라 기준안을 마련할 때 겪었던 어려움에 관해 브라이어 판사가 설명한 복잡성을 인용한다.[38] 실제로 선스타인은 징역형과 같은 형벌을 어떻게 정당화할 것인가를 두고 벌어진 논쟁에서 브라이어 판사의 주장을 언급하면서, 형량에 관해 위원마다 생각이 달랐으며, "합리적인 제도라면…… 세분화된 형벌과 범죄 예방이라는 목적을 연계하기 위해 경험적 증거를 따를 것 같지 않았다"고 쓰고 있다.[39] 브라이어 판사가 그 점을 강조하지는 않았지만, 분명히 일곱 명의 양형 위원은 범죄 억제가 형을 선고하는 목적의 전부라는 것에 동의하지 않았을 것이다. 이런 상황에서 양형위원회가 양형 기준을 어떻게 정당화했을지 궁금해진다. 사실, 양형위원회는 양형의 적절한 목적과 관련해서 어떤 일반론도 채

택하지 않았다. 그 대신에 위원회는 전례에 근거해서 다음과 같은 규칙 하나를 택했다. "'위원회는 주로 전형적이거나 평범하고, 실제 과거 사례에 근거해서 양형 기준을 정했다.' 위원회는 평범한 과거 사례로 시작하는(그리고 대개 그렇게 끝나는) 작업의 중요성에 대해 불완전하게 이론화된 합의에 도달했다."[40]

선스타인의 논리는 낙태의 합법성과 같은 곤란한 질문에 쉽게 적용할 수 있다. 형벌과 마찬가지로, 어떤 사람은 낙태 허용을 의료보호를 받을 권리와 연계하고, 어떤 사람은 여성의 필수적 자율권으로 생각하지만, 이를 강력하게 공격하는 쪽에서는 낙태를 명백한 살인으로 간주한다. 임신 3개월까지 낙태를 허용하는 제도는 시간을 사용해서 정치적으로 타협한 경우다. 실제로 그 제도는 낙태가 살인이냐 아니냐를 두고 논쟁하지 않으며, 낙태 허용 기간을 임신 3개월 이내로 제한해서 반인공적semi-artificial(혹은 반자의적) 데드라인을 정한다. 이 데드라인은 타협의 결과이며, 이로써 일부 낙태는 합법적인 것으로 인정하고 나머지는 금지한다. 미국의 몇몇 주에서 낙태를 허용하되 유예기간을 두는 경우도 마찬가지다. 생명의 징후가 확인되는 시기 혹은 자율권이 다른 이익보다 우선하는 경우를 판단하기 위해 시간을 사용함으로써, 우리는 낙태가 살인이냐 아니냐에 관해 극단적 입장을 취하는 모든 사람들을 만족시키지는 못해도 타협은 이끌어낼 수 있다.

ITA는 특히 법과 판례에서 흔하게 볼 수 있지만, 규범을 고수하는 사람들이 결정을 내려야 할 때에도 그것은 중요하다.[41] 종종 우리는 x가 왜 진실인지 정확히 알지 못해도, 그것이 진실이라는 것을 안다. "특정 결과로 수렴된 의견이 불완전하게 이론화된다면, 그것은 관계자들이 마음속으로든 형식적이든 그 결과의 근거가 되는 일반론을 확신하지 않아도 결과 자체에 대해서는 이견이 없는 것이다."[42]

통약 과정에 대한 비판

시간의 정치경제학의 규범성을 평가할 때 통약 과정에 대한 비판은 주로 두 가지다. 첫 번째는 통약 과정이 환원적이라는 비판이다. 두 번째는 시장의 영향을 받지 말아야 할 규범적 영역에 시장적 관행이 침투한다는 비판이다.

환원주의 비판

자유주의에 대한 오랜 비판은 환원적인 통약 과정을 포함하되 거기에 국한되지 않는 절차적 정의를 요구한다는 것이다. 그런 환원주의는 특정 민족이 깊이 간직한 신념에 해를 끼친다. 이는 플라톤이 옹호한 통약 과정에 대해 아리스토텔레스가 비판한 내용의 핵심이었다. 비유법은 철저한 검토가 이루어지지 않는 방법론임에도, 플라톤에게 중요한 기술이었다.[43] 《프로타고라스》에서 소크라테스는 모든 가치를 단 하나의 계량적 도구로 통약할 수 있는 '테크네'가 여전히 '인류'의 삶을 구원할 방법이라고 주장했다."[44] 아리스토텔레스의 시대에, 통약 과정은 과학적 평가 방법으로 인정받았다.[45] 하지만 아리스토텔레스는 가치다원론을 추구했고 통약 과정에는 반대했다.[46] 3장에서 언급했듯이, 아리스토텔레스는 개별 규범들을 추상화해서 결합할 때 불평등이 발생한다고 생각했다. 그는 윤리학이 단 하나의 공통된 개념으로 선을 정의하려는 목표를 가졌다고 비난했다.[47] 선을 하나의 기준으로 축소해서 평가하면, 모든 개별 가치들이 뒤섞이거나 일부가 누락되어 선의 가치가 떨어진다. 이런 관점에서 볼 때, 윤리학이 과학으로 바뀌면 가치에 대한 생각은 완전히 제거된다. 인간은 다양한 재화를 소중하게 여기는데, 그것들을 단 하나의 재화와 바꾸어야 한다면 욕구를 제대로 충족할 수 없다. 질적인 것을 양적인 것으로 표준화하고 변환하는 과정에서 일이 잘못될 수 있다. 그로부터 수백년 후에, 게오르크 짐멜Georg Simmel은 아리스토텔레스처럼, "객관화된 가치는 우리와 가치 있는 것 사이에 거리를 만든다"고 말하면서, 추상적인 통약 과정이 사람들의 관계를 어떻게 변화시키는지 지적한다.[48] 별개의 사회적 의미들이 공존하는 정의의 영역에서는 서로의 구역을 침범하면 안 된다는 마이클 왈저의 주장은 공동체에서 일어나는 통약 과정에 관한 자신의 견해를 표현한다.[49] 즉 왈저가 보기에, 사회에서 어느 한쪽이 다른 쪽을 지배하면, 재화에 가치를 부여하는 원천인 사회적 의미가 일관성을 잃는다. 그 과정에서 변형된 사회적 의미는 파괴될 수밖에 없다.

아리스토텔레스와 현대 자유주의 비판가들 중 누구의 발언인지는 모르겠지만, 통약 과정이 규범과 가치를 뒤섞어서 질을 떨어뜨린다는 우려가 많다.[50] 하지만 그런 우려는 통약 과정이 전적으로 환원적이라는, 다툴 여지가 있는 전제에 근거한다. 아리스토텔레스가 통약 과정을 비판한 내용과 선스타인이 ITA를 옹호한 내용을 비교해보면, 이를 확실히 알 수 있다. ITA는 기본적으로 통약 과정의 한 예다. 그것은 규범적으로 명료성을 갖추거나 합의하지 않은 채 구체적인 결과물을 내놓는다. 그러므로 선스타인의 예를 사용해서 말하면, 최초에 왜 그런 형을 선고했는지에 대해 확신이나 합의가 없어도, 징역형을 선고할 수 있다. 처벌 방식, 범죄의 심각성, 범죄 경력 등에 관해 명확하지 않은 토론을 하고도, 해당 범죄에 대해 상당히 정확한 형(징역 몇 년)이 선고된다.

선스타인이 열거한 ITA의 특징 중 하나가 통약 과정이 환원적이고, 도덕적 의미를 훼손하리라는 추정을 정면으로 반박한다. 선스타인은 ITA의 특징들이 그 이면에 숨겨진 원칙들보다 '더'가 아니라 '덜' 추상적이라고 설명한다. 바꾸어 말하면, 그는 아리스토텔레스와 정반대의 입장을 취한다. 선스타인이 보기에, 징역형을 정당화하기 위해 사용하는 처벌, 재활, 보복, 격리 등의 표현은 추상적인 반면, 징역 5년은 구체적이다. 선스타인은 ITA가 중요하고 흔하게 사용되는 이유가 사람들이 세부적인 규범과 원칙에 좀 더 쉽게 합의하기 때문이라고 생각한다. 여기에서 그는 어떤 결과물이 나오게 된 배경 원칙보다 구체적 결과물에 사람들이 좀 더 쉽게 합의한다는 생각을 뒷받침하기 위해 밀의 사상에 의존한다.[51]

아리스토텔레스와 짐멜의 생각과 밀과 선스타인의 견해 사이의 논쟁을 해결하는 것은 다음의 이유로 중요하다. 이 책의 나머지 부분에서는 시간적 요소를 사용했을 때 정의와 불평등이 발생할 수 있으며, 국가가 집단과 개인의 정치적 시간을 어떻게 다루고 있는지를 살펴본다. 아리스토텔레스에게, 불평등이란 개별 규범들을 뒤섞고 추상화한 결과이며, 그 때문에 규범의 의미가 훼손되고 본래 목적을 달성할 수 없게 된다. 하지만 선스타인의 생각이 맞다면, 아리스토텔레스는 통약 과정에서 불평등의 원인을 찾지 못할 것이다.

시간공식은 풍부하지만 환원적이다?

시간공식은 다양한 변수를 사용하고 통약이 가능하다는 점에서, ITA와 비슷하다. 징역형 선고 공식은 다양한 질적·양적 자료(범죄 경력, 범죄의 심각성, 선행 혹은 악행)를 복역 기간이라는 숫자 하나로 압축한다. 미국에 귀화하고 싶은 사람은 미국 시민권자와 결혼하거나 미군에 입대해서 유예기간을 줄일 수 있다. 둘 다 유예기간을 2년 단축할 수 있는 요건이 된다. 귀화 공식에는 훌륭한 인성이라는 질적 기준도 포함되는데, 이는 귀화 인터뷰 때 평가한다.

정치적 시간공식이 대단히 복잡한 결정을 지나치게 단순화한다는 비판을 받을지 모르지만, 실제로는 꽤 복잡한 상황도 수용해서 종합한다. 징역형이나 유예기간을 정할 때 수많은 다양한 생각들이 개입된다. 최종 결과물이 숫자 하나로 표현되기 때문에 아리스토텔레스는 이것을 환원주의라고 일축할지 모른다. 하지만 기간에 담겨 있다고 증명된 풍부한 의미 덕분에, 우리는 시간공식이 환원적이라는 비판에 의문을 제기할 수 있다. 3장에서 증명했듯이, 기간에는 다양한 규범적 의미가 담겨 있다. 자유민주주의에는 합의, 사회적 유대감, 시민 교육, 충성심, 성숙 등을 포함해서 과정, 관계, 특징과 연관되는 오랜 전통이 있다. 징역 5년이나 유예기간이 환원적이고 단순해 보일지 모르지만, 기간에는 수많은 의미가 담겨 있다. 더구나 다양한 변수를 포함한 귀화 공식에는 여러 지표와 질적 판단이 들어 있다. 다양한 규범과 기준을 아우르는 능력은 시간공식을 다른 통약 과정과 구분해준다.

하지만 시간의 풍부함과 탄력성이 모든 시간공식이 최선책임을 보장하지는 않는다는 증거가 아주 많다. 선스타인이 ITA의 예로 즐겨 사용하는 미국의 양형 기준은 여러 면에서 끔찍하다고 널리 알려져 있다. 양형 기준을 부당하게 적용받았던 사람들은 지나치게 오랫동안 그리고 편견이 개입된 방식으로 수감 생활을 했다.[52] 하지만 시간공식이 부당한 결과를 낳는 이유를 파악하기 위해 노력하다 보면, 그 실패 원인이 정치적 이해관계와 경험적 오판은 물론 다양한 규범 때문이었음이 드러날 것이다. 바꿔 말해서, 다양한 변수와 정보를 고려해서 범죄자에게 징역형을 선고하는 사회도 여전히 부당하게 판단할 가능성이 있다. 만약 어떤 선고가 부당하게 여겨질 때, 그것이 질적 판단이 아니라 양적 판단이었다는 사실은 부당함의 필연적 근거도, 상당한 근거도 아니다. 시간공식에 담긴 규범과 그 공식을 체계화한 방식이 부당함의 근거가 된다. 정당한 규범적 목적과 절차가 없다면, 어떤 처벌 방식도 공정할 수 없다. 그래서 정당한 규범적 목적과 절차가 있을 때, 선고된 형량은 범법 행위에 대한 공정한 결과물이 될 확률이 현저히 높아지는 것 같다. 인류 역사를 통틀어 가장 흔한 처벌 방식이었던 고문이나 사형과 비교하면, 확실히 징역형은 어느 정도 호소력이 있다.

통약 과정과 시장 논리 그리고 상품화

만약 양형 기준처럼 통약 과정이 부당하지만, 통약 과정의 환원성이 부당함의 당연한 근거는 아니라면, 정치공식의 다른 특징에 책임이 있음이 분명하다. 통약 과정에 대한 두 번째 비판은 통약 과정이 시장 논리 및 상품화와 유착하는 과정을 겨냥한다. 같은 맥락에서, 통약성은 시장 논리의 특징 중 하나다. 시장 논리는 상품이 아니거나 상품으로 간주하지 말아야 할 정치적 재화를 상품화해서 정치를 오염시킨다. 그러므로 통약 과정이 시장 논리에 따른다고 비판하는 사람들은 3장에서 언급했듯이, 짧은 유예기간이 시민권을 "지나치게 저렴한 것"으로 만든다는 법학자들의 주장과 대립할지도 모른다.[53] 통약 과정이 문제가 되는 이유는 그것이 상황을 지나치게 단순화하기 때문이 아니라, 질적인 가치를 양적으로 판단할 때 정치가 거래 행위로 바뀌기 때문이다.

통약 과정에 시장 논리가 적용된다는 비난의 내용은 상품화를 연구하는 학자들이 통약 과정을 어떻게 생각하는지를 보면 알 수 있다. 마거릿 래딘Margaret Radin은 통약성을 무언가 상품화되었음을 보여주는 네 가지 지표 중 하나로 간주한다.[54] 대체로 규범적 정치이론가들은 인간의 삶에서 정치를 돈과 시장의 지배를 받아서는 안 되는 영역으로 여긴다. 왈저의 용어로 표현하면, 규범이 지배하는 정치 영역을 시장이 소유하게 되면 정치 자체의 의미가 퇴색한다.[55] 그렇게 되는 이유는 다양하지만, 거기에는 돈이 정치인을 타락시키고 불평등한 절차와 결과물을 야기하리라는 우려가 포함된다. 마이클 샌델은 자신의 책,《돈으로 살 수 없는 것들What Money Can't Buy》에서 "시장적 사고"가 상품의 생산과 분배뿐만 아니라 사회적·정치적 삶도 지배하는 사례들을 비판적으로 소개한다. 샌델은 시장 논리가 정의와 평등 같은 덕목이 설 자리를 빼앗기 때문에 전통적으로 시장이 지배하지 않았던 영역에서 시장 논리가 지배하는 현상을 재고해야 한다고 주장한다. 정치에 침투한 것은 돈뿐만 아니라, 시장에는 적합하나 정치에는 부적합한 재화들에 관한 사고방식도 포함되는데, 정치는 공동의 규범과 평등주의, 공정성이 지배해야 하는 영역이다.

시간공식에는 좋든 나쁘든 거래성이 있다

돈이 아닌 시간을 사용하는 통약 과정이 정치에 주는 혜택은 복합적이다. 통약 과정이 지나치게 환원적이라는 비판과 마찬가지로, 시간의 정치경제학에 거래성이 있다는 사실이 그것을 비판하는 필연적 근거가 되지는 않는다. 통약성과 상품화가 분명히 연관되기는 하지만, 통약 과정의 환원적 속성을 비판할 때처럼, 통약 과정과 시장 논리가 양립하기 때문에 반드시 불평등과 불공정이 발생한다고 생각하면, 장점을 놓칠 위험이 있다. 통약성의 시장 논리는 부당함을 바로잡는 여러 공식들을 만드는 데 충분조건은 아니더라도 필요조건은 된다. 불평등을 파악해서 다루기로 한 결정에는 다양한 사람들의 생활환경을 비교할 수 있고, 비수혜자에게 보상할 방법이 있다는 사실에 대한 합의가 들어 있다. 인종과 성별, 나이와 거주지 등 수많은 상황들이 사람들을 수혜자와 비수혜자로 나눈다. 질적 차이를 다루어야 하는 상황처럼, 불평등을 다루고 해결하려면 통약 과정이 필요하다. 우선, 질적 차이를 확인해야 하는데, 인종이나 성별이 대표성에 불균형을 일으키는 경우가 그런 예에 해당한다. 둘째, 그 질적 차이를 계량적 용어로 표현해야 하는데, 예를 들어 CEO나 선출직 의원 가운데 소수 민족이나 여성들의 숫자가 해당된다. 이런 계량적 표현은 차이를 다루는 정책과 법률에서 사용할 수 있다. 이것들은 교환 거래가 포함된 통약 과정의 정치적 행위다. 돈과 같은 물질 자원으로는 존재하는 모든 불균형을 바로잡을 수 없으므로, 해결되지 못한 나머지 영역에는 정치권력과 사회적 기회 등 비금전적·비물질적 방법을 적용한다.[56]

소수 집단에 특수대표권을 주고, 소수자가 다수인 선거구를 마련하며, 소수 집단 우대 정책을 반복적으로 집행하는 것 등은 통약 과정의 사례들이다. 이런 조처들은 소수 집단이 대표자를 선출할 기회를 산술적으로 계산한 횟수와 대표성을 동일시하고 있다. 소수 집단이 다수인 지역은 대표성을 선거구에서 나머지 사람들 대비 소수 집단의 비율로 변환한다. 물론, 대표성 자체는 본질적으로 다툴 여지가 있는 개념이다.[57] 소수 집단이 대표자를 선출할 기회를 숫자로 계산한 것과 대표성을 동일시하기로 한 결정은 역사적으로 선거 정치에서 소수 집단을 차별했던 행위를 바로잡는 여러 방법들 가운데 하나일 뿐이다. 또 다른 해결책은 법에 소수 집단의 대표성을 명문화하는 것이다. 이는 대표성과 정치권력이라는 맥락에서 선거 비율을 통약 수단으로 만든다.

비수혜자에게 손해를 보상하는 방식을 체계화할 때에도 시간이 거래되는데, 예컨대, 구조적으로 불평등하게 시간을 사용해야 했던 사람들을 위해 별도로 줄을 만들어주는 식이다. 이런 예는 난민과 망명 신청자들에 대한 미국의 귀화 정책에서 발견된다. 미국에서는 경제적 이유나 가족과 살기 위해 이민을 오는 사람들과 달리, 난민과 망명 신청자들에게 귀화에 필요한 체류 기간을 5년에서 3년으로 줄여준다.[58] 이에 더해, 망명 신청이 받아들여진 망명자는 미국에 처음 도착한 때부터 유예기간이 "계산"된다. 인권 탄압을 받은 피해자가 2000년에 미국에 도착해서 2002년에 망명 신청이 받아들여졌을 경우, 비록 처음에는 제대로 서류를 갖추지 않고 (불법으로) 미국 땅에 도착했을지라도 그동안 미국에 체류한 기간을 인정받을 수 있다. 망명자들이 특별대우를 받을 자격이 있다는 생각을 지지한다면, 이런 시간공식은 정의의 눈금을 재조정하는 데 도움을 준다. 이와 유사하게, "특별히 몸이 불편한 사람들"에게는 일반인보다 구속 기간을 줄여주는 새로운 양형 기준이 필요하다고 주장하는 사람들이 있다.[59] 예를 들어, 건강이 좋지 않아서 남들보다 수감이나 독방 생활이 더 힘들다거나 수감자가 지나치게 많은 교도소에서 복역 중인 사람들은 전반적으로 복역 기간이 줄기를 바랄 것이다.

하지만 기존 양형 기준에서 알 수 있듯이, 시간으로 권리를 거래하는 모든 방식이 그렇게 쉽게 정당화되는 것은 아니다. 시간의 정치경제학은 공평하고 공정하며 평등할 수 있는 통약 과정을 활용한다. 하지만 통약 과정이 그 세 가지 덕목 전부를 늘 달성하는 것은 아니며, 어떤 경우에는 정치공식의 의도와 결과가 명백하게 불공평하고, 불공정하며, 불평등하게 나타나기도 한다. 시장과 비슷해 보이던 시간의 정치경제학은 결국 정치적 지배와 착취로 귀결된다. 지금부터는 시간의 정치경제학에 내재된 어두운 면을 살펴본다.

규범적 함의

지금까지 정치적 시간이 보여준 모습은 야누스의 얼굴이라는 말로 잘 설명된다.[60] 겉보기에, 시간은 상황적 규범(민주주의)과 중립적이고 공정한 규범(자유주의)의 요구를 동시에 만족시키는 것처럼 보인다. 권리에 시간적 기준을 적용하는 방식은 무엇보다 계층과 인종의 차이를 초월하고, 널리 사회적 의미를 인정받고 보편적으로 통용되는 수단을 활용하는 것처럼 보이기 때문에, 시민권 요건으로 출생과 재산을 사용하는 방식을 대신한다. 하지만 좀 더 자세히 조사하면, 실제로 시간은 다양한 정치 규범 사이에 타협을 이끌어내고, 타협의 모호한 면은 가려준다. 이런 타협 중 상당수는 특별할 것이 없다. 하지만 어떤 것들은 일부 시민의 시간을 다른 시민의 시간보다 더 소중하게 다루며, 그 결과 정치적 가치를 제대로 인정받지 못한 사람들은 불이익을 받는다.

시간의 정치경제학에서, 특정 개인이나 집단의 시간은 그 가치를 제대로 인정받지 못할 때가 있으며, 그 결과 불이익이 발생하고 영구화된다. 임금 갈취가 노동의 가치를 빼앗는 것을 의미하는 것처럼, 정치적 시간을 과도하게 박탈당하는 경우는 정치적 시간을 갈취당한 것과 다름없다. 취약한 인종적 소수 집단은 종종 과도한 형량을 선고받고, 제한된 시민권을 가진 미성년자가 성인 재판을 받으며, 일부 비시민권자는 자신의 귀화 신청이 받아들여질지 전혀 알지 못한 채 무한정 기다린다. 이런저런 사례에서, 국가는 공정성과 평등이라는 기본 원리와 배치되는 방식으로 국민의 시간을 평가절하한다. 개인이나 집단의 시간에 가치가 거의 없거나 전혀 없다면, 이들은 자신들과 상황이 비슷한 사람들이 이용하는 절차를 통해 권리를 획득하거나 행사할 수 없다.

사람이나 집단의 정치적 시간을 평가절하하는 행위는 평등의 구조적 장애물이다. 이 장애물의 본질을 완벽하게 이해하려면, 그 장애물의 기지에 깔린 도덕적 평등에 대한 공격을 인지해야 한다. 시간은 인간의 경험 및 사회적·정치적 과정과의 관계 덕분에 정치적 가치를 가진다고 알려져 있다. 플라톤과 아리스토텔레스, 콩도르세의 공통된 의견은 우리를 합의하고 자치할 수 있는 시민으로 만들어주는 지혜와 정치적 관계는 일정 기간에 걸쳐 발달한다는 것이었다. 시간이 정치에서 중요한 역할을 하는 이유는 그것이 통약 과정을 가능하게 할 뿐만 아니라 다른 지표들보다 사람들의 관계를 좀 더 평등하게 만들기 때문이다. 누군가의 시간을 평가절하하는 것은 이들의 실제 생활과 생명의 가치를 폄훼하는 것이다. 그것은 철저하게 참정권을 박탈하는 수단이다.

4장에서 증명했듯이, 시간은 국민이 경험하는 과정들에 핵심 요소가 되기 때문에 정치에서 도구적 가치를 획득한다. 시간의 흐름에 따라 전개되는 과정은 어린이를 성인으로 바꾸고, 외국인을 내국인으로 바꾸며, 심지어 범죄성을 없앤다. 콩도르세가 언급한 합의와 진실의 생성도 시간 속에서 이루어진다. 어떤 사람이 다른 국민과 달리 시간에 영향을 받지 않는다거나 시간을 경험하지 않는다고 말하는 것은 그 사람이 불완전하다고 말하는 것과 같다. 만약 특정 인종이나 성별, 계층의 사람들이 상대적으로 시간의 영향을 덜 받는 것처럼 보인다면, 이는 그들이 합의나 진실 추구 행위를 할 능력이 없고 충성심도 부족한 사람임을 의미한다. 어떤 사람의 시간을 평가절하하지 않고 그 사람의 정치적 시간의 가치를 떨어뜨릴 수 없다. 어떤 사람이 아무리 시간을 투자해도 완전한 시민이 될 수 없도록 절차를 진행한다면, 이는 그 사람이 처음부터 정치적 과정에 영향을 받지 못하거나 받을 수 없다는 점을 암시함으로써 그를 도덕적으로 평등하게 대우하기를 거부하는 것이다. 이런 조치는 사회에 위계질서를 만들고, 평등하게 대우받아야 하는 사람들을 배제한다.

도덕적 열등을 차별의 근거로 내세우는 주장과 그런 주장의 한계는 미국에서 벌어진 장기 불법체류자의 지위를 둘러싼 논쟁에서 잘 확인된다. 이들의 지위에 관해서 대체로 세 가지 입장이 있다. 첫 번째는 이들을 추방하고 다시 입국하지 못하도록 혹은 법적 지위를 획득하지 못하도록 막아야 한다는 입장이다. 두 번째는 이들 앞에 상징적인 선을 긋고, 이들이 법적 지위를 확보하기 전까지 선 밖에서 순서를 기다리게 해야 한다는 입장이다. 세 번째는 장기 불법체류자를 신속하게 귀화시켜야 한다고 주장한다. 첫 번째는 불법 입국을 구제 불가능한 범죄 행위로 보기 때문에 "원죄" 입장으로 불린다. 이들이 아무리 오랫동안 법을 준수하며 살았더라도, 불법 입국했다는 오점은 지워지지 않는다. 두 번째 입장은 실제로 공인 절차에 시간이 불필요하다는 사실과 상관없이 그리고 공인 절차가 불편함을 완화하는지와 상관없이, 줄서기가 공인 절차에 정당성을 부여한다고 보는 마이클 샌델의 견해를 공유한다. 세 번째 입장은 입국자가 어떤 사정으로 미국에 왔든, 불법 입국했지만 시민권자처럼 살았다면, 이들이 미국에서 보낸 시간을 시민권 요건으로 인정한다. 첫 번째 입장은 불법 입국이라는 범죄를 도덕적 열등의 증거 혹은 어쩌면 그것을 유발하는 원인으로 다룬다. 이런 관점에서는 다른 시민권 신청자와 똑같이 처신하고 같은 양의 시간을 보낸 사람이라도 합법적인 시민권자의 조건을 획득할 수 없거나 그런 과정을 거칠 수 없다. 여기에 반대되는 세 번째 입장은 다른 외국인처럼 살고 행동한다면, 이들이 경험하는 과정과 불법 입국은 아무 관계가 없다고 주장한다. 이런 관점에서 보면, 시간이 흘러도 변하지 않는 원죄란 없다. 영주권자가 귀화할 때 발생한다고 인정되는 효과는 상황이 비슷한 모든 사람에게 똑같이 작용한다. 첫 번째 입장(원죄)과 나머지 두 입장 사이의 핵심 차이는 첫 번째 입장이 불법으로 국경을 넘은 사람들의 시간을 영원히 무가치하게 여긴다는 점이다. 두 번째 입장에서는 시민권을 받기 위해 불법 입국자가 합법적 입국자보다 더 오래 기다리게 됨으로써, 그들의 시간은 평가절하된다. 세 번째 입장은 불법 입국자의 시간의 가치를 다른 이민자의 것과 거의 동일하게 다룬다.

첫 번째 입장(원죄)의 극단성은 양형 기준을 개선하는 방안을 논의하는 내용에 잘 반영되어 있다. 최소 형량은 범죄 경력과 범죄 유형에 근거한 공식을 사용해서 계산된다. 미국에서 최소 형량 기준은 대단히 긴 형량을 굉장히 많이 만들어냈고, 이는 1980년대

까지 분명한 사실이었다.[61] 지금은 이런 형량이 그 원인이 되는 범죄에 비해 과하다는 인식이 입법부와 사법부, 시민단체에 널리 퍼져 있다. 일반적으로 사회는 도저히 일반 시민과 똑같이 도덕적 판단을 한다고 볼 수 없을 정도로 흉악한 범죄를 저지른 사람에게 종신형을 선고한다. 이런 식으로 도덕성을 의심받는 사람에게는 (복역하는 동안 일어나게 되는 과정이 무엇이든지 상관없이) 처벌과 속죄 과정이 일어나지 않을 것이다. 국가는 극악무도한 범죄가 아닌데도 종신형을 받는 사람들과 불법 입국자들을 정치적 시간의 영향을 경험하는 사람들보다 도덕적으로 열등하다고 여기고, 이들의 시간을 무가치한 것으로 다룬다.

경범죄자에게 가혹한 징역형을 선고하고 사회 구성원으로서 법적 지위를 영구히 박탈하는 조치는 시간의 영향을 받지 않는 사람이 있다는 증거가 없을 때는 정당화되기 어렵다. X가 Y보다 권리를 획득하기 위해 더 오래 기다려야 하는 이유는 무엇인가? X가 다른 사람들보다 더 많은 시간이 걸리는 과정을 겪어야 하는 이유는 무엇인가? 성별이나 성적 지향(주로 동성애)에 근거해서 성관계 승낙 연령을 차별하는 법률도 마찬가지다. 우리는 상황이 비슷한 사람들은 그들이 가진 시간의 가치도 비슷할 것이라고 생각한다. 불법 입국자와 합법적 입국자의 도덕적 지위는 유사한데, 그들의 정치적 지위가 다르다면 이는 균형이 맞지 않아 보인다. 또한 죄를 뉘우치지 않는 살인자와 비폭력적인 상습 마약사범은 도덕적 지위가 다른데도 형량이 유사하다면 이것 역시 불균형적이다.

정치적 시간은 시장경제에서 시간이 가치를 얻는 방법과 유사하게 가치를 획득하기 때문에, 마르크스가 자본주의를 비판한 내용은 시간의 정치경제학의 실패를 분석하는 틀을 제공한다. 마르크스의 비판은 시장경제에서 발생하는 착취에 집중한다. 착취는 노동자가 노동에 투입한 시간과 노력의 결과물을 다른 곳으로 가져간다. 노동과 착취 과정이 반복될수록, 불평등은 심화되고 고착된다. 시간의 정치경제학에서의 착취도 그와 비슷하다.

정치적 착취는 경제적 재화보다는(혹은 경제적 재화와 더불어) 정치권력이 한 개인이나 집단에서 다른 쪽으로 부당하게 이전될 때 발생한다. 국가가 시간의 가치를 평가절하할 국민을 선택할 때 주로 취약계층을 택하는데, 이때 시간에 대한 정치적 착취가 일어난다. 노동시장에서 착취는 노동자에게서 생산수단의 소유자에게로 이익이 이전되는 것이다. 시간의 정치경제학에서 착취는 힘이 약한 사람들에게서 힘이 강한 쪽으로 정치권력이 이전되는 것이다. 국민의 시간은 가장 중요한 정치적 재화 중 하나다. 시간은 각종 권리와 정치권력을 거래하는 데 사용된다. 자신의 정치적 시간이 가치를 제대로 인정받지 못하거나 가치를 잃게 될 때, 이들은 가지고 있던 권력의 일부 혹은 전부를 박탈당한다. 무엇보다 정치적 발언권과 지위, 합의할 기회를 잃는다. 민주주의 사회에서 한쪽이 권력을 잃으면, 나머지 구성원들의 권력이 증가하게 되어 차별화된 권력은 굳어질 가능성이 커진다.

예를 들어, 경미한 범죄에 가혹한 형을 선고하는 최소 형량 기준을 적용받은 사람들과 인종 때문에 가혹한 형벌을 받게 된 사람들은 복역 기간이 더 길다. 선거구를 조정할 때 수감자의 숫자가 포함되지만, 실제로 수감자들은 복역하는 동안 정치적 권리를 많이 잃는다.[62] 또한 이들은 보수를 받지 않고 일한다.[63] 어떤 이는 종신형을 받고, 어떤 이는 영구히 참정권을 박탈당한다. 기소되는 순간 이들의 정치적 시간은 국가에 의해 차별적으로 평가절하된다. 그리고 이런 평가절하와 착취는 가혹한 선고와 결합된다. 당연히 누구나 그렇듯이 이들도 일정 기간 복역하고 나면 자신의 권리를 완전히 회복하리라 기대하지만, 복권은 시기적절하게 일어나지 않는다. 심지어 형기를 마친 후에도 착취는 연장된다. 미국에서는 재판비용과 벌금, 변호사 수수료 등 각종 부대비용을 내지 못해 재수감되는 사람도 있다. 이 때문에 소수 인종이 사법기관의 부당한 대우를 받는 표적이 되거나 벌금을 과하게 부과받거나 결국 재수감되는 경우가 증가하고 있다.[64] 일단 수감되면, 이들의 빚은 더욱 늘어난다. 민족학적·계량적 분석에 따르면, "금전적 제재 monetary sanctions(벌금, 몰수, 추징, 피해자 배상 등 형을 선고받은 범죄자가 짊어지는 모든 금전적 의무 – 옮긴이)가 증가한 결과, 미국 내 형사 피고인의 대다수를 차지하는 가난한 피고인은 죽을 때까지 사법기관의 감시를 받으면서 납입금과 추징금, 이자를 내고 있다."[65] 더욱 심하게는 이 비용을 내지 못해서 재수감되는 사람들도 있다.[66] 사회에 갚은 빚이 추가 빚으로 이어지는데, 이것이 처음에는 돈으로 나중에는 시간의 용어로 표현된다.

경험과 지식의 획득을 포함하지만 거기에 국한되지 않는 과정에 대해 시간이 충분조건은 아니더라도 필요조건은 된다고 3장에서 주장했듯이, 시간 외에 다른 변수가 전혀 없는 시간공식은 제대로 기능하지 못할 것이다. 최소 형량 기준은 가능한 모든 처벌 방식을 선고 하나로 축소하려고 노력했기 때문에 실패했다고 널리 인정된다. 판사의 판단과 다른 방식의 선고는 금지된다. 이런 선고 방식은 플라톤이 제안한 테크네라는 규범적 측정과학에 대해 아리스토텔레스가 표했던 우려의 좋은 예다.

미국에 불법 입국한 사람들에게도 비슷한 착취가 일어난다. 임시 노동자, 학생 등 이민 비자가 없는 무자격 미국인들이 오랫동안 미국에 거주하고 있을지 모른다. 하지만 그 기간은 결코 귀화 요건으로 이어지지 않는다. 수감자처럼, 불법 이민자의 수도 선거구 조정 시에 반영된다. 이들의 정치적 시간 역시 평가절하되고 있다. 앞에서 언급했듯이, 한 집단의 시간이 평가절하되면 (다른 자원 중에서) 정치권력이 그 집단에서 다른 집단으로 이전된다. 시간이 평가절하된 불법 이민자와 수감자는 선거에 참여할 수 없고, 공식적인 대표권도 거의 받지 못하며, 동등한 구성원으로서 받아야 할 물질적·정치적 혜택에서 수없이 배제된다. 이들의 정치적 시간은 보상받을 수 없으며, 그 잃어버린 시간을 보상할 다른 방법도 없다. 그것은 영구적으로 불이익을 주는 일종의 불승인 non-recognition이다.

앞에서 환원성에 대한 아리스토텔레스의 걱정과 샌델의 시장 논리에 따른 분석이 통약 과정에 대한 주된 비판임을 확인했다. 나는 환원성이 시간공식의 필연적 속성은 아니지만, 시장 논리는 좋든 나쁘든 시간공식의 특징이 된다고 주장했다. 시간적 불평등을 일으키는 원인은 아리스토텔레스가 지적한 환원성이 아니다. 착취를 용이하게 하는 시장 논리가 불평등한 규범과 만날 때 시간적 불평등이 발생한다. 정치적 착취는 시간공식이 한 집단의 시간을 평가절하고 이들의 권력을 다른 쪽에 이전할 때 일어난다.

샌델도 이런 역동적 과정을 확인하지만 방향을 뒤바꾸어, "시장이 사회적 규범에 흔적을 남긴다"고 주장한다.[67] 비비아나 젤라이저Viviana Zelizer는 돈의 사회적 의미를 다룬 자신의 책에서 그와 반대되는 관계를 설명하면서, 우리는 맥락이 다른 사람들에도 똑같이 보이는 다른 많은 통화들 중에서 임금, "푼돈", 복권당첨금에 대단히 다양한 규범적 의미를 부여한다고 강조한다.[68] 모든 것에는 나름의 사회적 지위와 의미가 들어 있다. 기존 규범은 시장에 흔적을 남긴다. 젤라이저의 지적은 정치적 시간에도 잘 들어맞는다. 시간에 정치적 가치를 부여하는 모든 사회에서, 가치를 부여할 때 거치는 과정들은 오랜 전통에 의지한다. 이 의미는 어떤 집단의 시간이 평가절하되는 경우에, 오랜 정치적 착취가 정치권력에 심각한 불균형을 일으킨다. 시간의 정치경제학에서, 시간의 가치와 교환에 관한 결정이 있기 전에 발생한 구조적 불평등은 다양한 사람들의 시간에 가치가 매겨지는 방식과 권리와 시간의 교환

조건에 흔적을 남긴다.

시간을 연구하는 사회학자들은 젤라이저의 주장(규범이 돈에 흔적을 남긴다)을 자기 식으로 변형해서, 규범이 시간의 가치를 평가할 때 나타나는 착취적 결과를 일으키는 이유를 명확히 밝힌다. 린 헌트는 바브라 애덤을 인용해서 이렇게 지적한다. 시간적 준거 틀에 모든 사람이 포함되자마자 보편성을 획득하지만, "모든 사람의 시간은, 문자 그대로 모든 경험은 말하자면 존재론적 무게가 같다는 생각을 참아내기란 대단히 어려웠고, 지금도 어렵다."[69] 헌트와 애덤이 인지한 시간과 존재론의 관계는 누군가의 시간을 평가절하하는 것은 그 사람이 정치적 과정에 영향을 받지 않고 합의와 심의, 심사숙고와 학습 등의 행동을 할 수 없다고 간주하는 것이라는 주장을 좀 더 일반화해서 표현한다. 사람들의 노동시간을 보상하는 방식이 다양한 것처럼, 시간의 정치경제학은 모든 사람의 시간이 실제로 똑같이 대우받는 것은 아니라는 점을 보여준다. 1791년에 미국에 온 자유로운 백인 남성은 그가 자유로운 백인 남성이라는 이유로 2년이 지나면 귀화 자격이 주어졌다. 하지만 자유롭지 않거나, 백인이 아니거나, 남성이 아닌 수천 명의 사람들은 시간의 가치를 제대로 인정받지 못했다.[70]

시간이 지날수록, 특정인이 가진 시간을 제대로 평가하지 않음으로써 발생하는 권력의 불균형은 점점 심각해지고 견고해진다. 정치 시스템과 그 시스템 내 규범 논리는 시간의 정치적 가치에 관해 대단히 안정된 규칙들을 만들어낸다. 성년, 귀화 유예기간, 징역형, 정년 등은 사람들의 권리를 결정하기 위해 시간공식에 근거하여 대단히 예측 가능한 공식을 적용한다. 이런 규칙들은 시간에 가치가 있다는 전제하에 만들어지고, 권리 획득과 관련해서 시간에 특별한 가치를 부여한다. 종종 이것들이 자리 잡는 데에는 대단히 오랜 시간이 걸린다. 통약 과정에 관해서 앞에서 설명한 것처럼, 이런 규칙들은 사회 내 주된 규범적 전통들 간에 타협의 산물이기도 하다. 그러므로 시간에 대한 평가는 규범적 전례(오랜 전통)와 합의에 의해 뒷받침된다. 이런 평가와 결과를 표현하는 공식들은 쉽게 변하지 않는다. 이런 광범위하고 두터운 지원 때문에 시간의 정치경제학은 구조적 불평등을 지속적으로 강화한다.

불쾌한 시간적 관행에서 비롯되는 정치적 착취는 시간의 정치적 가치가 명확히 드러나지 않는 경우가 많은 탓에, 특히 계속된다. 시간의 정치적 가치가 명확하다는 인식이 없으면, 시간공식이 실제로는 거래와 관련되지만 그렇지 않은 것처럼 다루기 쉽다. 권력이 거래되는 환경에서 시간의 정치적 가치를 무시하면, 시간적 불평등을 인식하기가 대단히 어렵고, 그것을 감추거나 변명하기는 대단히 쉬워진다. 정치에서 시장적 교환을 비판하는 사람들은 종종 시간을 이용한 통약 과정을 돈이 정치의 영역으로 흘러들게 내버려두고 싶을 때 사용하기 좋은 대안으로 생각한다. 하지만 이들은 돈에만 집중한 나머지, 시장 논리를 따르는 비금전적 거래가 이들이 상품화를 막으려 애썼던 사회적·정치적 삶에 영향을 미친다는 사실을 간과하게 될지도 모른다. 이들은 자신들이 생각하는 공정함과 시간을 이용한 통약 과정이 통합되는 방식을 알아차리지 못할 수도 있다. 자신의 시간이 더 가치가 있다고 생각하는 사람들이 줄을 서는 대신 돈을 주고 입장권이나 의회 출입권, 혼잡도로 통행권 등을 살 때 시장 논리가 적용되는 사례에 집중했던 샌델의 경우도 그 점을 잘 보여준다. 샌델의 첫 번째 불만은 돈과 시장이 "선착순" 원칙을 몰아낸다는 사실이다.[71] 그가 두 번째로 불편하게 생각한 것은 공짜로 얻을 수 있는 물건이 금전으로 거래되고, 경험으로 지불할 비용이 대리 줄서기 비용으로 바뀐다는 점이다.[72] 샌델은 선착순 원칙이 평등하고, 새치기를 위해 돈을 지불하는 행위는 부당하다고 주장한다. 그가 "순서 기다리기" 원칙을 옹호한다는 것은 시장을 통해 분배되지 말아야 할 재화가 상품화되고 거래되는 현상에 반대하고 있다는 의미다.

샌델처럼 줄서기를 옹호하는 사람들은 거주기간 요건, 순서 기다리기, 선착순 원칙이 시간이라는 교환수단이 돈을 대체한 거래 과정이라는 사실을 알지 못한다. 샌델은 선착순 원칙이 평등하고, 돈을 내고 새치기하는 행위는 부당하다고 생각한다. 분명히 그는 앞줄에 선 사람들 전부가 정당한 방법으로 거기에 선 것은 아님을 알고 있다. 하지만 좀 더 중요한 점은 샌델이 특정 영역에서는 시간을 전용하는 것이 돈을 지불하는 것보다 더 공정하거나 더 적절하다는 주장을 전혀 지지하지 않는다는 사실이다. 그는 시간이 돈보다 더 자유롭고 평등하게 이용할 수 있는 수단인지, 혹은 시간이 다양한 재화를 윤리적이고 평등하게 배분하는 수단인지에 관해서는 질문하지 않는다. 줄서기와 기다리기의 정치학을 좀 더 구체적으로 연구해온 다른 학자들도 같은 가정을 두고 논쟁을 벌인다. 캐서린 영Katharine G. Young은 "줄서기에는 두 가지 중요한 배분적 가치인 평등과 응분desert이 드러난다"고 말한다.[73] 줄서기는 재화가 분배될 때 중요한 요소로 간주되지 않으므로, 앞에서 설명한 용어로 표현하면, 사람들은 줄서기를 중립적이고 보편적이라고 가정한다. 다른 학자들은 사람들이 줄서기를 공정하다고 생각하므로, 일단 줄서기 원칙이 확립되면 그것을 침범하는 행위는 부당하게 여긴다는 점에 주목한다.[74] 이런 가정은 샌델과 다른 줄서기 연구자들만 하는 것이 아니며, 그들 역시 이 가정을 허공에서 가져온 것은 아니었다. 조사해보면, 많은 사람들이 선착순 원칙을 공정한 분배 원칙으로, 새치기는 부당한 행동으로 여긴다는 사실이 드러난다.

다른 영역에서는 보편 원칙을 거부했던 샌델이 보편적이기 때문에 줄서기를 지지하는 것 역시 특이하다. 실제로, 분배적 정의 원칙으로서 선착순은 어딘가에서 샌델이 썼던 내용뿐만 아니라, 급진적 자유주의자에서부터 열렬한 공산주의자 그리고 그 사이에 속한 모든 사람들을 포함해서, 사회적 정의에 대한 거의 모든 체계적 접근법과 모순되는 것 같다.[75] 혹자는 이 설득력 있는 철학자가 사람들이 널리 퍼져야 한다고 인정하는 내러티브처럼 각인된 시간성에 대신 의존하기를 기대할 것이다. 예를 들어, 사회는 기회를 얻지 못했던 사람들에게 기회를 분배하거나 연장자에게 특권을 줄 것이다. 이것들은 모두 시간과 관련된 원칙이지만, 선착순 원칙과는 다른 방식으로 환경에 각인되어 있다. 어쩌면 샌델이 지지하는 선착순 원칙이 노직Nozick의 "취득에서의 정의justice in acquisition"와 비슷하다고 생각할 수 있는데, "취득에서의 정의"란 일찍 와서 소유권을 주장하기만 하면 줄을 설 자격을 갖게 되고, 줄을 서면서 시간을 보냄으로써 그 줄의 맨 앞에 놓인 이익을 얻는 상황을 말한다.

어느 쪽이든, 시간의 정치경제학이라는 관점에서 가장 눈에 띄는 점은 문을 지키기 위해 시간을 쓰는 것이 돈을 쓰는 것보다 윤리적으로 더 선호되는 이유를 샌델은 설명하고 있지 않다는 점이다. 이런 누락은 공연장 입장권이나 의회 출입권을 얻기 위해 시간이나 돈을 쓰는 방식 모두 시장지향적임을 그가 알아채지 못했다는 증거가 된다. 양쪽 모두, 문제가 되는 재화의 가치를 매기고 그것을 분배하기 위해 측정 단위를 사용했다. 또한 둘 다 입장권을 얻는 데 가치 있는 재화(시간이든 돈이든)를 지불하게 한다. 사람들은 의원을 만나기 위해 시간을 할애하거나 돈을 낸다. 사용하는 통화와 상관없이, 책정된 가격이 어떤 사람에게는 지나치게 높을 것이다. 그리고 어느 쪽이든, 교환수단에 쉽게 접근하는 사람도 있고 그렇지 못한 사람도 있을 것이다. 교환수단으로 시간을 사용한다고 해서 이익을 지배하는 위계질서가 뒤바뀔 일은 전혀 없다. 여러 일을 하며 시간을 내기가 어렵고 불규칙적인 임시직 노동자보다 로비스트가 의원을 만나기 위해 자기 시간을 "지출"하면서 기다릴 가능성이 좀 더 높다. 그리고 사실이 아닐지라도, 시간을 들여 줄을 서는 일이 돈을 주고 티켓을 사는 일보다 덜 거래적으로 보이는 것은 오직 겉보기에만 그렇다. 의원은 유권자가 자기를 만나기 위해 기다릴 때 설정된 시간의 가격에서 직접 이익을 얻지 않는다. 하지만 시간의 가격을 정하면, 시간에 접근하는 행동은 값을 지불하는 일이 되고 시간은 희소한 것이 된다.

통약 과정에서 돈 대신 시간을 이용하면 거래 행위로 정치가 오염되는 것을 막을 수 있다고 생각한 학자가 샌델만 있지는 않다. 수많은 학자들이 시민권을 쉽게 사는 방식을 호되게 비판한다. 샤차르Shachar와 허쉴Hirshl은 여권과 시민권 영업에 내재된 "시장적 가치평가라는 새로운 문법"을 비난한다.[76] 그들은 시장에 전염되어 부패했다는 비판을 현금을 주고 시민권을 구입할 때는 적용하지만, 시민권에 내재된 시간의 가격 조건에는 적용하지 않는다. 한 번 더 이들은 시간의 정치경제학이 시장경제와 거의 같지 않다고 주장한다. 하지만 시간은 거래된다. 시간공식과 같은 계량적 정치공식은 거래의 관점에서 쉽게 이해된다. 이런 절차들이 금융 거래와 똑같지는 않지만, 어쨌든 거래는 이루어진다. 정치적 가치가 부여된 재화에 의존하는 통약 과정은 시간의 정치경제학에 거래적 성격을 부여한다. 사실 여러 정치적 결정은 실질적으로 거래적이거나, 정치 규범보다 시장 논리가 우선한다는 사실을 겉에서 살짝 가린 거래다. 이는 특별히 권리를 획득하기 위해 정해진 기간만큼 시간을 투자해야 하는 모든 과정에서 사실이다. 일단 국가가 시간에 가치를 부여하면, 권리에 시간의 가격을 매기는 일은 거래적인 모습을 띤다. 그리고 시장경제에서 이루어지는 거래들처럼, 시간공식도 사회의 취약 계층을 착취할 위험이 있다. 그러나 시간이 정치적 재화라는 인식이 널리 퍼져 있지 않을 때, 그런 정치적 착취는 확산되고 지속된다.

상대적으로 공평한 재화로서의 시간

주권과 합의, 정당성과 참정권 등과 시간의 연관성을 인정하는 민주주의 국가는 문제가 되는 국민이 참정권을 박탈당한 전과자든, 귀화 요건에 맞지 않는 장기 체류자든, 모든 국민의 시간을 공정하고 평등하게 다룬다. 국가는 자유민주주의 규범에 따르기 위해 시간의 가치를 평가하고, 사람들에게 권리를 수여하거나 거절하는 시간공식을 만든다.

시간은 민주적 의사결정에서 중요하기 때문에, 타협과 통약 과정과도 관계를 맺는다. 사회 구성원들이 각자 가지고 있는 가치와 신념은 서로 호환되지 않는다. 우리는 시간을 들여 배우고 토론하고 어떻게 결정할지 고민하면서, 그 차이를 극복하려 노력한다. 앞 장에서는 권리를 획득하는 수단으로 기간을 사용하는 방식이 처음에는 평등하게 보이는데, 그 이유가 시간이 재산이나 돈,

출신보다 좀 더 널리 이용되기 때문이라고 설명했다. 출신에 근거한 계급제도는 평등 원칙을 순식간에 무너뜨린다. 이때 시간은 사람들의 생각만큼 평등을 실현하는 역할을 아주 잘 하지는 못하지만, 재산과 출신 등 권리를 분배하는 다른 불평등한 수단들에 비해 여전히 시간은 손쉽고 공평하게 이용할 수 있는 재화다.

통약할 수 없다고 간주되는 가치는 협상에서 전략적 수단을 제공한다. 주고받는 거래가 아니라 가치가 표현되는 방식에 근거한 교환 조건을 거부하면, 통약은 불가능해진다. 그런 이유로, 신성한 땅은 구입할 수 없다. 명예도 거래될 수 없다. 어떤 상황은 영속적 가치를 지니므로, 아무리 시간이 흘러도 변하지 않는다. 그러므로 통약 과정, 특별히 시간과 관련된 통약 과정이 흔하고 중요하기는 하지만, 국가가 정치적 지위나 권리를 바꾸게 해주는 시간공식을 만들려고 하지 않는다면, 그것은 통약 과정만큼 중요한 어떤 신호를 보내는 것이다. 그래서 어떤 사람은 무기수로 살고, 일부 중죄인은 평생 투표할 수 없으며, 한 번 시민권을 박탈당한 사람은 평생 그 나라의 시민이 될 수 없다.

6

시간과 민주주의

민주정치에서 시간의 특별한 가치

　이 책은 시간의 흐름 속에서 단독 순간들이 국가 주변에 시간적 경계를 설정한다는 사실을 언급하면서 시작했다. 이런 시간적 경계는 전통적으로 주권 행사와 밀접한 영토적 경계 못지않게 강력하다. 특정 날짜는 국민들 사이에, 국가 주변에, 시민의 삶을 관통해서 경계를 설정한다. 정치지도political map가 국민국가 주변에 확립된 영토적 경계를 보여주듯, 정치달력은 누가 언제 얼마나 오랫동안 권력을 유지하는가, 누가 어떤 방식으로 그 권력에 지배 받는가 등을 포함해서 한 국가 안에 설정된 시간적 경계들을 보여줄 것이다. 사실 정치달력은 국가 수립, 권력 이동, 다양한 권력 분배 방식 등을 묘사하고 있는 시간지도temporal map다. 정치적 경계를 설정하고 유지할 때 시간이 하는 역할을 인식하고 분석하는 일은 정치에서 포용 혹은 배제 과정을 평가하는 데 대단히 중요하다. 이런 이유로, 정치적 시간지도는 누가 포함되는지, 권력이 어떻게 분배되는지, 권리를 부여하는 기준은 무엇인지 등에 관해 규범적으로 중요한 정보를 준다.

또한 시간적 경계는 주권국가의 국민을 합법적 이민자와 불법 이민자, 미성년자와 성인, 노동자와 은퇴자 등으로 구분한다. (국가 수립일이나 종전일 같이) 특정 순간에 어디에 있었는가가 영원히 자신의 정치적 지위를 결정하기도 한다. 특정 순간들에 강력한 권력을 부여하는 행위가 자의적으로 이루어진다는 사실은 단독 경계가 거의 민주적이지 않다는 점을 보여준다. 특정 순간에 주권이 결정되면, 민주주의와 시민의식이 아닌 권위주의와 국민의식이 등장하기 마련이다.

더디기는 하지만, 주권이 결정되는 순간들을 여러 번 시행하면, 살아있는 합의와 민주적 의사결정을 할 기회가 만들어진다. 합의를 하려면 시간의 흐름 속에서 다양하게 전개되는 학습, 관계 형성, 인성 개발 등의 과정이 필요하기 때문에, 어느 한 순간에 합의가 이루어질 수 없다. 기간은 합의의 전제조건일 뿐만 아니라 그 자체로 중요하기도 하다. 예를 들어, 미국 건국 초기 법학자들은 헌법을 비준하기 위해 일정 기간에 걸쳐 논의하는 과정에서 누구나 선택하고 합의할 수 있다는 것을 확인했다. 민주시민이 갖춰야 할 자질을 규정한 법률들은 시간의 흐름 속에 존재한다.

그러나 헌법 비준 역시 일회성 사건일 뿐이다. 대개 헌법은 주기적 혹은 반복적으로 여러 번 비준하지 않는다. 헌법은 서서히 재해석되기도 하지만, 대체로 내용에 큰 변화가 없고, 시간이 흐를수록 헌법의 내용에 동의한다고 말하는 시민들의 수는 점점 줄어든다. 이는 민주적 자치정부의 정신에 어긋나며, 이 정신은 의사결정을 반복하는 과정에 깃들게 되는데, 그 과정에는 여러 민주적 재화들 중에서 빈번한 심의와 학습, 신규 구성원의 진입과 책임성이 포함된다. 이런 이유 때문에, 반복적 경계는 민주정치에 최적화된 시간적 경계다. 반복적 경계는 주권국의 존립을 위협하지 않으면서 재협상을 허용하는 정치탄력을 수용한다. 민주주의 실현에 필수 과정인 선거와 같은 절차가 굳어지려면 시간이 흘러야 한다.

데드라인이 많아지고 반복될수록, 시간은 민주정치에서 특별한 가치를 획득한다. 시간의 가치는 어느 정도 도구적인데, 그 이유는 중요한 정치적 과정들이 전개되려면 시간이 필요하기 때문이다. 하지만 종종 유예기간과 일정은 기간을 특정 과정 및 기준과 단순히 연결하지 않고, 그것을 모호하거나 정의되지 않은 과정들의 대용물로 다룬다. 우리는 이런 과정들이 일어나고 있는지 아닌지 알지 못하고, 무슨 일이 일어나야 하는지에 대해서 합의조차 하지 못할 것이다. 하지만 선거와 선거 사이에, 귀화하기 전에, 어린이가 어른으로 성숙하는 동안 등 이때 일어나기를 바라는 것이 무엇이든지, 시간이 그런 일들의 대용물로 적합하다는 생각에는 동의한다.

유예기간과 정치 일정은 당연한 것이고, 그것들이 신중한 선택과 설계의 산물이기라기보다 불가피한 것들이라는 생각은 귀를 솔깃하게 한다. 사람들은 정치에 일정한 주기와 계획이 있으리라 기대하고, 적어도 일부 권리는 획득하기까지 기다려야 하는 기간이 합리적이기를 바란다. 하지만 데드라인과 유예기간이 흔하게 존재한다고 해서 그것이 도입 근거가 되지는 않는다. 유예기간이 권리 자격 요건을 평가하는 유일한 방법은 아니다. 다른 질적·양적 방법으로도 시민의 적격성을 평가할 수 있으며, 간혹 그것들이 시간적 방식을 대신하거나 시간적 방식과 병행하기도 한다. 그러므로 시간이 자연스럽고 불가피한 것이었으면 하는 우리의 바람과 상관없이, 시간이 정치적 절차들에서 거의 항상 사용된다는 사실은 중요하고 계속 연구해볼 만한 가치가 있다.

시간이 가진 몇 가지 속성들 때문에 시간은 특별히 민주적 권리와 시민의 자격 조건으로 간주되는 여러 자질과 관계, 인성 등의 대용물이 된다. 첫째, 과학적으로 측정된 시간이라는 개념은 시간이 존재하는 사회적·정치적 맥락에 각인되어 있다. 우리가 달력을 만들고 사용하는 방식과 시간의 의미에 대한 우리의 생각 그리고 시간과 관련된 모든 제도에는 국가의 역사와 국민의 이야기가 켜켜이 쌓여 있다. 시민과 국민에게 시행되는 시간제도가 자연스럽게 느껴지는 이유 중 일부는 그것이 친숙할 뿐만 아니라 다른 익숙한 제도와도 연계되기 때문이다. 그 덕분에 국가가 시민과 국민을 대상으로 시간과 관련된 법과 정책을 시행할 때 발생하는 비용이 줄어든다.

또한 시간은 계량화되고 측정될 수 있다. 대규모 관료제 국가들(근대를 대표하는 정치 단위)에서는 추상적이고 눈에 보이지 않으며 표현하기 어려운 것들을 계량화하는 작업이 반드시 필요하다. 계량화할 수 있는 것은 효율적이고 규칙적인데, 이는 수가 많고 다양한 국민을 통치하는 데 필수적이다. 시간은 우리가 질적인 것으로 생각했던 것들의 규칙성을 파악하게 해주고 그것들을 측정할 기회를 제공한다. 시간이 노동을 임금으로 변환시키는 가장 흔한 수단이 되는 것처럼, 그것은 인간의 행동과 관계 등을 정치적 용어로 변환시키는 편리한 수단이기도 하다. 시간은 대단히 흔하고 추상적인 교환수단으로, 과정들을 권리와 정치적 지위(예컨대 시민)와 같은 구체적 결과물로 다시 표현해준다.

시간이 계량화될 수 있음을 알게 되면, 권리를 거래하는 중립적 수단으로 시간을 생각하게 된다. 사람들이 권리와 시민권을 가질 자격이 있는지 측정할 때 사용하는 수많은 수단과 달리 시간에는 주관적인 요소가 없다. 무엇보다도 시계와 달력은 공정한 판단을 내리는 데 도움이 된다. 우리의 직관이 이런 결론을 뒷받침한다. 예를 들어, 우리는 대체로 줄서기는 본질적으로 공정한 방법이고, 선착순 원칙에 개인적 선호를 주입하거나 새치기하는 행위는 불공평한 일이라고 생각한다.

이 때문에 우리는 정치적 통약을 가능하게 해주는 다른 수단들에 비해 시간이 좀 더 평등한 교환가치라고 생각하게 된다. 시계와 달력은 사람들의 사회적 지위나 인종, 성별 등 변할 수도 있고 변하지 않을 수도 있는 다른 특성들과 무관하게 같은 속도로 움직인다. 그 덕분에 시계와 달력은 중립적일 뿐 아니라 평등한 수단으로 보인다. 누구에게나 하루는 24시간이고, 일주일은 7일이다. 돈이나 혈통, 재산과 달리, 시간은 평등하다. 모든 사람이 부잣집에서 태어나거나 재산을 가질 수는 없지만, 시간은 가질 수 있다. 이와 같이 평등하고 중립적으로 보이는 겉모습은 우리의 경험을 통해 거짓임이 드러나지만, 그럼에도 시간은 종종 정치에서 중립적이고 평등한 수단으로 간주된다. 그래서 법과 정책에서 시간 요소는 공격을 덜 받는다.

시간의 속성들인 계량 가능성과 배태성, 중립적이고 평등하다는 인상이 서로 결합되어, 시간은 정치에서 이상적인 통약 수단이 된다. 통약 과정은 추상적이고 눈에 보이지 않으며, 다른 것과 비교할 수 없는 재화를 비교 가능하고 때로는 교환도 가능한 재화로 바꾸어준다. 통약 과정은 특히 규모가 큰 자유민주주의 국가들에서 필수적인 정치 활동이다. 만약 개인의 자질과 인성 개발, 관계 형성 등 모든 개별 과정들이 합법적인 측정 수단을 사용해서 통일된 정치 용어로 바뀌지 못하면, 국가는 자유롭지도 않고 민주적이지도 않다. 정체는 시간에 정치적 가치를 부여함으로써, 공식적으로 지키겠다고 약속한 자유민주주의 원리를 포기하지 않고도 국민국가의 규모를 갖출 수 있다.

하지만 시간이 통약 과정을 가능하게 하는 조건을 보면, 정치적 착취가 일어나고 있음이 확인된다. 만약 국가가 상황이 비슷한 사람들의 시간을 평등하게 취급하지 않는다면, 우리는 그런 차별을 착취로 간주하고 해당 국가의 행위가 부당하다고 생각할 것이 분명하다. 지나치게 긴 징역형, 희망이 없는 준시민권자 지위, 은퇴 연령 연장, 성인 재판을 받는 미성년자, 정치적 지위나 권리를 얻는 데 비슷한 처지의 사람들보다 훨씬 오래 기다려야 하는 사람들 등의 사례에 내재된 불평등을 확인하려면, 시간을 사용해서 비교 분석하면 된다.

시간성 위에 서 있는 민주주의

대부분의 자유주의 이론과 그 이론가들은 국가가 국민의 시간을 통제할 수 있다는 사실을 암묵적으로 인정한다. 국가의 통제 방식 중 일부는 정치 시스템의 규범적 토대에 부합한다는 점에서 확실히 합법적이다. 다수의 합리적인 일정은 대체로 민주주의 기준과 일치한다. 민주주의 기본 원리에 직접 위배되는 것들은 합법적이지 않다. 이스라엘인은 쉽게 통과하는 지역을 지나가기 위해 오랫동안 줄 서서 기다려야 하는 팔레스타인인은 확실히 불평등한 대우를 받고 있는 것이다. 또한 미국의 양형 기준과 같은 제도는 겉으로 보기에 합법적이지만, 자유주의와 민주주의에 반하는 의도를 품고 합법성을 훼손하는 결과를 야기한다.

하지만 시간이 정치적 가치를 가진다거나 국가가 시민의 시간을 통제한다는 사실에 본질적으로 착취적 요소나 심지어 보수적 요소도 전혀 없다. 정치학의 임무는 국가 내부 혹은 국가 간 존재하는 다양한 시간 관련 법률과 정책을 연구하고, 그것들이 정당한지 그리고 어떤 기능을 하고 어떤 결과를 일으키는지에 관해 경험적·규범적 결론을 도출하는 것이다. 이를 근거로, 더 나은 민주정치를 위해 해야 할 일을 권고한다.

모든 정권과 통치자는 다양한 시간 질서를 설정한다. 일부는 책임성을 확보하기 위해 기간을 활용해서 의사결정 과정과 데드라인을 체계화함으로써 좀 더 민주적인 추세에 따를 것이다. 다른 일부는 그 반대로, 책임을 회피하기 위해 단독 데드라인을 사용해서 규칙을 자의적으로 부과하고 기간에도 제한을 두지 않을 것이다. 어느 쪽이든, 다른 자원이 부족한 개인과 집단이 자신들에게 유리한 방향으로 시간을 동원할 수 있는 상황이 존재한다. 정치적 시간과 관련해서 바로 그런 가능성을 논의하면서 이 책을 끝맺으려 한다.

지금부터는 시간이 공정성과 민주적 정의를 실현하는 방법에 관해 간단히 두 가지를 언급하겠다. 첫째는 진보적 변화를 일으키기 위해, 비교적 민주적이지만 시간의 제약을 받는 정권이나 시간과 관련된 기존 법률 안에서 사람들이 무엇을 할 수 있는지와 관련된다. 두 번째는 민주적 정권에서 제대로 참정권을 보장받지 못한 사람들에게 권력을 나누어주기 위해 기존 규칙을 깨는 방법을 설명한다.

비교적 민주적이지만 시간의 제약을 받는 정권에서, 시민들이 시간과 관련된 기존 법률과 기존 시간 질서의 리듬을 이용하면, 권력을 빼앗긴 사람들에게 권력을 나누어줄 수 있다. 나디아 우르비나티는 콩도르세에 관한 연구를 통해, 시간이란 유권자가 "주기적으로" 대표성을 판단할 수 있게 하는 정치적 무기가 될 수 있다고 주장한다. 나는 격렬한 논쟁을 일으킬 만한 용어를 배제하고 우르비나티의 어조를 누그러뜨려서, 시간의 가치를 인정받는 다양한 행위자들(일반적으로 시민)이 그 시간을 사용할 수 있다는 점에서, 시간은 다른 정치적 재화(예컨대, 돈과 지위, 교육 수준)와 흡사하다고 말하고 싶다. 시간적 경계를 파악하면, 정치권력을 분배 혹은 재분배할 수 있는 기회나 새롭게 타협할 기회가 드러난다. 선거는 거의 모든 사람이 거시적 수준에서 권력이 재조정될 수 있음을 명백하게 확인하게 되는 때다. 하지만 인구조사 결과를 바탕으로 선거구를 조정하는 일부터 난민 임시보호제도Temporary Protected Status와 같이 시간 제한이 있는 정책이나 협약을 연장하는 일에 이르기까지, 모든 일은 과거에 권력을 빼앗겼던 사람들을 위해 권력을 사용하는 방식으로 체계화될 수 있다.

또한 정책수립자들도 기존의 시간적 틀 안에서 정치권력을 재분배하는 완전히 새로운 시간적 경계를 설정할 수 있다. 수십 년간 독일은 미국의 불법 체류자와 유사한 문제로 골머리를 앓았다. 수많은 이주 노동자의 자녀들은 다른 국적이 없었음에도 독일 시민이 될 수 없었다. 결국 비시민권자의 자녀들이 독일 시민권을 선택할 수 있는 연령 기준을 규정하는 법이 제정되었다.[1] 이 법은 이주 노동자의 자녀들이 완전한 시민권을 얻기 위해 넘어야 하는 새로운 시간적 경계를 설정했다. 시간적 경계로 다른 경계를 대체하는 일은 계량적인 통약 과정과 비슷한 결과를 야기할 것이다. 노동시간으로 보수를 결정하는 시스템을 택하면 노동의 다른 속성을 표현할 수 없는 것처럼, 거주기간으로 권리의 자격 유무를 결정하면 권리가 가진 다른 속성들을 표현할 수 없다.

마지막으로 정치학자, 법학자, 정책수립자 등도 규범이 위태롭다고 확인되면, 시간공식을 면밀하게 들여다보고 그 공식들이 민주주의의 기본 원리 및 정의와 관련된 다른 기준들과 어울리는지 질문할 수 있다. 우리는 시간이 관련 법과 공식에 어떤 가치를 집어넣을 수 있는지 물어야 한다. 이것이 규범적·실용적 발전을 촉진할 수 있다. 이론가와 사회과학자들은 시간과 관련된 법이나 정책의 규범적 토대를 밝히고 싶을 것이다. 예를 들어, 미국의 양형 기준은 범죄자의 과거 정보를 취해서 이들의 미래 행동을 예측하기 위해 만들어졌다. 평생 반복적으로 범죄를 저지른 사람은 상습범이 될 가능성이 높기 때문에 형이 가중되지만, 많은 범죄학자들은 가정환경이나 나이 같은 다른 자료가 미래 행동을 더 잘 예측한다고 생각한다.[2] 이런 경우에, 과거 범죄 행위를 과대평가하는 시간공식은 형벌의 실용적 목적을 반영하지 못한다. 잠재적 상습범을 구분해내려는 의도가 훼손되지 않았다면, 기존 공식을 조정하는 양형 개혁이 일어날 수 있다. 물론 만약 미셸 알렉산더 ~Michelle Alexander~ 같은 비판가들의 말이 옳고(많은 사람들이 그렇다고 생각한다), 그래서 양형 기준의 의도가 아프리카계 미국인을 수감하고 이들의 참정권을 빼앗기 위한 것이라면, 양형 기준을 조정하는 일은 일어나지 않을 것이고 일어나더라도 공정하게 벌을 주는 방식으로 조정되지는 않을 것이다. 이런 경우에, 양형 기준은 겉으로는 중립적이지만 실질적으로는 불공평한 기준을 만드는 방향으로 전면 재조정될 것이 분명하다.

어딘가에서 나는 수감된 사람들은 민주시민으로서 갖는 중요한 권리들을 상실하게 되므로 준시민~semi-citizens~이 된다고 주장했다.[3] 참정권을 가진 완전한 시민이 되지 못하면, 언제나 기존 시간 체계 안에서 자신의 지위를 조정할 수 없다. 이런 경우에, 사람들은 완전한 시민에게 유리한 데드라인과 유예기간에서 불이익을 당하게 된다. 기존 시간 규칙과 정책에서 발생하는 불이익은 적어도 그 규칙과 정책의 수만큼 다양하다. 여기에서 나는 시간과 관련된 저항 중 하나인 해체에 집중하려고 한다.

급진주의는 종종 전통적인 방법으로 권력을 행사할 수 없는 사람들이 권력을 전용할 수 있게 시간을 사용함으로써 시간에 대한 기대를 무너뜨리려고 한다. 콩도르세를 반급진주의자로 만든 것은 부분적으로 그의 정치 논문들에 담긴 반급진주의적 내용들이다. 법적 합리성~legal rationality~이라는 전통적 기준을 따르면서 신중하게 속도를 유지하는 헌법체계에서 급진주의자가 되려면 콩도르세와 같은 사상가들이 확립한 시간성을 뒤엎어야 할지도 모른다. 예를 들어, 시위자들은 종종 요구 조건을 제시하거나 새로운 질서를 세우기 위해 시간과 관련된 규범과 기대를 무너뜨린다. 이런 일은 민간 부문에서도 일어날 수 있다. 파업을 일으킨 노동자들은 시간을 이용해서 협상 상대자에 맞서기 위해 작업을 늦추거나 멈추는 방향으로 시간표를 설정한다. 다른 시위나 파업도 같은 논리를 사용해서, 도움을 얻기 위해 동원할 수 있는 사건과 사람들의 시간적 리듬을 흩뜨리려고 한다. 그러나 상징적인 사건이었던 아티카 교도소_{Attica prison} 폭동은 권력을 거의 갖지 못한 사람들이 기존 질서를 해체하는 일이 얼마나 성공하기 어려운지를 보여준다.[4] 그런 경우에 시간은 흔히 국가와 기득권자의 편이며, 그것이 제임스 스콧_{James Scott}의 유명한 표현인 "약자의 무기들" 중 하나가 된다 하더라도 마찬가지다.[5]

정치와 측정된 시간이 교차하는 방식에 관한 사상이 주는 마지막 교훈은 영속성과 관계가 있다. 이 책의 핵심 주장은 어떤 과정들은 사람들의 정치적 지위를 전환해주는 방법으로 널리 인정받는다는 것이다. 이 책에서는 권리가 확대되고 축소되는 사례를 모두 다루었지만, 그런 확대와 축소가 도덕적 관점에서 서로 대립하는 것은 아니다. 권리를 축소하거나 거절하면 권리가 없는 사람들에게 대단히 해로운 결과를 가져온다. 그러므로 권리를 축소하고 거절할 때는 특별히 철저한 조사가 필요하다. 사람들의 시민권을 영구히 박탈하는 경우에는 아무리 철저하게 조사해도 충분하

지 않을지 모른다. 영구적 징벌과 권리 박탈의 예로는 시민권 박탈, 가석방 없는 종신형, 사형 등이 있다

　민주주의는 인간성이 바뀔 수 있다는 신념에 근거한다. 이런 인격 개발 모델은 오늘날 각종 정치적 결정을 재검토해야 한다는 요구를 정당화한다. 이런 시각에서 보면, 선거를 치러야 하는 이유는 대표자들에게 책임성을 부과하기 위해서뿐만 아니라 사람들의 정치적 입장과 욕구, 이념 등도 시간이 흐르면서 인격에 따라 변하기 때문이다.

　경험과 지혜가 축적됨에 따라 시간이 흐르면서 인격이 변한다는 생각은 고대 민주주의 이론에서도 그 기원을 찾을 수 있다. 아리스토텔레스는 경험을 충분히 축적하고 그 경험에 대한 성찰할 기회를 가진 사람만이 '프로네시스'(민주정치에 핵심이 되는 뛰어난 인격과 지혜)에 도달할 수 있다고 주장했다. 3장의 현재중심주의에 관한 논의에서 밝혔듯이, 로크와 근대 초기 사상가들은 변경할 수 없는 법이나 결정에 담긴 독재의 가능성을 걱정했다.

　　로크가 제안한 의회제도는 시간이 흘러도 변치 않는다는 인상을 주는 통치 형태를 찾는 대신, 미래는 예측하기 어려우므로 입법 과정과 행정부의 업무는 예상할 수 없는 일에 대처할 수 있도록 설계되어야 한다는 점을 고려한다.[6]

　다른 것과 양립할 수 있는 발전 민주주의developmental democracy 는

현대 민주주의 이론에서 필수적인 부분이며, 그런 이론 중 세일라 벤하비브Seyla Benhabib의 "반추적 민주주의iterative democracy"는 지식을 축적하고 합의를 도출하기 위해 반복적으로 심의하고 의사결정하는 절차에 의존한다. 하지만 이 책의 결론과 관련해서, 인격이 개발된다는 시각 중 가장 유용한 것은 한나 아렌트의 견해다. 아렌트는 생명이 다할 때에야 비로소 자아를 진정으로 알 수 있다고 썼다.[7] 패첸 마켈Patchen Markell은 우리의 정체성이 행위보다 앞서는 것이 아니라 행위의 결과라고 보는 입장이 아렌트의 특징이라고 설명한다.[8]

정치와 인격의 변하는 속성은 인정의 정치politics of recognition와 좀 더 일반적으로는 민주주의 규범에도 영향을 미친다. 실제로 민주 정치가 가진 속성 중에서 사람(심지어 완전히 성숙한 성인이라도)을 결코 변하지 않는 인격과 욕구, 견해를 가진 정적인 존재라고 가정하는 경우는 극히 드물다. 각종 인격 개발 과정은 사람들이 사는 방식을 예측하기 어려운 상황에서 일어날 것이다. 만약 현재 어떤 사람의 인격이 영원히 변하지 않는다고 가정할 수 없다면, 국가가 권리를 항구적으로 제한하는 것처럼 변화 가능성을 거부해서 영원히 불이익을 줄 수 있다는 생각은 인간의 본성을 근본적으로 잘못 이해한 것이다. 모든 사람의 인격이 변할 수 있다는 가정을 수용하는 민주주의 이론가는 영구적으로 권리를 거부하는 행위에 반대한다. 처벌 문제를 전문적으로 연구하는 정책 분석가와 철학자들은 중범죄자를 처벌하는 방식이 기대와 달리 이들의

인격을 변화시키지 못할 수 있다는 생각에 실망감을 드러낸다.[9]

범죄자를 처벌할 책임이 있는 사회의 구성원들에게도 변화는 일어난다. 매카시즘McCarthyism은 미국에서 반공산주의가 정점에 달했던 현상으로, 당시의 고발 사건 중 상당수가 지금 재검토되고 있다. 제2차 세계대전 중 미국 정부가 일본계 미국인들을 강제 수용소에 구금했던 사건은 오늘날 국가적 수치가 되고 있다. 지금 많은 사람들이 에드워드 스노든Edward Snowden의 행위를 반역적이라고 여기지만, 나중에는 덜 해롭거나 심지어 고귀한 행동으로 생각하게 될 수도 있다. 그런 변화는 공개 재심을 요구하는 새로운 정보 덕분일지 모른다. 하지만 그 변화는 국가 안보나 정부 스파이 활동 관련 기준들이 변경되기 때문에도 일어날 수 있다. 이런 이유 때문에, 모든 민주주의 사회가 시민권 박탈이나 징역형과 같이 대단히 중대한 처벌을 주기적으로 재고할 여지를 남겨두는 것은 이해할 만하다. 그리고 이것은 사형 집행처럼 재고할 수 없는 처벌 방식에 반대하는 이유가 되기도 한다. 영속성과 변경 불가능성은 민주주의의 토대가 되는 시간성에 어긋난다.

심화 연구를 위한 안내

이 책에서 주장하는 내용은 사람들이 종종 당연하게 생각하는 일정과 데드라인 그리고 민주적 시민제도 설계에 중요한 유예기간에 초점을 맞추고 있다. 대부분의 사회과학자들이 시간의 정치적 가치라는 개념에 큰 관심을 두지 않는다는 점에서, 이 책의 접근방식은 분석적이다. 시간의 가치에 관해서는 여전히 수많은 논의가 이루어지고 있다. 시간의 가치를 계량화해서 비교하거나, 구체적인 사례를 들고 시간이 중요한 이유를 명확히 밝히거나, 권리를 구체적으로 거래하는 과정에서 시간이 어떤 역할을 해야 하는가를 두고 논쟁하기도 한다. 그런 접근법은 특수하고 중요하며 부당한 착취를 파악하고 그 특징들을 설명한다는 점에서 규범적이다.

하지만 그 과정에서 많은 것들이 생략되었다. 이 책은 유예기간과 데드라인에 관한 현상학적 경험이나 정치의 속도 등은 거의 다루지 않는다. 또한 명확한 규칙에 따른 대기 상황이 아니라 의도가 있었든 없었든 결과적으로 대기가 발생하게 되는 환경도 논하지 않았다. 그것들을 포함해서 정치적 시간의 다양한 속성들은 대단히 중요하므로, 하나하나 집중해서 다룰 만하다.

정치에서는 기간을 무시하는 경향이 있지만, 개인과 집단의 삶에서 상상할 수 있는 모든 측면을 계량적으로 측정하는 방식이 점점 영향력을 얻어갈수록, 민주시민의 정치적 삶에서 기간의 역할은 크게 확대될 수 있다. 푸코의 관심사였던, 정치질서를 확립할 때 시계와 달력의 중요성은 근대 초기 자본주의 시대 못지않게 오늘날에도 여기저기에서 확인할 수 있다. 새로운 데드라인, 유예기간, 임시 조치 연장 등은 사람들이 주권을 행사하는 범위 안에 경계를 설정하고, 시민권과 연계된 권리를 확대하거나 거부하거나 철회하기 위한 수단을 만들어낸다. 그런 경계는 합법적일 뿐만 아니라, 자유주의와 민주주의의 이론적 토대와 전적으로 일치한다. 눈에 보이지 않는 것을 구체적으로 표현하고, 통약할 수 없는 것을 통약하는 수단으로 시간을 사용하는 일은 본질적으로 강압적이지도 않고 해방감을 주지도 않는다. 하지만 시간이 평등한 수단이라고 가정하거나 반대로 시간적 제약이 합법적이지 않다고 가정하는 것은 시간이 명시된 법과 정책의 의도와 결과를 분석하는 일에 집중하지 못하게 한다. 특히, 무작정 통약 과정 전체를 거부하는 것은 시간을 이용한 통약 과정이 정치에서 민주적 목적을 달성할 수 있는 길을 막는 것이다. 흔히 인간의 숱한 경험과 행동을 비유할 때 사용하는 시간과 같은 것들에서, 통약 과정은 환원적이지 않으면서 인간의 경험과 자질을 눈에 띄게 한다. 그렇다고 시간을 이용한 통약 과정이 전부 공정하고 민주적인 목표를 수행한다는 말은 아니다. 하지만 그런 통약 과정에는 국가가 이해하기 쉬운 용어로 수많은 의미를 표현해낼 능력이 있다. 완전히 서로 다른 목표를 성공적으로 달성하게 해주는 것은 별로 없으며, 바로 그런 이유 때문에 정치 분석가들로부터 집중적으로 관심을 받을 만한 변수는 거의 없다.

주

1 정치와 시간

1 시간을 연구하는 사회학자들은 과학적으로 측정된 시간을 다른 시간들, 예컨대 순환하는 시간, 자연의 시간, 종교적 시간, 생태학적 시간 등과 구별한다. Eviatar Zerubavel, "The Standardization of Time: A Sociohistorical Perspective," *American Journal of Sociology* 88, no. 1(1982); Barbara Adam, *Time Watch: The Social Analysis of Time* (Chichester, UK: Wiley, 2013); Barbara Adam, *Time and Social Theory* (Chichester, UK: Wiley, 2013); E. P. Thompson, "Time, Work‒Discipline, and Industrial Capitalism," *Past & Present* 38 (1967) 참조. 과학적으로 측정된 시간은 명백히 직선적이고, 근대성과 밀접한 관련이 있다. 나는 이 책의 목적에 맞게, 시간이란 역사적 맥락을 드러내는 것이라기보다 시계와 달력으로 측정되는 기간을 의미한다는 점을 강조하고 싶다.

2 Joe Gould and Leo Shane III, "U.S. Congress Passes Waiver for Mattis to Lead Pentagon," *Defense News* (Jan. 13, 2017), www.defensenews.com/articles/us-congress-passes-waiver-for-mattis-to-lead-pentagon

3 Jaeah Lee, "Why Cops Are Told to Keep Quiet after a Shooting: The Controversial Science between the 48-Hour Rule," *Mother Jones* (Aug. 12, 2015), www.motherjones.com/politics/2015/08/why-do-police-departments-delay-interviewing-officers-involved-shootings

4 Karen Orren and Stephen Skowronek, *The Search for American Political Development* (Cambridge University Press, 2004), 75.

5 Margaret R. Somers, "Where Is Sociology after the Historic Turn? Knowledge Cultures, Narrativity, and Historical Epistemologies," in *The Historic Turn in the Human Sciences*, ed. Terrence J. McDonald (University of Michigan Press, 1996), 54.

6 Rebecca R. French, "Time in the Law," *University of Colorado Law Review* 72 (2001): 672.

7 여기에서 내가 사용한 '정치적 시간'은 스티븐 스코로넥의 용어와 다르다. 그는 자신의 책 《*The Politics Presidents Make*》《*Presidential Leadership in Political Time*》에서 대통령들의 의사결정이 이루어지는 맥락을 설명할 때 "정치적 시간"이라는 표현을 사용했다. Stephen

Skowronek, *The Politics Presidents Make: Leadership from John Adams to Bill Clinton* (Cambridge, MA: Harvard University Press, 1993); Stephen Skowronek, *Presidential Leadership in Political Time: Reprise and Reappraisal* (University Press of Kansas, 2008) 참조. 스코로넥의 정치적 맥락은 당대의 이데올로기 및 권력관계와 연관되지만, 이 책에서 다루는 정치적 시간은 국가가 주권자로서 권력을 행사하기 시작한 실제 날짜와 그 기간을 말한다.

8   Jenny Kutner, "Louisiana Is Imposing a 3-Day 'Reflection' Period on Women Seeking Abortions," *Mic* (May 23, 2016), https://mic.com/articles/144150/louisiana-will-forcewomen-to-spend-three-days-thinking-about-if-they-want-abortions#.THpgCu9nr

9   Anna Stilz, *Liberal Loyalty: Freedom, Obligation, and the State* (Princeton University Press, 2009); Arash Abizadeh, "On the Demos and Its Kin: Nationalism, Democracy, and the Boundary Problem," *American Political Science Review* 106, no. 4 (2012); Sarah Song, "The Significance of Territorial Presence and the Rights of Immigrants," in *Migration in Political Theory: The Ethics of Movement and Membership*, eds. Sarah Fine and Lea Ypi (Oxford University Press, 2014); David Miller, "Territorial Rights: Concept and Justification," *Political Studies* 60, no. 2 (2012); Paulina Ochoa Espejo, "Taking Place Seriously: Territorial Presence and the Rights of Immigrants," *Journal of Political Philosophy* 24, no. 1 (2016) 참조.

10   '제로 옵션'이라는 용어는 주권자가 합법적으로 주권을 행사하기 시작한 특정일을 확인해주는 일종의 법적 표현(대개 헌법 조항)이다. 소련과 같은 거대 연방국의 해체와 제2차 세계대전과 같은 무력 충돌의 결말은 국가가 스스로 재건할 때 제로 옵션 규정이 필요하다는 사실을 잘 보여주는 사례들이다.

11   2장에서는 완전한 국민이란 어떤 사람인가를 정하기 위해 제로 옵션 규정을 적용한 실제 사례이자 영국 보통법의 판례로 남은 '캘빈 사건'을 분석한다. *Calvin v. Smith*, 77 Eng. Rep. 377 (KB 1608).

12   Herbert A. Simon, "Theories of Bounded Rationality," in *Decision and Organization*, eds. C.B. McGuire and Roy Radner (London/Amsterdam: North-Holland, 1972).

13   Simon, "Theories of Bounded Rationality."

14   프랑스혁명이 유럽의 정체성에 미친 영향에 관한 논문에서, 피터 프리체는 이원론자의 입장에 서서 "시간의 흐름에 따라 형성되는 정체성은 한 세대가 느끼는 감정과 다르지 않으며, 전 세대나 전전 세대로부터 …… 분리되거나 단절됨으로써" 빚어지는 차별화와 맥락의 공유가 유럽 정체성에 들어 있다고 쓰고 있다. *Stranded in the Present: Modern Time and the Melancholy of History* (Cambridge, MA: Harvard University Press, 2004), 54.

15   *The Taming of Chance* (Cambridge University Press, 1990).

16   *The Fragility of Goodness: Luck and Ethics in Greek Tragedy and Philosophy* (Cambridge University Press, 2001), vol. ii, 107.

17   James C. Scott, *Seeing Like a State: How Certain Schemes to Improve the Human Condition Have Failed* (New Haven, CT: Yale University Press, 1998).

18   통약 작업을 위해 숫자와 합리성의 관계를 파악하려면, Wendy Nelson Espeland and Michael Sauder, *Engines of Anxiety: Academic Rankings, Reputation, and Accountability* (New York: Russell Sage Foundation, 2016) 참조.

19   Theodore M. Porter, *Trust in Numbers: The Pursuit of Objectivity in Science and Public Life*

(Princeton University Press, 1996).

20 '교환 수단'이라는 개념을 비주류적 관점에서 이해한 경우가 이 책이 처음은 아닐 것이다. 특히 루만과 파슨스가 그렇게 이해했다. Niklas Luhmann, *Social Systems* (Stanford University Press, 1995); Talcott Parsons, "On the Concept of Political Power," *Proceedings of the American Philosophical Society* 107, no. 3 (1963) 참조.

21 Martha C. Nussbaum and Rosalind Hursthouse, "Plato on Commensurability and Desire," *Proceedings of the Aristotelian Society, Supplementary Volumes 58* (1984): 57.

22 Nussbaum and Hursthouse, "Plato on Commensurability and Desire," 57.

23 Ibid.

24 Nussbaum, *Fragility of Goodness*, 106.

25 "Incompletely Theorized Agreements in Constitutional Law," *Social Research* 74, no. 1 (2007).

26 Peter B. Hoffman, "Twenty Years of Operational Use of a Risk Prediction Instrument: The United States Parole Commission's Salient Factor Score," *Journal of Criminal Justice* 22, no. 6 (1994).

27 Alessandra Casella, Thomas Palfrey, and Raymond G. Reizman, "Minorities and Storable Votes," *Quarterly Journal of Political Science* 3, no. 2 (2005).

28 Paul Gronke et al., "Convenience Voting," *Annual Review of Political Science* 11 (2008).

29 Ronald J. Krotoszynski, Jr., "A Poll Tax by Another Name," *New York Times: Opinion* (Nov. 14, 2016), www.nytimes.com/2016/11/14/opinion/a-poll-tax-by-another-name.html?_r=1

30 아인슈타인이 이론물리학에서 받은 노벨상은 특별히 광전효과를 발견한 덕분이었다. Paul Rabinow, *Marking Time: On the Anthropology of the Contemporary* (Princeton University Press, 2009), ch. 1.

31 Dan Clawson and Naomi Gerstel, *Unequal Time: Gender, Class, and Family in Employment Schedules* (New York: Russell Sage Foundation, 2014); Thompson, "Time, Work–Discipline, and Industrial Capitalism"; Jerry A. Jacobs and Kathleen Gerson, "Overworked Individuals, or Overworked Families? Explaining Trends in Work, Leisure, and Family Time," *Work and Occupations* 28, no. 1 (2001).

32 Robert E. Goodin et al., *Discretionary Time: A New Measure of Freedom* (Cambridge University Press, 2008); Robert E. Goodin et al., "The Time–Pressure Illusion: Discretionary Time vs. Free Time," *Social Indicators Research* 73, no. 1 (2005); John Urry, "Time, Leisure, and Social Identity," *Time & Society* 3, no. 2 (1994).

33 Laura Sanchez and Elizabeth Thomson, "Becoming Mothers and Fathers: Parenthood, Gender, and the Division of Labor," *Gender & Society* 11, no. 6 (1997); Linda C. Sayer, "Gender, Time, and Inequality: Trends in Women's and Men's Paid Work, Unpaid Work, and Free Time," *Social Forces* 84, no. 1 (2005); Michael Bittman and Judy Wajcman, "The Rush Hour: The Character of Leisure Time and Gender Equality," *Social Forces* 79, no. 1 (2000); Tracey Warren, "Class and Gender-Based Working Time? Time Poverty and the Division of Domestic Labor," *Sociology* 37, no. 4 (2003); Theodore N. Greenstein, "Economic Dependence, Gender, and the Division of Labor in the Home: A Replication and Extension," *Journal of Marriage and Family* 62, no. 2 (2000).

34   Thomas M. Beers, "Flexible Schedules and Shift Work: Replacing the '9-to-5' Workday?" *Monthly Labor Review* 123 (2000); David Harvey, "Time－Space Compression and the Postmodern Condition," in *Modernity: Critical Concepts in Sociology*, ed. Malcolm Waters (London: Routledge, 1999), vol. iv.

35   Kim Bobo, *Wage Theft in America: Why Millions of Americans Are Not Getting Paid–And What We Can Do about It* (New York: The New Press, 2011); Ruth Milkman et al., *Wage Theft and Workplace Violations in Los Angeles* (Los Angeles, CA: Institute for Research on Labor and Employment, 2010).

36   Bob Jessop, "Time and Space in the Globalization of Capital and Their Implications for State Power," in *Rethinking Marxism* 14, no. 1 (2002): 103－5.

37   Paul Pierson, *Politics in Time: History, Institutions, and Social Analysis* (Princeton University Press, 2004).

38   Skowronek, *Politics Presidents Make*, 546; Karen Orren and Stephen Skowronek, "Order and Time in Institutional Study: A Brief for the Historical Approach," in *Political Science in History: Research Programs and Political Traditions*, ed. James Farr et al. (Cambridge University Press, 1995), 296; Liaquat Ali Khan, "Jurodynamics of Islamic Law," *Rutgers Law Review* 61 (2008); Andrew S. McFarland, "Interest Groups and Political Time: Cycles in America," *British Journal of Political Science* 21, no. 3 (1991): 257.

39   Dennis F. Thompson, "Democracy in Time: Popular Sovereignty and Temporal Representation," *Constellations* 12, no. 2 (2005): 245－61; Jessica E. Boscarino, Rogan T. Kersh, and Jeffrey M. Stonecash, "Congressional Intrusion to Specify Specific Voting Dates for National Office," *Publius* 38, no. 1 (2008): 137－51.

40   William E. Scheuerman, *Liberal Democracy and the Social Acceleration of Time* (Baltimore, MD and London: Johns Hopkins University Press, 2004); Hartmut Rosa, "Social Acceleration: Ethical and Political Consequences of a Desynchronized High-Speed Society," *Constellations* 10, no. 1 (2003); *High-Speed Society: Social Acceleration, Power, and Modernity*, eds. Hartmut Rosa and William E. Scheuerman (University Park, PA: Pennsylvania State University Press, 2009).

41   Leonard C. Feldman, "The Banality of Emergency: On the Time and Space of 'Political Necessity,'" in *Sovereignty, Emergency, Legality*, ed. Austin Sarat (Cambridge University Press, 2010); William E. Scheuerman, "Emergency Powers," *Annual Review of Law and Social Science* 2 (2006).

42   Ronald Aminzade, "Historical Sociology and Time," *Sociological Methods and Research* 20, no. 4 (1992).

43   Eviatar Zerubavel, *Time Maps: Collective Memory and the Social Shape of the Past* (University of Chicago Press, 2012); Barbara Adam, *Time* (Cambridge, UK: Polity, 2004), 33.

44   Shannon Stimson, "Rethinking the State: Perspective on the Legibility and Reproduction of Political Societies," *Political Theory* 28, no. 6 (2000).

45   Anthony Giddens, *The Consequences of Modernity* (Cambridge, UK: Polity, 1990): 97.

46   *Social Acceleration: A New Theory of Modernity* (Columbia University Press, 2013).

47   Carol J. Greenhouse, "Just in Time: Temporality and the Cultural Legitimation of Law,"

Yale Law Journal 98, no. 8 (1989); Carol J. Greenhouse, *A Moment's Notice: Time Politics Across Cultures* (Ithaca, NY: Cornell University Press, 1996); Rebecca R. French, "Time in the Law," *University of Colorado Law Review* 72 (2001); Ali Liaquat Khan, "Jurodynamics of Islamic Law," *Rutgers Law Review* 61 (2008); Rosalyn Higgins, "Time and the Law: International Perspectives on an Old Problem," *International and Comparative Law Quarterly* 46, no. 3 (1997); Alison L. LaCroix, "Temporal Imperialism," *University of Pennsylvania Law Review* 158 (2010); Lior Barshack, "Time and the Constitution," *International Journal of Constitutional Law* 7, no. 4 (2009).

48   Jose Brunner, "Modern Times: Law, Temporality and Happiness in Hobbes, Locke and Bentham," *Theoretical Inquiries in Law* 8, no. 1 (2007).

49   Todd D. Rakoff, *A Time for Every Purpose: Law and the Balance of Life* (Cambridge, MA: Harvard University Press, 2002), 57.

50   Jeff Noonan, "Free Time as a Necessary Condition of Free Life," *Contemporary Political Theory* 8, no. 4 (2009): 377–93.

51   Fernand Braudel, *On History*, trans. Sarah Matthews (University of Chicago Press, 1980), 3.

52   시간의 단절과 지속성에 대한 한 사회의 근본적 믿음이 망명자(아무 나라에도 소속되지 못한 사람)의 모습 속에 어떻게 표현되고 있는가에 특별히 관심을 두었던 사람들이 있다. Fritzsche, *Stranded in the Present*, esp. ch. 2, "Strangers" 참조. 코젤렉은 "410년에 서고트의 왕 알라리크Alaric가 로마를 정복한 이후에, 로마에서 북아프리카로 밀려들어갔던 난민의 물결"을 아우구스티누스가 목격한 다음, 그가 두 종류의 세계관을 확립했다는 그럴듯한 주장을 폈다. Reinhart Koselleck, *The Practice of Conceptual History: Timing History, Space Concepts*, trans. Todd Samuel Presner (Stanford University Press, 2002). 뿐만 아니라, 마키아벨리, 코민 Commynes, 귀치아르디니Guicciardini 모두 망명지에서 책을 썼다(ibid.).

53   Thomas M. Allen, *A Republic in Time: Temporality and Social Imagination in Nineteenth-Century America* (University of North Carolina Press, 2008).

54   Nelson, William Max "The Weapon of Time: Constructing the Future in France, 1750 to Year I" (PhD diss., University of California, Los Angeles, 2006). 특히 4장 218–69 참조.

55   David S. Landes, *Revolution in Time: Clocks and Making of the Modern World* (Cambridge, MA: Belknap Press of Harvard University Press, 2000); Vanessa Ogle, *The Global Transformation of Time: 1870–1950* (Cambridge, MA: Harvard University Press, 2015).

56   고대 사상에서 "시간은 특별한 존재가 등장하기 위한 불가피한 조건이었다." John Greville Agard Pocock, *The Machiavellian Moment: Florentine Political Thought and the Atlantic Republican Tradition* (Princeton University Press, 2009), 22.

57   "공화국이나 폴리스는 시민적 덕성을 제도화함으로써 점점 안정되고, 인간의 목적인 정치적 삶을 향해 그 구성 원료가 되는 인간을 개발한다." Pocock, *Machiavellian Moment*, 183.

58   Paulina Ochoa Espejo, "The Time of Popular Sovereignty: Political Theology and the Democratic State" (PhD diss., Johns Hopkins University, 2006), 106.

59   Emile Benveniste, "Le langage et l'expérience humaine", in *Problèmes du langage*, ed. Emile Benveniste (Paris: Gallimard, 1966).

60   Hans Lindahl, "Breaking Promises to Keep Them: Immigration and the Bounds of

Distributive Justice," in *A Right to Inclusion and Exclusion? Normative Fault Lines of the EU's Area of Freedom, Security and Justice*, ed. Hans Lindahl (Oxford: Hart, 2009), 149.

61 Jed Rubenfeld, *Freedom and Time: A Theory of Constitutional Self-Government* (New Haven, CT: Yale University Press, 2001), esp. ch. 6 참조.

62 Frank Michelman, "Morality, Identity, and Constitutional Patriotism," *University of Colorado Law Review* 76 (1998): 399 – 427; Jürgen Habermas, "Constitutional Democracy: A Contradictory Union of Contradictory Principles?" *Political Theory* 29, no. 6 (2001): 766 (trans. William Rehg).

63 Robert E. Goodin, "Temporal Justice," *Journal of Social Policy* 39, no. 1 (2010).

64 William E. Connolly, *Neuropolitics: Thinking, Culture, Speed* (University of Minnesota Press, 2002), vol. xxiii.

65 William E. Connolly, *A World of Becoming* (Durham, NC: Duke University Press, 2011).

66 Jacqueline Stevens, *States without Nations: Citizenship for Mortals* (Columbia University Press, 2010).

67 Hélène Landemore, *Democratic Reason: Politics, Collective Intelligence, and the Rule of the Many* (Princeton University Press, 2013), 20.

68 Paul Pierson, *Politics in Time: History, Institutions, and Social Analysis* (Princeton University Press, 2004), 9.

69 Javier Santiso and Andreas Schedler, "Democracy and Time: An Invitation," *International Political Science Review* 19, no. 1 (1998).

70 Jan-Hinrik Meyer-Sahling, "Time and European Governance: An Inventory," *Archive of European Integration* (paper presented at the Biennial Conference of the European Studies Association, Panel "The Temporality of Europeanisation and Enlargement," Montreal, Canada, May 17 – 20, 2007); Klaus H. Goetz and Jan-Hinrik Meyer-Sahling, "Political Time in the EU: Dimensions, Perspectives, Theories," *Journal of European Public Policy* 16, no. 2 (2009); Klaus H. Goetz, "How Does the EU Tick? Five Propositions on Political Time," *Journal of European Public Policy* 16, no. 2 (2009); Klaus H. Goetz and Jan-Hinrik Meyer-Sahling, "The EU Timescape: From Notion to Research Agenda," *Journal of European Public Policy* 16, no. 2 (2009).

71 Michael Walzer, *Spheres of Justice: A Defense of Pluralism and Equality* (New York: Basic Books, 1983).

72 Melissa S. Lane, *Method and Politics in Plato's Statesman* (Cambridge University Press, 1998).

73 이것이 학자들이 스코로넥의 방법론을 분류한 방식이다. Graham G. Dodds and Stephen Skowronek, "Presidential Leadership in Political Time: Reprise and Reappraisal," *Canadian Journal of Political Science* 41, no. 4 (2008).

74 Anna Grzymala Busse, "Time Will Tell? Temporality and the Analysis of Causal Mechanisms and Processes," *Comparative Political Studies* 44, no. 9 (2010): 1289.

75 엘리자베스 코헨Elizabeth F. Cohen의 미출판 논문 참조.

2 국민국가, 국민, 시민의 주권을 결정하는 시간적 경계

1   Sarah Song, "The Significance of Territorial Presence and the Rights of Immigrants," in *Migration in Political Theory: The Ethics of Movement and Membership*, eds. Sarah Fine and Lea Ypi (Oxford University Press, 2014); Paulina Ochoa Espejo, "People, Territory, and Legitimacy in Democratic States," *American Journal of Political Science* 58, no. 2 (2014): 466 – 78.

2   Robert Goodin, "Enfranchising All Affected Interests, and Its Alternatives," *Philosophy & Public Affairs* 35, no. 2 (2007): 40 – 68.

3   "On the Demos and Its Kin: Nationalism, Democracy, and the Boundary Problem," *American Political Science Review* 106, no. 4 (2012): 867 – 82; Goodin, "Enfranchising All Affected Interests, and Its Alternatives," 40 – 68.

4   Eviatar Zerubavel, *Time Maps: Collective Memory and the Social Shape of the Past* (University of Chicago Press, 2012), 12.

5   Zerubavel, *Time Maps*, 26.

6   Jed Rubenfeld, *Freedom and Time: A Theory of Constitutional Self-Government* (New Haven, CT: Yale University Press, 2008), 139.

7   Anthony Giddens, *Consequences of Modernity* (Cambridge, UK: Polity, 1990); Michel Foucault, *Discipline and Punish: The Birth of the Prison* (New York: Vintage, 1979); Henri Bergson, *Time and Free Will: An Essay on the Immediate Data of Consciousness* (New York: Dover Publications, 2001).

8   Jens Bartelson, *A Genealogy of Sovereignty* (Cambridge University Press, 1995), vol. xxxix, 1221.

9   *Genealogies of Citizenship: Markets, Statelessness, and the Right to Have Rights* (Cambridge University Press, 2008), 274 – 7.

10 Sanja Perovic, *The Calendar in Revolutionary France: Perceptions of Time in Literature, Culture, Politics* (Cambridge University Press, 2012), 6.

11 Perovic, *Calendar in Revolutionary France*, 30.

12 Ibid., 26.

13 Stephen Brockmann, "German Culture at the Zero Hour," *Dietrich College of Humanities and Social Sciences* (Research Showcase at Carnegie Mellon University, 1996), 7.

14 Brockmann, "German Culture," 12.

15 Rosemary H.T. O'Kane, "Cambodia in the Zero Years: Rudimentary Totalitarianism," *Third World Quarterly* 14, no. 4 (1993): 735.

16 *Periodization and Sovereignty* (Philadelphia, PA: Pennsylvania University Press, 2008), 6.

17 Davis, *Periodization and Sovereignty*, 80.

18 Perovic, *Calendar in Revolutionary France*, 13.

19 Davis, *Periodization and Sovereignty*, 142.

20 Ibid., 92.

21 Ibid., 83.

22 이 시점에서 시간적 경계의 실질적 작동원리에 관심이 있는 독자라면 시간성에 관한 정치 사상사를 건너뛰고 다음으로 넘어가고 싶을 것이다.

23 Davis, *Periodization and Sovereignty*, 108 (citing Antonio Negri, *Insurgencies: Constituent Power and the Modern State* (University of Minnesota Press, 1999), vol. xv, 23).

24 John Greville Agard Pocock, *The Machiavellian Moment: Florentine Political Thought and the Atlantic Republican Tradition* (Princeton University Press, 2009), 53 – 6. 시간을 연구하는 학자들은 초기 신학자들이 시간을 "영원성의 하위 분야"로 취급했다고 지적한다. Carol J. Greenhouse, "Just in Time: Temporality and the Cultural Legitimation of Law," *Yale Law Journal* 98 (1989): 1634.

25 Pocock, *Machiavellian Moment*, 8.

26 Martha C. Nussbaum, *The Fragility of Goodness: Luck and Ethics in Greek Tragedy and Philosophy* (Cambridge University Press, 2001), vol. ii, 107.

27 Ibid.

28 Jose Brunner, "Modern Times: Law, Temporality and Happiness in Hobbes, Locke and Bentham," *Theoretical Inquiries in Law* 8, no. 1 (2007): 286.

29 Ibid., 285 – 6.

30 Ibid., 305.

31 *Periodization and Sovereignty*, 105.

32 *Genealogy of Sovereignty*, 194.

33 John Greville Agard Pocock, *Virtue, Commerce, and History* (Cambridge University Press, 1985), 112ff.

34 *Periodization and Sovereignty*, 124.

35 *Revolution in Time: Clocks and the Making of the Modern World* (Cambridge, MA: Belknap Press of Harvard University Press, 1983), 96.

36 Rachel St. John, *Line in the Sand: A History of the Western US–Mexico Border* (Princeton University Press, 2011).

37 Anna Stilz, *Liberal Loyalty: Freedom, Obligation, and the State* (Princeton University Press, 2009).

38 Thomas Pogge, *World Poverty and Human Rights: Cosmopolitan Responsibilities and Reforms* (Cambridge, UK: Polity, 2002); Goodin, "Enfranchising All Affected Interests," 40 – 68.

39 Abizadeh, "On the Demos and Its Kin," 867 – 82; Goodin, "Enfranchising All Affected Interests," 40 – 68.

40 Margaret Moore, *A Political Theory of Territory* (Oxford University Press, 2015); Song, "Significance of Territorial Presence."

41 Joseph H. Carens, *Immigrants and the Right to Stay* (Cambridge, MA: MIT Press, 2010); Elizabeth F. Cohen, "Reconsidering US Immigration Reform: The Temporal Principle of Citizenship," *Perspectives on Politics* 9, no. 03 (2011), 575 – 83.

42 내가 어딘가에 썼던 것처럼, 이런 식의 "준시민권자"는 구체적 예를 들면서 현대 국가를 설명할 때 대단히 중요하다. Elizabeth F. Cohen, *Semi-Citizenship in Democratic Politics* (Cambridge University Press, 2009).

43 Bernadette Meyler, "The Gestation of Birthright Citizenship, 1868 – 1898: States' Rights, the Law of Nations, and Mutual Consent," *Georgetown Immigration Law Journal* 15 (2001): 519; Polly Price, "Natural Law and Birthright Citizenship in Calvin's Case (1608)," *Yale Journal of*

Law and Humanities 9, no. 1 (1997): 83 – 4, 113, 115.

44 *Calvin v. Smith*, 77 Eng. Rep. 377, 399 (KB 1608).

45 Ibid., 382.

46 '캘빈 사건'은 스코틀랜드에서 태어난 사람들이 받은 귀족 작위가 잉글랜드에서도 똑같이 적용되는 것은 아니라는 점을 논하고 있지만, 그것이 핵심은 아니다. (ibid., 394).

47 덧붙이자면, 여기에 주목한 사람들이 몇몇 있었다. Price, "Natural Law and Birthright Citizenship," 117; Mary Sarah Bilder, *The Transatlantic Constitution: Colonial Legal Culture and the Empire* (Cambridge, MA: Harvard University Press, 2004), 36 참조.

48 *Calvin v. Smith*.

49 John Greville Agard Pocock, *The Ancient Constitution and the Feudal Law: A Study of English Historical Thought in the Seventeenth Century* (Cambridge University Press, 1987), 56.

50 *Calvin v. Smith*, 398.

51 *Diasporas and Ethnic Migrants: Germany, Israel and Russia in Comparative Perspective*, eds. Rainer Munz and Rainer Ohliger (London: Routledge, 2004), 109.

52 최근 마지막으로 개정된 독일 기본법 조항은 제116조로, 2012년 7월 11일에 연방법령관보 제3편, 분류번호 100-1로 공고되었다(연방법령관보 I, 1478쪽).

53 Isabel Kaprielian-Churchill, "Rejecting 'Misfits': Canada and the Nansen Passport," *International Migration Review* 28 (1994): 283.

54 이것은 이탈리아의 "실지회복irredentism"운동과 밀접한 관련이 있다. Thomas Ambrosio, *Irredentism: Ethnic Conflict and International Politics* (Westport, CT: Praeger, 2001) 참조.

55 8 USCA § 1407 (West 2015).

56 Jeff Chinn and Lise A. Truex, "The Question of Citizenship in the Baltics," *Journal of Democracy* 7, no. 1 (1996): 133 – 47.

57 Davide Greene, "Crimean Tatars Pressured to Become Russian Citizens," *National Public Radio* (Oct. 28, 2014, 4:39 am ET), www.npr.org/2014/10/28/359512062/crimean-tatars-pressured-to-become-russian-citizens

58 Kuwait: Ministerial Decree No. 15 of 1959 promulgating the Nationality Law, http://gulfmigration.eu/kuwait-ministerial-decree-no-15-of-1959-promulgating-the-nationality-law; Justin Schuster and Eric Stern, *Diplomatic Discourse* (The Politic, 2015), 454.

59 Katherine Southwick and Maureen Lynch, "Nationality Rights for All: A Progress Report and Global Survey on Statelessness," *Refugees International* (March 2009): 51.

60 Rainier Baubock, *Migration and Citizenship: Legal Status Rights, and Political Participation* (Amsterdam University Press, 2006), ch. 2.

61 Daniel J. Tichenor, *Dividing Lines: The Politics of Immigration Control in America* (Princeton University Press, 2002), ch. 5.

62 Terry Shropshire, "Mayor Kasim Reed Considers Curfew in Atlanta," *Atlanta Daily World* (July 15, 2016), http://atlantadailyworld.com/2016/07/15/mayor-kasim-reed-considers-curfew-in-atlanta

63 Roque Planas, "Thousands of Dominicans Woke Up This Week without Citizenship in Any Country," *Huffington Post* (Feb. 3, 2015), www.huffingtonpost.com/2015/02/03/dominicans-

citizenship_n_6606336.html

64   Anna O. Law, "Lunatics, Idiots, Paupers, and Negro Seamen – Immigration Federalism and the Early American State," *Studies in American Political Development* 28, no. 2 (2014): 107 – 28.

65   Homer Hawkins and Richard Thomas, "White Policing of Black Populations: A History of Race and Social Control in America," in *Out of Order? Policing Black People*, eds. Ellis Cashmore and Eugene McLaughlin (New York: Routledge, 1991): 68; Allan Colbern, "Regulating Movement in a Federalist System: Slavery's Connection to Immigration Law in the United States," 10 – 12(Allan Colbern의 미출판 원고).

66   Rogers M. Smith, *Civic Ideals: Conflicting Visions of Citizenship in US History* (New Haven, CT: Yale University Press, 1997), 253 – 4.

67   Colbern, "Regulating Movement in a Federalist System," 17 – 18. 난폭하고 인종차별적인 치안유지활동과 사법정책을 통해 "새로운 짐 크로new Jim Crow"가 등장하고, 이는 보호관찰대상자가 다른 주에 가려면 허가증이 필요하다는 점을 이용해서 미국 흑인들이 자유롭게 통행할 수 있는 시간을 실질적으로 제한하는 결과를 낳는다고 누군가 주장할지도 모르겠다. Michelle Alexander, *The New Jim Crow: Mass Incarceration in the Age of Colorblindness* (New York: The New Press, 2010) 참조.

68   Immigration Reform and Control Act, 8 USC § 1254a(1986).

69   Willem Maas, "Freedom of Movement Inside 'Fortress Europe,'" in *Global Surveillance and Policing: Borders, Security, Identity*, eds. Elia Zureik and Mark B. Salter (Cullompton, UK: Willan, 2005), ch. 14.

70   State Water Resources Control Board, "The Water Rights Process," California Environmental Protection Agency, www.waterboards.ca.gov/waterrights/board_info/water_rights_process. shtml (last visited Aug. 8, 2016).

71   Driadonna Roland, "Sovereign Law Made Cliven Bundy a 'Patriot' But Korryn Gaines 'Crazy': An Explainer on the Controversial Beliefs Gaines May Have Held," *Revolt* (Aug. 8, 2016), https://revolt.tv/stories/2016/08/10/sovereign-law-made-cliven-bundy-patriotkorryn-gaines-crazy-3517d33d30

72   P. J. Brendese, "Black Noise in White Time: Segregated Temporality and Mass Incarceration," in *Radical Future Pasts: Untimely Political Theory*, eds. Romand Coles, Mark Reinhardt, and George Shulman (University Press of Kentucky, 2014).

73   성관계 승낙 연령을 법으로 제한하는 것은 혼인 적령과 같은 다른 합의 가능 연령을 제한하는 것과는 다르다. 법적 성관계 승낙 연령은 본래 여자아이와 미혼 여성의 처녀성을 보호하기 위해서 마련된 제도다. 그런 이유로, 성관계 승낙 연령이 항상 성 중립적인 것은 아니었다. 동성 간 성행위에 대한 승낙 연령 역시 사회의 불평등한 기준을 반영하고 있다. 이런 차별의 중요성에 관한 간단한 논의는 5장을 참조하라.

74   민주정치에서 시간적 경계와 관련된 질문들 중 일부는 선거주기를 연구하는 정치학 분야에서 철저히 분석하고 있다. 관련 연구 내용은 다음 장에서 다룬다.

75   Sanford Levinson, "'WHO COUNTS?''SEZ WHO?,'" *St. Louis Law Journal* 58 (2014): 937 – 1189.

주

76 "The Temporal Dimension of Voting Rights," *Virginia Law Review* 93, no. 2 (2007): 409 – 10.

77 *Shelby County, Alabama v. Holder*, 133 S. Ct. 2612 (2013).

78 Ibid.

79 Cox, "Temporal Dimension of Voting Rights," 379.

80 Ibid., 377 – 8.

81 Ibid., 381 – 2.

82 Pocock, *Ancient Constitution*.

83 "Nation's Historians Warn the Past Is Expanding at an Alarming Rate," *The Onion* 51, no. 3 (Jan. 22, 2015), www.theonion.com/articles/nations-historians-warn-the-past-is-expanding-at-a,37827

84 Eli Hager, "The Willie Bosket Case: How Children Became Adults in the Eyes of the Law," Marshall Project (Dec. 29, 2014), www.themarshallproject.org/2014/12/29/thewillie-bosket-case

85 Patrick Griffin et al., "Trying Juveniles as Adults," 13, www.ncjrs.gov/App/abstractdb/AbstractDBDetails.aspx?id=172836

86 www.nbcnews.com/health/health-news/judge-cassandra-c-cant-go-home-amid-cancer-treatments-n334086

87 그런 식으로 해서, 반복적 경계는 시간의 흐름에 따라 경계를 조정함으로써 죽은 자가 산 자를 지배하지 못하게 해야 한다는 토머스 제퍼슨의 권고를 이행할 수 있게 된다.

3   민주주의와 기간 그리고 살아있는 합의

1   Hélène Landemore, *Democratic Reason: Politics, Collective Intelligence, and the Rule of the Many* (Princeton University Press, 2013), 20.

2   Daniel Kryder and Sarah Staszak, "Constitution as Clockwork: The Temporal Foundations of American Politics" (prepared for annual meeting, American Political Science Association, working paper, 2006); Karen Orren and Stephen Skowronek, *The Search for American Political Development* (Cambridge University Press, 2004).

3   예를 들어, 더글러스 래는 이렇게 썼다. "무엇을 평등하게 할 것인가라는 질문에 대한 답은 평등해야 할 영역, 즉 공평하게 나누어야 하는 것들과 관련된다. 평등의 범위를 간략히 설명하기 위해서 대체로 종류, 수량, 시간, 특수 관계 등 자연 언어의 용어들이 사용된다." *Equalities* (Cambridge, MA: Harvard University Press, 1981), 45.

4   *Value in Ethics and Economics* (Cambridge, MA: Harvard University Press, 1993), 15.

5   폴리나 오초아 에스페효는 과정이 완전히 임의적이지는 않더라도 어쨌든 덜 통제적인 반면 절차는 구체적이라고 말한다. *The Time of Popular Sovereignty* (University Park, PA: Pennsylvania State University Press, 2011), 143, 148.

6   Stephen Linstead and John Malarkey, "Time, Creativity, and Culture: Introducing Bergson," *Culture and Organization* 9, no. 1 (2010), 6. 베르그송은 문화와 사회, 역사 모두 과정적이라

고 생각했다.

7   엘리자베스 코헨Elizabeth F.Cohen의 미출판 논문 참조.

8   과학과 안전의 관계를 설명하는 대표 공식은 생명권력biopower에 관한 푸코의 강의에서 찾을 수 있다. Michel Foucault, *Security, Territory, and Population: Lectures at the Collège de France, 1977 – 78*, ed. Arnold I. Davidson (Basingstoke, UK: Palgrave Macmillan, 2009).

9   Martha Craven Nussbaum, *The Fragility of Goodness: Luck and Ethics in Greek Tragedy and Philosophy* (Cambridge University Press, 2001), vol. ii, 90 (quoting David Ross, trans., *Aristotle: The Nicomachean Ethics* (Oxford University Press, 1925), Book vi. 8).

10   Nussbaum, *Fragility of Goodness*, 95.

11   Ibid., 107.

12   Ibid., 299.

13   Ibid., 305.

14   이런 견해는 시간을 흐르는 것으로 본 베르그송의 사상과 일치한다.

15   John Locke, 1690. *Two Treatises of Government*, ed. Peter Laslett (Cambridge University Press, 1988).

16   Margaret R. Somers, *Genealogies of Citizenship: Markets, Statelessness, and the Right to Have Rights* (Cambridge University Press, 2008), 32.

17   Steven Forde, *Locke, Science and Politics* (Cambridge University Press, 2013),ch. 2.

18   Steven Lukes and Nadia Urbinati, *Condorcet: Political Writings* (Cambridge University Press, 2012), 573.

19   Iain McLean and Fiona Hewitt, trans. and eds., *Condorcet: Foundations of Social Choice and Political Theory* (Aldershot, UK: Edward Elgar, 1994), 11.

20   여기에서 나는 콩도르세가 미국 건국자들, 특별히 프랭클린과 제퍼슨, 페인을 연구했다는 점에 주목하고 있지만, 콩도르세가 건국자들에게 미친 영향력이 정확히 어느 정도인가를 말하려는 것은 아니다. Iain McLean and Arnold B. Urken, "Did Jefferson or Madison Understand Condorcet's Theory of Social Choice?" *Public Choice* 73, no. 4 (1992): 445 – 57; Guillaume Ansart, *Condorcet: Writings on the United States* (University Park, PA: Pennsylvania State University Press, 2012) 참조.

21   Melissa Lane, "Political Theory and Time," in *Time in Contemporary Political Thought*, ed. P.J.N. Baert (1st edn. Amsterdam: Elsevier, 2000), 235.

22   Kryder and Staszak, "Constitution as Clockwork"; Paul Pierson, *Politics in Time: History, Institutions, and Social Analysis* (Princeton University Press, 2004); Orren and Skowronek, *Search for American Political Development*.

23   예를 들어, 그지마와 부서는 기간이 메커니즘으로 작용하지 않을 때 그 기간이 인과적 기능을 한다고 오해하면 안 된다고 경고한다. 또한 그녀는 기간이 특정 과정의 대용물이 될 수 있다고 주장한다. 예를 들어, "기간이 길면, 유포와 축적, 침윤과 쏠림 현상이 전개될 가능성을 높인다. 쏠림 현상이 갑자기 중단되면, 임계치에 도달할 수 없다." Anna Grzymala-Busse, "Time Will Tell? Temporality and the Analysis of Causal Mechanisms and Processes," *Comparative Political Studies* 44, no. 9 (2011): 1279.

24   Simon Nix, "Elections, Parties, and Institutional Design: A Comparative Perspective on

European Union Democracy," *West European Politics* 21, no. 3 (1998): 19 – 52.

25 달이 주장하는 민주주의의 기본 전제조건 중 하나는 주기적으로 자주 선거를 치르는 것이다. Robert A. Dahl, *A Preface to Democratic Theory* (University of Chicago Press 2013), 12 – 14.

26 Interview by Diane Rehm with Lisa Desjardins, Political Director, PBS Newshour, in the *Diane Rehm Show*, National Public Radio (Apr. 1, 2016, 10 am), http://thedianerehmshow.org/shows/2016 – 04-01/friday-news-roundup-domestic

27 일부 전문가들은 시간표 부재로 인한 대중의 불안에 자극받아 대통령이 대법관을 지명할 수 있는 제한 시간을 마련할 것을 제안했다. 그 시한은 과거 임명 비준에 소요되었던 시간을 계산해서 정해졌다. Gregory L. Diskant, "Obama Can Appoint Merrick Garland to the Supreme Court if the Senate Does Nothing," *Washington Post* (Apr. 8, 2016), accessed Apr. 27, 2016, www.washingtonpost.com/opinions/obama-can-appoint-merrick-garland-to-the-supreme-court-if-the-senate-does-nothing/2016/04/08/4a696700-fcf1-11e5-886f-a037dba38301_story.html 참조.

28 아홉 번째 대법관이 임명되기 전에 대법관들 사이에 이견이 있는 사건은 (대법원을 우회해서) 하급 법원의 결정에 따르거나 언제가 될지 모르지만 아홉 번째 대법관이 임명될 때까지 판단을 보류하게 될 것이다. 어느 경우든지 지명 받은 아홉 번째 대법관을 의회에서 승인할 때까지 대법원은 제 기능을 하지 못한다.

29 "On the Constitution and Function of Provisional Assemblies," in *Condorcet: Foundations of Social Choice and Political Theory*, trans. and eds. Iain McLean and Fiona Hewitt (Aldershot, UK: Edward Elgar, 1994), 157.

30 결선투표제의 중요성에 관해서는 Condorcet, "On the Forms of Elections," ibid., 169 – 71 참조.

31 McLean and Hewitt, *Condorcet*, 33.

32 Kryder and Staszak, "Constitution as Clockwork."

33 Nadia Urbinati, *Representative Democracy: Principles and Genealogy* (University of Chicago Press, 2006), 2577. 정해진 어느 한 순간에 도출된 합의가 합법적인가 하는 질문은 많은 정치이론가들을 괴롭혀왔는데, 가장 최근에는 역동적 입헌주의에 관한 위르겐 하버마스의 연구에서 그 점을 확인할 수 있다. *Between Facts and Norms: Contributions to a Discourse Theory of Law and Democracy* (Cambridge, MA: MIT Press, 1996).

34 Urbinati, *Representative Democracy*, 2582.

35 McLean and Hewitt, *Condorcet*, 38.

36 민주주의가 투표 행위로 축소될 수 없다는 공통된 생각은 정치 행동주의자부터, 조슈아 코헨과 제임스 피시킨(Joshua Cohen, "Deliberation and Democratic Legitimacy," in *Debates in Contemporary Political Philosophy: An Anthology*, eds. Derek Matravers and Jon Pike (New York: Routledge, 2003); James Fishkin, *Democracy and Deliberation: New Directions for Democratic Reform* (New Haven, CT: Yale University Press, 1991)) 같은 심의민주주의자와 제이슨 브레넌 (*Against Democracy* (Princeton University Press, 2016)) 같은 인식론적 회의주의자에 이르기까지 통찰력을 갖춘 다양한 연구자들의 문헌 속에 잘 드러나고 있다.

37 콩도르세는 이렇게 쓰고 있다. "그러므로 우리는 지나치게 서두를 위험을 막으면서 동시에 신속한 의사결정을 완전히 차단하지는 않는 절차를 찾아야 했다. 왜냐하면 신속한 결정이

필요한 사건의 종류를 법으로 미리 정할 수 없는데도, 그런 사건은 종종 일어나기 때문이다." "A Survey of the Principles Underlying the Draft Constitution (1793)," in McLean and Hewitt, *Condorcet*, 202.

38   "Survey of the Principles Underlying the Draft Constitution," 196.

39   Ibid.

40   Ibid.

41   Ibid., 215.

42   Ibid., 201.

43   "만약 짧은 재직 기간, 잦은 선거, 다양한 합법 시위 등이 자유를 확보하는 효과적인 수단이라면, 그것들은 조급함이나 편견, 심지어 지나친 열정 때문에 다수가 저지를지 모를 실수로부터 개인의 권리를 보호하거나 공공의 번영을 꾀할 수도 있어야 한다." Condorcet, "Survey of the Principles Underlying the Draft Constitution," 201.

44   "Federalist no. 70," *The Federalist Papers*, ed. Clinton Rossiter (New York: Penguin Putnam, 1961).

45   "Federalist no. 71" (ibid.).

46   Immanuel Kant et al., *Toward Perpetual Peace and Other Writings on Politics, Peace, and History* (New Haven, CT: Yale University Press, 2006), 18.

47   Bob Jessop, *State Power* (Cambridge, UK: Polity, 2007), 191 (citing William E. Scheuerman, *Liberal Democracy and the Social Acceleration of Time* (Baltimore, MD and London: Johns Hopkins University Press, 2004)); *High Speed Society: Social Acceleration, Power, and Modernity*, eds. Hartmut Rosa and William E. Scheuerman (University Park, PA: Pennsylvania State University Press, 2009).

48   Anthony Giddens, *A Contemporary Critique of Historical Materialism* (Berkeley and Los Angeles: University of California Press, 1981); William E. Connolly, *Neuropolitics: Thinking, Culture, and Speed* (Minneapolis, MN: University of Minnesota Press, 2002); William E. Scheuerman, *Liberal Democracy and the Social Acceleration of Time* (Baltimore, MD and London: Johns Hopkins University Press, 2004).

49   사전투표는 투표 자격을 갖춘 유권자의 범위를 확대하는 실질적 수단이라는 장점도 있지만, 다른 한편으로는 선거운동의 방향을 재조정하는 효과도 있다. Paul Gronke, Eva Galanes-Rosenbaum, and Peter A. Miller, "Symposium: Early Voting and Turnout," *PS: Political Science and Politics* 40, no. 4 (2007); Patrick Healy, "Early Voting Limits Donald Trump's Time to Turn Campaign Around," *New York Times: Election 2016* (Aug. 16, 2016), www.nytimes.com/2016/08/17/us/politics/early-voting-limits-donald-trumps-time-to-turn-campaign-around.html

50   "Democracy in Time: Popular Sovereignty and Temporal Representation," *Constellations* 12, no. 2 (2005): 247.

51   John Greville Agard Pocock, *The Machiavellian Moment: Florentine Political Thought and the Atlantic Republican Tradition* (Princeton University Press, 2009), 78.

52   Ibid., 77.

53   콘도르세는 선거 의제란 "차분히 검토"되고, "친구나 가족, 이웃들"과 토론될 수 있어야 한

다고 생각했다. "The Theory of Voting," in McLean and Hewitt, Condorcet, 245. 단독 행위의 중요성에 관해서는 Ira J. Cohen, *Solitary Action: Acting on Our Own in Everyday Life* (Oxford University Press, 2015) 참조.

54   "Theory of Voting," 245.

55   Ibid.

56   Jose Brunner, "Modern Times: Law, Temporality and Happiness in Hobbes, Locke and Bentham," *Theoretical Inquiries in Law* 8, no. 1 (2007).

57   Ibid., 298.

58   Thomas Jefferson, *Letter to James Madison* (Paris, Sept. 6, 1789), www.let.rug.nl/usa/presidents/thomas-jefferson/letters-of-thomas-jefferson/jefl81.php

59   Jed Rubenfeld, *Freedom and Time: A Theory of Constitutional Self-Government* (New Haven, CT: Yale University Press, 2008), 48.

60   Thompson, "Democracy in Time," 248 – 9.

61   공리주의의 관점으로 확대해서 이를 실현해야 한다고 주장한 사람은 '윤리적 개인주의 ethical individualism' 사례를 연구한 욘 엘스터이다. "Ethical Individualism and Presentism," *The Monist* 76, no. 3 (1993): 333 – 48.

62   James Conca, "Children Win Another Climate Change Legal Case in Mass Supreme Court," *Forbes: Opinion* (May 19, 2016), www.forbes.com/sites/jamesconca/2016/05/19/children-win-another-climate-change-legal-case-in-mass-supreme-court/#5dc9412c556b

63   Landemore, *Democratic Reason*, 20.

64   *Freedom and Time*, 173.

65   이 견해를 공유한 사람은 콩도르세의 생각을 적당히 수정했던 것으로 보이는 제퍼슨이다. McLean and Hewitt, *Condorcet*, 58.

66   Julian P. Boyd, ed., *The Papers of Thomas Jefferson* (Princeton University Press, 1958), vol. xv, 394.

67   정치적 의사결정을 가능하게 하는 제한된 합리성에 관한 논의는 Marco Pinfari, *Peace Negotiations and Time: Deadline Diplomacy in Territorial Disputes* (Abingdon, UK: Routledge, 2012) 참조.

68   Brishen Rogers, "Passion and Reason in Labor Law," *Harvard Civil Rights–Civil Liberties Law Review* 47 (Summer 2012): 334 (citing Camerer et al., "Regulation for Conservatives: Behavioral Economics and the Case for 'Asymmetric Paternalism'," *University of Pennsylvania law review* 151 (2003): 1238).

69   '결정 피로'에 관해서는 Kathleen D. Vohs, et. al., "Making Choices Impairs Subsequent Self-Control: A Limited-Resource Account of Decision Making," *Motivation Science* 1 (2014) 참조.

70   Urbinati, *Representative Democracy*, 2770.

71   Ibid., 2772.

72   Ibid., 2772.

73   Ibid., 2897.

74   Ibid., 2846.

75   James Kettner, *The Development of American Citizenship, 1608–1870* (Chapel Hill, NC:

University of North Carolina Press, 1978), 183.

76   Kettner, *Development of American Citizenship*, 117–18. 참정권을 확대하는 문제에 관해서 는 Ronald Hayduk, *Democracy For All: Restoring Immigrant Voting Rights in the United States* (New York: Routledge, 2006), 250; "Noncitizen Voting Rights: Extending the Franchise in the United States," *National Civic Review* 92, no. 4 (2003): 57–62; Jamin B. Raskin, "Legal Aliens, Local Citizens: The Historical, Constitutional and Theoretical Meanings of Alien Suffrage," *University of Pennsylvania Law Review* 141, no. 4 (1993): 1391; Sarah Song, "Democracy and Noncitizen Voting Rights," *Citizenship Studies* 13, no. 6 (2009): 607 참조.

77   *United States v. Windsor*, 133 S. Ct. 2675 (2013); Lynn D. Wardle, "Loving v. Virginia and the Constitutional Right to Marry, 1790–1990," *Howard Law Journal* 41 (1998).

78   Peter H. Schuck and Rogers M. Smith, *Citizenship Without Consent* (New Haven, CT: Yale University Press, 1985); Daniel Scott Smith, "Population and Political Ethics: Thomas Jefferson's Demography of Generations," *William and Mary Quarterly*, no. 3 (1999): 591–612. 슈크와 스미스는 미국에서 시민권의 개념을 확립할 때 합의가 얼마나 중요했는가를 꼼꼼하고 자세하게 설명한다. 그러나 그 합의가 아무리 순수했다 하더라도, 시민의 자격 조건을 규정하는 법에는 실질적 거주 요건이 필요했으므로 출생지주의 원칙이 법의 여기저기 에 담기게 되었다.

79   Kettner, *Development of American Citizenship*, 55; Schuck and Smith, *Citizenship without Consent*; Scott Smith, "Population and Political Ethics," 591–612. 추방에 관해서는 Gerhard Casper, "Forswearing Allegiance" (University of Chicago, Maurice and Muriel Fulton Lecture Series, 2008) 참조.

80   로크와 국적 이탈에 관해서는 Aristide Zolberg, *A Nation by Design* (New York: Russell Sage Foundation, 2006), 48 참조.

81   영국인과 미국인의 이와 같은 견해차는 '잉글리스 대 세일러스 스너그 하버 수탁자 사건'의 판례(Inglis v. Trustees of Sailor's Snug Harbor, 28 US 99, 161–4)에 정확히 드러난다. 이 재판에 서 문제가 되었던 기간이 완전히 새로운 혁명 달력을 시행한 일을 포함해서 프랑스 정부가 시간으로 온갖 장난을 쳤던 시기와 비슷하다는 사실을 떠올리면 이해에 도움이 될 것이다.

82   재판부는 이렇게 판시했다. "1778년 4월 18일에 공포된 법에 따라 망명자의 개인 재산을 몰 수할 근거를 마련하기 위해 배심원단이 심리할 내용은 그 사람이 1776년 10월 4일과 1777 년 6월 5일 사이에 영국 군대 소속이었는지 아니면 국가에 대한 충성 의무를 위반했는지 그 여부이다. 이 법의 제7절 내용이 특히 중요한데, 그 이유는 그것이 1777년 6월 5일 이 후에 일어난 사건들뿐만 아니라, 모든 미래 사건에도 적용되기 때문이고, 심리는 이 사람 이 왕의 군대 소속인지 혹은 국가에 대한 충성 의무를 위반했는지에 관해 이루어져야 하 기 때문이다. 심리가 진행되는 동안 피고인의 재산은 보호된다. 그리고 1778년 12월 11일 에 공포된 법에 의거하여 입법부가 망명자의 재산 몰수 규정에 따르는 것이 적절하다고 판 단했을 때, 그것은 피고인이 외국인이기 때문이 아니라 그가 위법 행위를 저질렀기 때문에 재산을 몰수하는 것임을 입법부가 분명히 밝혔다. 이 법을 특히 주목해야 하는 이유는 낡 은 충성 의무를 고수하겠다는 선택권이 사라지고 새 정부에 대한 충성 의무가 시작되는 시 점을 입법부가 법 안에 명확히 밝혔기 때문이다." Mary Sarah Bilder, "The Struggle Over Immigration: Indentured Servants, Slaves, and Articles of Commerce," *Missouri Law Review*

61 (Fall 1996): 8 - 9.

83 판결문의 내용은 이렇다. "대니얼 콕스는 미국 국민의 지위를 포기하고 영국 왕에 대한 충성 의무를 고수하겠다고 선택할 권리를 상실했다. 왜냐하면 뉴저지 주가 스스로 독립 주라고 선포했을 뿐만 아니라 콕스가 새 정부에 대한 충성 의무를 가진 국민임을 선포한 법률들을 통과시킨 후에도 콕스가 계속 뉴저지에 거주했기 때문이다." Bilder, "Struggle Over Immigration," 6.

84 케트너는 국가가 반역법을 통과시키기 전에는 의회가 반역죄가 무엇인지 규정했음에도 개인이 반역 행위로 기소되지 않았다는 논리적인 주장을 펴고 있는데, 이는 "일반적으로 법이 통과되기 전에는 사람들이 자신이 지지하는 쪽을 선택할 수 있음"을 암시한다. *Development of American Citizenship*, 194

85 *Inglis v. Trustees of Sailor's Snug Harbor.*

86 Ibid., 99.

87 Ibid., 121.

88 Ibid.

89 Ibid., 160.

90 Ibid., 161.

91 Kettner, *Development of American Citizenship*, 40.

92 "숙지Enlightened understanding"는 로버트 달이 제시한 민주적 의사결정의 전제조건 중 하나이다. *Democracy and Its Critics* (New Haven, CT: Yale University Press,1989), 21.

93 Elizabeth F. Cohen, "Jus Tempus in the Magna Carta: The Sovereignty of Time in Modern Politics and Citizenship," *PS: Political Science & Politics* 43, no. 3 (2010): 464.

94 Kettner, *Development of American Citizenship*, 193.

95 Schuck and Smith, *Citizenship without Consent*, 43.

96 *McIlvaine v. Coxe's Lessee*, 6 US 280, 330 (1804).

97 A. John Simmons, "Tacit Consent and Political Obligation," *Philosophy & Public Affairs* (1976), 279.

98 *Inglis v. Trustees of Sailor's Snug Harbor*, at 159(필자의 강조). 출생지주의가 합의에 의한 것인가에 관한 논의는 Matthew J. Lister, "Citizenship, in the Immigration Context," *Maryland Law Review* 70 (2011), 10 - 16 참조. 어린아이의 정치적 지위에 관한 로크의 견해는 Ian Shapiro, *Democracy's Place* (Ithaca, NY: Cornell University Press, 1996), 70 참조.

99 James Madison, *Notes of Debates in the Federal Convention of 1787* (Ohio University Press, 1966), 419.

100 Kate Mason Rowland, ed., *The Life of George Mason, 1725–1792* (New York: Putnam's, 1892), vol. ii, 149#.

101 Madison, *Notes of Debates*, 421.

102 Annals of Congress 1 (1790), 1147.

103 Ibid., 1147 - 8.

104 Ibid., 1156.

105 Ibid.

106 Ibid.

107 Frank George Franklin, *Legislative History of Naturalization in the United States* (New York: Arno Press, 1906), 42.

108 Annals of Congress, 1149.

109 US Citizenship and Immigration Services, "Continuous Residence and Physical Presence Requirements for Naturalization," United States Department Homeland Security, www.uscis. gov/us-citizenship/citizenship-through-naturalization/continuous-residence-and-physical-presence-requirements-naturalization (accessed Aug. 20, 2016).

110 Annals of Congress, 1148.

111 Daniel J. Tichenor, *Dividing Lines: The Politics of Immigration Control in America* (Princeton University Press, 2002), 54.

112 A. N. Sherwin-White, *The Roman Citizenship* (Oxford University Press, 1973), 61; Randall S. Howarth, *The Origins of Roman Citizenship* (Lewiston, NY: Edwin Mellen Press, 2006), 4 – 5.

113 Paul Frymer, "'A Rush and a Push and the Land Is Ours,'": Territorial Land Expansion, Land Policy, and U.S. State Formation," *Perspectives on Politics* 12, no. 1 (2014).

114 토지를 개간해서 거기에 주 거주지를 짓는 일에 관해 규정한 법들도 있었다.

115 Elizabeth F. Cohen, "When Democracies Denationalize: The Epistemological Case Against Revoking Citizenship," *Ethics & International Affairs* 30, no. 2 (2016).

4   시간의 정치적 가치

1 J.C. Muller, *The Temporality of Political Obligation* (New York: Routledge, 2015); Henri Bergson, *Time and Free Will: An Essay on the Immediate Data of Consciousness* (New York: Dover Publications, 2001).

2 현실에서 목격자 진술이나 증거의 신빙성을 판단하는 기준이 많다는 사실은 널리 알려져 있다. 하지만 여기에서 시간은 결정적인 요인으로 취급된다. 여전히 신뢰할 수 없는 목격자 의 증언에 근거해서 기소 절차가 진행되는 경우가 있다. 하지만 공소시효가 완성된 후에는 기소할 수 없다. 예를 들어, '도주(범죄가 일어난 후 혹은 기소 후 곧바로 피고인이 관할구역을 떠 나는 경우)' 행위는 피고인이 자신의 "죄를 인지"했음을 입증하는 증거가 될 수 있다. 하지만 그 증거의 적절성을 판단할 때는 범죄가 일어났다고 간주하는 때부터 피고인이 도주한 때 까지의 기간을 기준으로 삼는다. *United States v. Rowan*, 518 F.2d 685, 691 (6th Cir. 1975)(범 죄가 일어난 순간부터 36시간 이내에 피고인이 관할구역을 떠난 경우는 부적절한 도주로 판단하지 않 음)와 *United States v. White*, 488 F.2d 660, 662 (8th Cir. 1973)(기소한 날부터 체포 시도가 있은 날까지 5개월이 경과한 경우는 부적절한 도주로 판단함)을 비교할 것.

3 Mark Johnson and George Lakoff, "Conceptual Metaphor in Everyday Language," *Journal of Philosophy* 77, no. 8 (1980): 453 – 86.

4 Norval Morris and David J. Rothman, *The Oxford History of the Prison: The Practice of Punishment in Western Society* (Oxford University Press, 1998).

5 *A Republic in Time: Temporality and Social Imagination in Nineteenth-Century America* (University of North Carolina Press, 2008), 41. 앨런은 18세기에 국민국가에 설정된 시간적 경계가 유

산이 한 사람의 운명을 결정하지 않고 부정부패가 반드시 멸망으로 이어지지는 않는 영원한 국가 주변을 둘러싸고 있다고 주장한 학자들의 견해를 설득력 있게 반박한다. 영원성에 관한 자유주의자들의 주장을 다룬 논의를 보려면, Myra Jehlen, *American Incarnation: The Individual, the Nation, and the Continent* (Cambridge, MA: Harvard University Press, 1986), 253; and David W. Noble, *Death of a Nation: American Culture and the End of Exceptionalism* (University of Minnesota Press, 2002), 352 참조.

6   *Measuring Time, Making History* (Budapest: Central European University Press, 2008), 25.

7   *Imagined Communities: Reflections on the Origin and Spread of Nationalism* (London: Verso, 2006), 22.

8   *Imagined Communities*, 26. 저스틴 퓰러는 여기에서 앤더슨이 시간을 사용한 것은 "벤저민을 통해 걸러진, …… 시간과 공간의 사회적 역할이라는 베르그송의 개념"과 맥락을 같이 한다고 주장한다. *Temporality of Political Obligation*, 27.

9   "Sharing History and Future?" *Constellations* 4, no. 3 (1998), 320–45.

10 *Stranded in the Present: Modern Time and the Melancholy of History* (Cambridge, MA: Harvard University Press, 2004), 53.

11 *A Republic in Time: Temporality and Social Imagination in Nineteenth-Century America* (University of North Carolina Press, 2008), 23.

12 *Revolution in Time: Clocks and the Making of the Modern World* (Cambridge, MA: Belknap Press of Harvard University Press, 1983), 94.

13 Kathleen Davis, *Periodization and Sovereignty* (Philadelphia, PA: Pennsylvania University Press, 2008), 41.

14 Vanessa Ogle, *The Global Transformation of Time: 1870–1950* (Cambridge, MA: Harvard University Press, 2015), 5.

15 Ogle, *Global Transformation of Time*, 45.

16 *The Taming of Chance* (Cambridge University Press, 1990), 16.

17 Martha C. Nussbaum and Rosalind Hursthouse, "Plato on Commensurability and Desire," *Proceedings of the Aristotelian Society, Supplementary Volumes* 58 (1984): 57.

18 David S. Landes, *Revolution in Time: Clocks and the Making of the Modern World* (Cambridge, MA: Belknap Press of Harvard University Press, 1983).

19 Nussbaum and Hursthouse, "Plato on Commensurability and Desire," 57.

20 Martha Craven Nussbaum, *The Fragility of Goodness: Luck and Ethics in Greek Tragedy and Philosophy* (Cambridge University Press, 2001), vol. ii, 298–9.

21 Nussbaum and Hursthouse, "Plato on Commensurability and Desire," 58–9.

22 John Greville Agard Pocock, *The Machiavellian Moment: Florentine Political Thought and the Atlantic Republican Tradition* (Princeton University Press, 2009), 23–4.

23 Wendy Nelson Espeland and Mitchell L. Stevens, "Commensuration as a Social Process," *Annual Review of Sociology* 24 (1998): 314.

24 Nussbaum and Hursthouse, "Plato on Commensurability and Desire," 57.

25 *Time* (Cambridge, UK: Polity, 2004), 38.

26 Espeland and Stevens, "Commensuration as a Social Process," 316.

27 또한 그는 콩도르세가 추구했던 방식대로 우리의 가치관을 일정하게 유지하는 데 통약 과정이 필수적이라고 주장했다. Nussbaum, *Fragility of Goodness*, 107.

28 Nussbaum and Hursthouse, "Plato on Commensurability and Desire," 81.

29 Nussbaum, *Fragility of Goodness*,107.

30 Nadia Urbinati, *Representative Democracy: Principles and Genealogy* (University of Chicago Press, 2006), 2852.

31 Lewis Mumford and Langdon Winner, *Technics and Civilization* (University of Chicago Press, 2010), 15.

32 *Machiavellian Moment*, 405.

33 Sanja Perovic, *The Calendar in Revolutionary France: Perceptions of Time in Literature, Culture, Politics* (Cambridge University Press, 2012), 47.

34 Perovic, *Calendar in Revolutionary France*, 46.

35 William Max Nelson, *The Weapon of Time: Constructing the Future in France, 1750 to Year I* (University of California Press, 2006), 특히 259 – 60 참조.

36 Landes, *Revolution in Time*, 92.

37 Melissa Lane, "Political Theory and Time," in *Time in Contemporary Political Thought*, ed. P. J. N. Baert (1st edn. Amsterdam: Elsevier, 2000), 235 – 9(여기에서는 전 세계적으로 플라톤의 개념과 다르게 시간을 취급한 역사를 분석하고 있다).

5   시간의 정치경제학

1 Michael J. Sandel, *What Money Can't Buy: The Moral Limits of Markets* (London: Penguin, 2012); Michael Walzer, *Spheres of Justice: A Defense of Pluralism and Equality* (New York: Basic Books, 1983) 참조. 데브라 사츠도 근거는 다르지만, 왈저 및 샌델과 유사한 결론을 도출한다. Debra Satz, *Why Some Things Should Not Be for Sale: The Moral Limits of Markets* (Oxford University Press, 2010) 참조.

2 Eugene Volokh, "Statutory Rape Laws and Statutory Consent Laws in the U.S.," *Washington Post* (May 1, 2015), www.washingtonpost.com/news/volokh-conspiracy/wp/2015/05/01/statutory-rape-laws-in-the-u-s/?utm_term=.0b291c845d52. 수많은 국가에서 성을 생물학적 의미는 물론 사회적 의미로도 구분한다. "Age of Consent Position Statement," Canadian Federation for Sexual Health (archived July 11, 2011), https://web.archive.org/web/20110714075413/www.cfsh.ca/What-We-Do/Archived-PositionStatements/Age-of-Consent.aspx

3 New York Times Editorial Board, "The Wrong Way to Count Prisoners," *New York Times* (July 15, 2016), www.nytimes.com/2016/07/16/opinion/the-wrong-way-to-countprisoners.html?_r=0; *Davidson v. City of Cranston*, No. 14-91L (DRI May 24, 2016).

4 "Army ROTC Service Commitment," US Army, www.goarmy.com/rotc/servicecommitment.html

5 Aristotle, *The Politics*, ed. Stephen Everson (Cambridge University Press, 1996), Books ii,11,

VII.9.

6　David S. Landes, *Revolution in Time: Clocks and the Making of the Modern World* (Cambridge, MA: Belknap Press of Harvard University Press, 2000); E.P. Thompson, "Time, Work – Discipline, and Industrial Capitalism," *Past & Present* 38, no. 1 (1967): 56 – 97.

7　Michel Foucault, *The Foucault Effect: Studies in Governmentality*, eds. Graham Burchell, Colin Gordon, and Peter Miller (University of Chicago Press, 1991), 102.

8　Ibid., 92.

9　Ibid.

10　Ibid., 95.

11　미래를 개척한다는 생각은 William Max Nelson, *The Weapon of Time: Constructing the Future in France, 1750 to Year I* (University of California Press, 2006), 102, 특히 4장 218 – 69 참조.

12　이 책의 유명한 도입부에는 말을 이용한 사지절단 방식이 등장하지만, 열 페이지 이후부터 푸코는 죄인이 질서 있는 생활을 거쳐 생산적인 일꾼으로 바뀌는 대단히 효율적인 감옥에 관해 설명한다. *Discipline and Punish: The Birth of the Prison* (New York: Vintage, 1979), 1 – 9.

13　Norval Morris and David J. Rothman, *The Oxford History of the Prison: The Practice of Punishment in Western Society* (Oxford University Press, 1998), vii.

14　Foucault, *Discipline and Punish*, esp. pt. 3, no. 2 "The Means of Correct Training" 참조.

15　이와 관련된 설명 중 아마도 가장 장황한 것은 마르크스의 설명이겠지만, 이는 정치경제학의 역사에서 하나의 표준 연구로 자리 잡았다. David McNally, *Political Economy and the Rise of Capitalism: A Reinterpretation* (University of California Press, 1988) 참조.

16　Benedict Anderson, *Imagined Communities: Reflections on the Origin and Spread of Nationalism* (London: Verso, 2006), 46 – 55.

17　John Greville Agard Pocock, *Virtue, Commerce, and History: Essays on Political Thought and History, Chiefly in the Eighteenth Century* (Cambridge University Press, 1976), vol. ii, 98 – 9, 112.

18　미국에서 형을 선고할 때는 그 반대 논리가 적용된다. 이때 형량은 피고인의 과거 행위를 산술적으로 평가한 결과를 토대로, 그가 미래에 권리를 누릴 수 있는 시간의 일부를 박탈하는 공식을 사용한다. 같은 중범죄를 저질렀어도 상습범이 초범보다 더 긴 형을 선고받는다.

19　Jean Bodin, *Bodin: On Sovereignty*, ed. Julian H. Franklin (Cambridge University Press, 1992).

20　Sanford Levinson, "Constituting Communities through Words that Bind: Reflections on Loyalty Oaths," *Michigan Law Review* 84 (June 1986): 1448, 1459.

21　Ruth W. Grant, *Strings Attached: Untangling the Ethics of Incentives* (Princeton University Press, 2011), 19. 22 Ibid., 20.

23　Wendy Nelson Espeland and Mitchell L. Stevens, "Commensuration as a Social Process," *Annual Review of Sociology* 24 (1998): 316 ("Commensuration transforms qualities into quantities") 참조.

24　Ibid., 323.

25　Wendy Nelson Espeland and Michael Sauder, *Engines of Anxiety: Academic Rankings, Reputation, and Accountability* (New York: Russell Sage Foundation, 2016), 29.

26　Espeland and Stevens, "Commensuration as a Social Process," 316.

27　ibid 참조. ("(통약은) 이질적인 정보들을 쉽게 비교할 수 있도록 여러 숫자로 단순화하고 축

소하는 방법이다. 이런 변환 과정을 거치면 정보들 간의 차이를 신속하게 파악하고 비교할 수 있다. 통약의 장점 중 하나는 불확실하고 포착하기 어려운 특성의 대용물을 만드는 방식을 표준화한다는 점이다. 또 다른 장점으로는 사람들이 처리해야 할 수많은 정보를 압축하고 축소함으로써, 가치 표현과 의사결정을 간소화한다는 것이다.")

28 Elizabeth F. Cohen, *Semi-Citizenship in Democratic Politics* (Cambridge University Press, 2009).

29 "Incompletely Theorized Agreements," *Harvard Law Review* 108, no. 7 (May, 1995): 1737.

30 애덤 콕스 덕분에, 나는 시간이 타협을 끌어내는 방식과 선스타인의 ITA 사이의 유사성을 발견할 수 있었다.

31 "Incompletely Theorized Agreements," 1738.

32 Ibid., 1743.

33 Ibid., 1741–2.

34 Mark Johnson and George Lakoff, "Conceptual Metaphor in Everyday Language," *Journal of Philosophy* 77, no. 8 (1980): 453–86.

35 Sunstein, "Incompletely Theorized Agreements" 참조.

36 W.B. Gallie, "Essentially Contested Concepts," *Proceedings of the Aristotelian Society* 56 (1956): 167–98.

37 Cohen, *Semi-Citizenship in Democratic Politics*, 13.

38 Sunstein, "Incompletely Theorized Agreements," 1733.

39 Ibid., 1743.

40 Ibid., 1743–4 (citing Justice Breyer).

41 Ibid., 1738.

42 Ibid., 1737.

43 Melissa S. Lane, *Method and Politics in Plato's Statesman* (Cambridge University Press, 1998), 18.

44 Martha Craven Nussbaum, *The Fragility of Goodness: Luck and Ethics in Greek Tragedy and Philosophy* (Cambridge University Press, 2001), vol. ii, 294.

45 Nussbaum, *Fragility of Goodness*, 294.

46 Ibid.

47 Ibid., 295.

48 Espeland and Stevens, "Commensuration as a Social Process," 319.

49 Michael Walzer, *Spheres of Justice: A Defense of Pluralism and Equality* (New York: Basic Books, 1983), ch. 1.

50 가치 평가 방식으로서의 통약 작업을 통찰력 있게 비판한 논문들로는 Elizabeth Anderson, *Value in Ethics and Economics* (Cambridge, MA: Harvard University Press, 1993); Margaret Jane Radin, *Contested Commodities: The Trouble with Trade in Sex, Children, Body Parts, and Other Things* (Cambridge, MA: Harvard University Press, 1996); and Joseph Raz, *The Morality of Freedom* (Oxford University Press, 1986) 등이 있다.

51 Sunstein, "Incompletely Theorized Agreements," 1733.

52 Michelle Alexander, *The New Jim Crow: Mass Incarceration in the Age of Colorblindness* (New York: The New Press, 2012); Naomi Murakawa, *The First Civil Right: How Liberals Built Prison America* (Oxford University Press, 2014).

53   *Annals of Congress* 1 (1790): 1148.

54   *Contested Commodities*, 118 – 22.

55   Walzer, *Spheres of Justice*.

56   Iris Marion Young, *Justice and the Politics of Difference* (Princeton University Press, 1990) 참조.

57   Jane Mansbridge, "Rethinking Representation," *American Political Science Review* 97, no. 4 (Nov. 2003): 515 – 28; Hanna Fenichel Pitkin, *The Concept of Representation* (University of California Press, 1967); Andrew Rehfeld, *The Concept of Constituency: Political Representation, Democratic Legitimacy, and Institutional Design* (Cambridge University Press, 2005) 참조.

58   US Citizenship and Immigration Services, "Continuous Residence and Physical Presence Requirements for Naturalization," United States Department of Homeland Security, www.uscis.gov/us-citizenship/citizenship-through-naturalization/continuous-residence-andphysical-presence-requirements-naturalization (accessed Aug. 20, 2016).

59   Mirko Bagaric, Richard Fred Edney, and Theo Alexander, "(Particularly) Burdensome Prison Time Should Reduce Imprisonment Length – And Not Merely in Theory," *Melbourne University Law Review* 38, no. 2 (2014): 409 – 43.

60   야누스의 얼굴이라는 표현은 순행과 역행이 동시에 가능한 시간의 속성을 보여준다.

61   Marc Mauer, "The Impact of Mandatory Minimum Penalties in Federal Sentencing," *Judicature* 94, no. 1 (2010): 7.

62   Sanford Levinson, "'Who Counts?''Sez Who?'" *St. Louis Law Journal* 58 (2014): 937.

63   Brigette Sarabi, "The Prison Index: Taking the Pulse of the Crime Control Industry," in *Prison Policy Initiative*, ed. Peter Wagner (Springfield, MA: 2003), section iii, "Prison Labor: Prison Labor in the Federal Prison; Prison Labor in the States."

64   《A Pound of Flesh》라는 책은 미국판 채무자 감옥을 자세히 소개한다. 미주리 주 퍼거슨에서 흑인 마이클 브라운이 백인 경찰에게 총격을 받아 사망한 사건이 일어난 이후, 그동안 퍼거슨에 사는 아프리카계 미국인들에게 각종 요금과 벌금이 과다 부과되어 왔다는 기사가 쏟아졌다. 그리고 얼마 지나지 않아, 텍사스 주 교도소에서 샌드라 블랜드라는 흑인 여성이 의문사했는데, 이 사건은 범칙금을 낼 수 없거나 내지 않기로 마음먹은 사람들이 감옥에서 범칙금이 "소멸하기를 기다리는" 관행에 세간의 이목을 집중시켰다. Alexes Harris, *A Pound of Flesh* (New York: Russell Sage Foundation, 2016) 참조.

65   Harris, *Pound of Flesh*, 3.

66   Ibid.; "The Outskirts of Hope: How Ohio's Debtors' Prisons Are Ruining Lives and Costing Communities," *American Civil Liberties Union of Ohio* (2013). 이와 같은 통제 불가능한 관행은 미국 헌법에 위배되는 일이며, 수많은 주에서 법으로 금지하고 있다.

67   *What Money Can't Buy*, 64.

68   *The Social Meaning of Money: Pin Money, Paychecks, Poor Relief, and Other Currencies* (Princeton University Press, 1997).

69   Lynn Avery Hunt, *Measuring Time, Making History* (Budapest: Central European University Press, 2008), 26 (quoting Barbara Adam, *Time and Social Theory* (Cambridge, UK: Polity, 1990), 166).

70   역사학자 엔가이는 미국 정치에서 소수 민족, 특별히 이민자에게 적용되던 다양한 시간적

기준을 언급해서 상당한 통찰력을 보여준다. *Impossible Subjects: Illegal Aliens and the Making of Modern America* (Princeton University Press, 2004), 59 – 64.

71 *What Money Can't Buy*, 28.

72 Ibid., 33.

73 "Rights and Queues: On Distributive Contests in the Modern State," *Columbia Journal of Transportation Law* 55 (2016): 78.

74 Ronan Perry and Tal Zarsky, "Queues in Law," *Iowa Law Review* 99 (2013): 1603 – 4.

75 선착순 원칙과 다른 배분 원칙들을 비교하고 싶다면, Ezekiel J. Emanuel, Govind Persad, and Alan Wertheimer, "Principles for Allocation of Scarce Medical Interventions," *The Lancet* 373, no. 9661 (2009) 참조.

76 Ayelet Shachar and Ran Hirschl, "On Citizenship, States, and Markets," *Journal of Political Philosophy* 22, no. 2 (2014): 247 – 8.

6   시간과 민주주의

1 "Law on Nationality," *Federal Foreign Office*, www.auswaertiges-amt.de/EN/ EinreiseUndAufenthalt/Staatsangehoerigkeitsrecht_node.html

2 Alyse Bertenthal and Mona Lynch, "The Calculus of the Record: Criminal History in the Making of US Federal Sentencing Guidelines," *Theoretical Criminology* 20, no. 2 (2015): 145 – 64.

3 Elizabeth F. Cohen, *Semi-Citizenship in Democratic Politics* (Cambridge University Press, 2009).

4 Adam Gopnik, "Learning From the Slaughter in Attica: What the 1971 Uprising and Massacre Reveal about Our Prison System and the Democratic State," *New Yorker* (Aug. 29, 2016), www.newyorker.com/magazine/2016/08/29/learning-from-theslaughter-in-attica ("하지만 권력을 가진 자는 권력을 갖지 못한 자들이 잠잠해지기를 기다렸고, 결국 그 사건은 최소한의 폭력만 사용되고 마무리되었다").

5 *Weapons of the Weak: Everyday Forms of Peasant Resistance* (New Haven, CT: Yale University Press, 2008).

6 Jose Brunner, "Modern Times: Law, Temporality and Happiness in Hobbes, Locke and Bentham," *Theoretical Inquiries in Law* 8, no. 1 (2007).

7 *The Origins of Totalitarianism* (New York: Harcourt, Brace, Jovanovich, 1973).

8 *Bound by Recognition* (Princeton University Press, 2003), 13.

9 Leonard Noisette, "The Risks of Permanent Punishment," *New York Times* (Nov. 15, 2011), www.nytimes.com/roomfordebate/2011/11/14/taking-and-restoring-the-rights-of-felons/the-risks-of-permanent-punishment; Jennifer Lackey, "The Irrationality of Life Sentences," *New York Times* (Feb. 1, 2016), http://opinionator.blogs.nytimes.com/2016/02/01/the-irrationality-of-natural-life-sentences

참고문헌

Abizadeh, Arash, "On the Demos and Its Kin: Nationalism, Democracy, and the Boundary Problem," *American Political Science Review* 106, no. 4 (2012): 867–82.

Achen, Christopher H. and Larry M. Bartels, *Democracy for Realists: Why Elections Do Not Produce Responsive Government* (Princeton University Press, 2016).

Adam, Barbara, *Time* (Cambridge, UK: Polity, 2004).

Time Watch: The Social Analysis of Time (Chichester, UK: Wiley, 2013).

Time and Social Theory (Chichester, UK: Wiley, 2013).

"Age of Consent Position Statement," Canadian Federation for Sexual Health (archived July 11, 2011), https://web.archive.org/web/20110714075413/www.cfsh.ca/What-We-Do/Archived-Position-Statements/Age-of-Consent.aspx

Alexander, Michelle, *The New Jim Crow: Mass Incarceration in the Age of Colorblindness* (New York: The New Press, 2010).

Allen, Thomas M. A., *Republic in Time: Temporality and Social Imagination in Nineteenth-Century America* (University of North Carolina Press, 2008).

Ambrosio, Thomas, *Irredentism: Ethnic Conflict and International Politics* (Westport, CT: Praeger, 2001).

Aminzade, Ronald, "Historical Sociology and Time," *Sociological Methods and Research* 20, no. 4 (1992): 456–80.

Anderson, Benedict, *Imagined Communities: Reflections on the Origin and Spread of Nationalism* (New York: Verso, 2006).

Value in Ethics and Economics (Cambridge, MA: Harvard University Press, 1993).

Annals of Congress 1 (1790).

Ansart, Guillaume, *Condorcet: Writings on the United States* (University Park, PA: Pennsylvania State University Press, 2012).

Arendt, Hannah, *The Origins of Totalitarianism* (New York: Houghton, Mifflin, Harcourt, 1973).

Aristotle, *The Politics*, ed. Stephen Everson (Cambridge University Press, 1996).

"Army ROTC Service Commitment," US Army, www.goarmy.com/rotc/servicecommitment.html

Bagaric, Mirko, Richard Fred Edney, and Theo Alexander, "(Particularly) Burdensome Prison Time Should Reduce Imprisonment Length – and not merely in theory," *Melbourne University Law Review* 38,no.2 (2014): 409 – 42.

Barshack, Lior, "Time and the Constitution," *International Journal of Constitutional Law* 7, no. 4 (2009): 553 – 76.

Bartelson, Jens, A., *Genealogy of Sovereignty* (Cambridge University Press, 1995), vol. XXXIX.

Basic Law for the Federal Republic of Germany in the revised version published in the Federal Law Gazette Part III, classification number 100 – 1, as last amended by the Act of 11 July 2012 (Federal Law Gazette I p. 1478).

Baubock, Rainier, "Sharing History and Future?" *Constellations* 4, no. 3 (1998): 320 – 45.
        Migration and Citizenship: Legal Status Rights, and Political Participation (Amsterdam University Press, 2006).

Beers, Thomas M., "Flexible Schedules and Shift Work: Replacing the '9-to-5' Workday?" *Monthly Labor Review* 123 (2000): 33 – 40.

Benveniste, Emile, "Le langage et l'expérience humaine," in *Problèmes du langage*, ed. Emile Benveniste (Paris: Gallimard, 1966).

Bergson, Henri, *Time and Free Will: An Essay on the Immediate Data of Consciousness* (New York: Dover Publications, 2001).

Bertenthal Alyse and Mona Lynch, "The Calculus of the Record: Criminal History in the Making of US Federal Sentencing Guidelines," *Theoretical Criminology* 20, no. 2 (2015): 145 – 64.

Bilder, Mary Sarah, "The Struggle Over Immigration: Indentured Servants, Slaves, and Articles of Commerce," *Missouri Law Review* 61 (Fall 1996): 3 – 84.
        The Transatlantic Constitution: Colonial Legal Culture and the Empire (Cambridge, MA: Harvard University Press, 2004).

Bittman, Michael and Judy Wajcman, "The Rush Hour: The Character of Leisure Time and Gender Equality," *Social Forces* 79, no. 1 (2000): 165 – 89.

Bobo, Kim, *Wage Theft in America: Why Millions of Americans Are Not Getting Paid–And What We Can Do About It* (New York: The New Press, 2011).

Bodin, Jean, *Bodin: On Sovereignty*, ed. Julian H. Franklin (Cambridge University Press, 1992).

Boscarino, Jessica E., Rogan T. Kersh, and Jeffrey M. Stonecash, "Congressional Intrusion to Specify Specific Voting Dates for National Office," *Publius* 38, no. 1 (2008): 137 – 51.

Boyd, Julian P. ed., *The Papers of Thomas Jefferson* (Princeton University Press, 1958), vol. XV.

Braudel, Fernand, *On History*, trans. Sarah Matthews (University of Chicago Press, 1980).

Brendese, P. J., "Black Noise in White Time: Segregated Temporality and Mass Incarceration," in *Radical Future Pasts: Untimely Political Theory*, eds. Romand Coles, Mark Reinhardt, and George Shulman (University Press of Kentucky, 2014).

Brennan, Jason, *Against Democracy* (Princeton University Press, 2016).

Brickner, Mike, "The Outskirts of Hope: How Ohio's Debtors' Prisons Are Ruining Lives and Costing Communities," *American Civil Liberties Union of Ohio* (2013).

Brockmann, Stephen, "German Culture at the Zero Hour," Dietrich College of Humanities and Social Sciences (Research Showcase at Carnegie Mellon University, 1996).

Brunner, Jose, "Modern Times: Law, Temporality and Happiness in Hobbes, Locke and Bentham," *Theoretical Inquiries in Law* 8, no. 1 (2007): 277 – 310.

Busse, Anna Grzymala, "Time Will Tell? Temporality and the Analysis of Causal Mechanisms and Processes," *Comparative Political Studies* (2010): 1 – 31.

Calvin v. Smith, 77 Eng. Rep. 377 (KB 1608).

Carens, Joseph H., "Aliens and Citizens: The Case for Open Borders," *Review of Politics* 49, no. 2 (Spring 1987): 251 – 73.

Immigrants and the Right to Stay (Cambridge, MA: MIT Press, 2010).

Casella, Alessandra, Thomas Palfrey, and Raymond G. Reizman, "Minorities and Storable Votes," *Quarterly Journal of Political Science* 3,no2 (2005): 165 – 200.

Casper, Gerhard, "Forswearing Allegiance" (University of Chicago, Maurice and Muriel Fulton Lecture Series, 2008).

Chinn, Jeff and Lise A. Truex, "The Question of Citizenship in the Baltics," *Journal of Democracy* 7, no. 1 (1996): 133 – 47.

Clawson, Dan and Naomi Gerstel, *Unequal Time: Gender, Class, and Family in Employment Schedules* (New York: Russell Sage Foundation, 2014).

Cohen, Elizabeth F., *Semi-Citizenship in Democratic Politics* (Cambridge University Press, 2009).

"Jus Tempus in the Magna Carta: The Sovereignty of Time in Modern Politics and Citizenship," *PS: Political Science & Politics* 43, no. 3 (2010): 463 – 6.

"Reconsidering US Immigration Reform: The Temporal Principle of Citizenship," *Perspectives on Politics* 9, no. 3 (2011): 575 – 83.

Cohen, Ira J., *Solitary Action: Acting on Our Own in Everyday Life* (Oxford University Press, 2015).

Cohen, Joshua, "Deliberation and Democratic Legitimacy," in *Debates in Contemporary Political Philosophy: An Anthology*, eds. Derek Matravers and Jon Pike (Abingdon, UK: Routledge, 2003).

Colbern, Allan, "Regulating Movement in a Federalist System: Slavery's Connection to Immigration Law in the United States" (unpublished manuscript) (on file with the author).

Conca, James, "Children Win Another Climate Change Legal Case in Mass Supreme Court," *Forbes: Opinion* (May 19. 2016), www.forbes.com/sites/jamesconca/2016/05/19/children-win-another-climate-change-legal-case-inmass-supreme-court/%235dc9412c556b

de Condorcet, Le Marquis, "On the Constitution and Function of Provisional Assemblies," in *Condorcet: Foundations of Social Choice and Political Theory*, trans. and eds. Iain McLean and Fiona Hewitt (Aldershot, UK: Edward Elgar, 1994).

"On the Forms of Elections," in *Condorcet: Foundations of Social Choice and Political Theory*, trans. and eds. Iain McLean and Fiona Hewitt (Aldershot, UK: Edward Elgar, 1994).

"A Survey of the Principles Underlying the Draft Constitution (1793)," in *Condorcet: Foundations of Social Choice and Political Theory*, trans. and eds. Iain McLean and Fiona Hewitt (Aldershot, UK: Edward Elgar, 1994).

"The Theory of Voting," in *Condorcet: Foundations of Social Choice and Political Theory*, trans.

and eds. Iain McLean and Fiona Hewitt (Aldershot, UK: Edward Elgar, 1994).

Connolly, William E., *Neuropolitics: Thinking, Culture, and Speed* (University of Minnesota Press, 2002).

  A World of Becoming (Durham, NC: Duke University Press, 2011).

Cox, Adam B., "The Temporal Dimension of Voting Rights," *Virginia Law Review* 93, no. 2 (2007): 361–413.

Dahl, Robert A., *Democracy and Its Critics* (New Haven, CT: Yale University Press, 1989).

  A Preface to Democratic Theory (University of Chicago Press, 2013).

Davidson v. City of Cranston, No. 14–91 L (DRI May 24, 2016).

Davis, Kathleen, *Periodization and Sovereignty* (Philadelphia, PA: Pennsylvania University Press, 2008).

Desjardins, Lisa: interview by Diane Rehm, PBS Newshour, *Diane Rehm Show*, National Public Radio (April 1, 2016, 10 AM), http://thedianerehmshow.org/shows/2016−04−01/friday-news-roundup-domestic

Diskant, Gregory L., "Obama Can Appoint Merrick Garland to the Supreme Court If the Senate Does Nothing," *Washington Post: Opinion* (Apr. 8, 2016), www.washingtonpost.com/opinions/obama-can-appoint-merrick-garland-to-the-supreme-court-if-the-senate-does-nothing/2016/04/08/4a696700-fcf1-11e5-886f-a037dba38301_story.html.

Dodds, Graham G. and Stephen Skowronek, "Presidential Leadership in Political Time: Reprise and Reappraisal," *Canadian Journal of Political Science* 41, no. 4 (2008): 1033−4.

Elster, Jon, "Ethical Individualism and Presentism," *The Monist* 76, no. 3 (1993): 333−48.

Emanuel, Ezekiel J., Govind Persad, and Alan Wertheimer, "Principles for Allocation of Scarce Medical Interventions," *The Lancet* 373, no. 9661 (2009).

Espejo, Paulina Ochoa, "The Time of Popular Sovereignty: Political Theology and the Democratic State" (PhD diss., Johns Hopkins University, 2006).

  The Time of Popular Sovereignty (University Park, PA: Pennsylvania State University Press, 2011).

  "People, Territory, and Legitimacy in Democratic States," *American Journal of Political Science* 58, no. 2 (2014): 466−78.

  "Taking Place Seriously: Territorial Presence and the Rights of Immigrants," *Journal of Political Philosophy* 24, no. 1 (2016): 67−87.

Espeland, Wendy Nelson and Michael Sauder, *Engines of Anxiety: Academic Rankings, Reputation, and Accountability* (New York: Russell Sage Foundation, 2016).

Espeland, Wendy Nelson and Mitchell L. Stevens, "Commensuration as a Social Process," *Annual Review of Sociology* 24 (1998): 313−43.

Feldman, Leonard C., "The Banality of Emergency: On the Time and Space of 'Political Necessity,'" in *Sovereignty, Emergency, Legality*, ed. Austin Sarat (Cambridge University Press, 2010).

Fishkin, James, *Democracy and Deliberation: New Directions for Democratic Reform* (New Haven, CT: Yale University Press, 1991).

Forde, Steven, *Locke, Science and Politics* (Cambridge University Press, 2013).

Foucault, Michel, *Discipline and Punish: The Birth of the Prison* (New York: Vintage, 1979).

The Foucault Effect: Studies in Governmentality, eds. Graham Burchell, Colin Gordon and Peter Miller (University of Chicago Press, 1991).

Security, Territory, and Population: Lectures at the Collège de France, 1977–78, ed. Arnold I. Davidson (Basingstoke, UK: Palgrave Macmillan, 2009).

Franklin, Frank George, *Legislative History of Naturalization in the United States* (New York: Arno Press, 1906).

French, Rebecca R., "Time in the Law," *University of Colorado Law Review* 72 (2001): 663 – 748.

Fritzsche, Peter, *Stranded in the Present: Modern Time and the Melancholy of History* (Cambridge, MA: Harvard University Press, 2004).

Frymer, Paul, "'A Rush and a Push and the Land Is Ours,': Territorial Land Expansion, Land Policy, and U.S. State Formation," *Perspectives on Politics* 12, no. 1 (2014): 119 – 44.

Gallie, W. B., "Essentially Contested Concepts," *Proceedings of the Aristotelian Society* 56 (1956): 167 – 98.

Giddens, Anthony, *A Contemporary Critique of Historical Materialism* (Berkeley and Los Angeles: University of California Press, 1981).

The Consequences of Modernity (Cambridge, UK: Polity, 1990).

Goetz, Klaus H., "How Does the EU Tick? Five Propositions on Political Time," *Journal of European Public Policy* 16, no. 2 (2009): 202 – 20.

Goetz, Klaus H. and Jan-Hinrik Meyer-Sahling, "The EU Timescape: From Notion to Research Agenda," *Journal of European Public Policy* 16, no. 2 (2009): 325 – 36.

"Political Time in the EU: Dimensions, Perspectives, Theories," *Journal of European Public Policy* 16, no. 2 (2009): 180 – 201.

Goodin, Robert E., "Enfranchising All Affected Interests, and Its Alternatives," *Philosophy & Public Affairs* 35, no. 2 (2007): 40 – 68.

"Temporal Justice," *Journal of Social Policy* 39, no. 1 (2010): 1 – 16.

Goodin, Robert E., James Mahmud Rice, Michael Bittman, and Peter Saunders, "The Time – Pressure Illusion: Discretionary Time vs. Free Time," *Social Indicators Research* 73, no. 1 (2005): 43 – 70.

Goodin, Robert E., James Mahmud Rice, Antti Parpo, and Lina Eriksson, *Discretionary Time: A New Measure of Freedom* (Cambridge University Press, 2008).

Gopnik, Adam, "Learning From the Slaughter in Attica: What the 1971 Uprising and Massacre Reveal about Our Prison System and the Democratic State," *New Yorker* (Aug. 29, 2016), www.newyorker.com/magazine/2016/08/29/learning-from-the-slaughter-in-attica

Gould, Joe and Leo Shane III, "U.S. Congress Passes Waiver for Mattis to Lead Pentagon," *Defense News* (Jan. 13, 2017), www.defensenews.com/articles/us-congress-passes-waiver-for-mattis-to-lead-pentagon

Grant, Ruth W., *Strings Attached: Untangling the Ethics of Incentives* (Princeton University Press, 2011).

Greene, David, "Crimean Tatars Pressured to Become Russian Citizens," National Public Radio (Oct. 28, 2014, 4:39 AM ET), www.npr.org/2014/10/28/359512062/crimean-tatars-pressured-to-become-russian-citizens

Greenhouse, Carol J., "Just in Time: Temporality and the Cultural Legitimation of Law," *Yale Law Journal* 98, no. 8 (1989): 1631 – 51.

    A Moment's Notice: Time Politics Across Cultures (Ithaca, NY: Cornell University Press, 1996).

Greenstein, Theodore N., "Economic Dependence, Gender, and the Division of Labor in the Home: A Replication and Extension," *Journal of Marriage and Family* 62, no. 2 (2000): 322 – 35.

Gronke, Paul, Eva Galanes-Rosenbaum, and Peter A. Miller, "Symposium: Early Voting and Turnout," *PS: Political Science and Politics* 40,no.4 (2007): 639 – 45.

Gronke, Paul, Eva Galanes-Rosenblum, Peter A. Miller, and Daniel Toffey, "Convenience Voting," *Annual Review of Political Science* 11 (2008): 437 – 55.

Habermas, Jurgen, *Between Facts and Norms: Contributions to a Discourse Theory of Law and Democracy* (Cambridge, MA: MIT Press, 1996).

Habermas, Jurgen and William Rehg, "Constitutional Democracy: A Contradictory Union of Contradictory Principles?" *Political Theory* 29, no. 6 (2001): 766 – 81.

Hacking, Ian, *The Taming of Chance* (Cambridge University Press, 1990).

Hager, Eli, "The Willie Bosket Case: How Children Became Adults in the Eyes of the Law," *Marshall Project* (Dec. 29, 2014), www.themarshallproject.org/2014/12/29/the-willie-bosket-case

Harris, Alexes, *A Pound of Flesh* (New York: Russell Sage Foundation, 2016).

Harvey, David, "Time – Space Compression and the Postmodern Condition," in *Modernity: Critical Concepts in Sociology*, ed. Malcolm Waters (London: Routledge, 1999), vol. IX.

Hawkins Homer and Richard Thomas, "White Policing of Black Populations: A History of Race and Social Control in America," in *Out of Order? Policing Black People*, eds. Ellis Cashmore and Eugene McLaughlin (New York: Routledge, 1991).

Hayduk, Ronald, *Democracy for All: Restoring Immigrant Voting Rights in the United States* (New York: Routledge, 2006).

    "Noncitizen Voting Rights: Extending the Franchise in the United States," *National Civic Review* 92, no. 4 (2003): 57 – 62.

Healy, Patrick, "Early Voting Limits Donald Trump's Time to Turn Campaign Around," *New York Times: Election 2016* (Aug. 16,2016), www.nytimes.com/2016/08/17/us/politics/early-voting-limits-donald-trumps-time-to-turn-campaign-around.html

Hewitt Fiona and Iain McLean, trans. and eds., *Condorcet: Foundations of Social Choice and Political Theory* (Aldershot, UK: Edward Elgar, 1994).

Higgins, Rosalyn, "Time and the Law: International Perspectives on an Old Problem," *International and Comparative Law Quarterly* 46, no. 3 (1997): 501 – 20.

Hirschl Ran and Ayelet Shachar, "On Citizenship, States, and Markets," *Journal of Political Philosophy* 22, no. 2 (2014): 231 – 57.

Hoffman, Peter B., "Twenty Years of Operational Use of a Risk Prediction Instrument: The United States Parole Commission's Salient Factor Score," *Journal of Criminal Justice* 22, no. 6 (1994): 477 – 94.

Howarth, Randall S., *The Origins of Roman Citizenship* (Edwin Mellen Press, 2006).

Hunt, Lynn Avery, *Measuring Time, Making History* (Budapest: Central European University Press, 2008).

Immigration and Nationality Act, 8 USCA § 1407 (West 2015).

Inglis v. Trustees of Sailor's Snug Harbor, 28 US 99 (1830).

Jacobs, Jerry A. and Kathleen Gerson, "Overworked Individuals, or Overworked Families? Explaining Trends in Work, Leisure, and Family Time," *Work and Occupations* 28, no. 1 (2001): 40–63.

Jefferson, Thomas, Letter to James Madison (Paris, Sept. 6, 1789), www.let.rug.nl/usa/presidents/thomas-jefferson/letters-of-thomas-jefferson/jefl81.php

Jehlen, Myra, *American Incarnation: The Individual, the Nation, and the Continent* (Cambridge, MA: Harvard University Press, 1986).

Jessop, Bob, *State Power* (Cambridge, UK: Polity, 2007).

———. "Time and Space in the Globalization of Capital and Their Implications for State Power," in *Rethinking Marxism* 14, no. 1 (2002): 97–117.

Johnson, Mark and George Lakoff, "Conceptual Metaphor in Everyday Language," *Journal of Philosophy* 77, no. 8 (1980): 453–86.

Kant, Immanuel et al., *Toward Perpetual Peace and Other Writings on Politics, Peace, and History* (New Haven, CT: Yale University Press, 2006).

Kaprielian-Churchill, Isabel, "Rejecting 'Misfits': Canada and the Nansen Passport," *International Migration Review* 28 (1994): 281–306.

Kettner, James, *The Development of American Citizenship, 1608–1870* (Chapel Hill, NC: University of North Carolina Press, 1978).

Khan, Liaquat Ali, "Jurodynamics of Islamic Law," *Rutgers Law Review* 61 (2008): 263–93.

Koselleck, Reinhart, *The Practice of Conceptual History: Timing History, Space Concepts*, trans. Todd Samuel Presner (Stanford University Press, 2002).

Krotoszynski, Ronald J., Jr., "A Poll Tax By Another Name," *New York Times: Opinion* (Nov. 14, 2016), www.nytimes.com/2016/11/14/opinion/a-polltax-by-another-name.html?_r=1.

Kryder, Daniel and Sarah Staszak, "Constitution as Clockwork: The Temporal Foundations of American Politics" (prepared for annual meeting, American Political Science Association, working paper, 2006).

Kutner, Jenny, "Louisiana Is Imposing a 3-Day 'Reflection' Period on Women Seeking Abortions," *Mic* (May 23, 2016), https://mic.com/articles/144150/louisiana-will-force-women-to-spend-three-days-thinking-about-if-theywant-abortions#.THpgCu9nr

Kuwait: Ministerial Decree No. 15 of 1959 promulgating the Nationality Law, http://gulfmigration.eu/kuwait-ministerial-decree-no-15-of-1959-promulgating-the-nationality-law

Lackey, Jennifer, "The Irrationality of Life Sentences," *New York Times* (Feb. 1, 2016), http://opinionator.blogs.nytimes.com/2016/02/01/the-irrationalityof-natural-life-sentences

LaCroix, Alison L., "Temporal Imperialism," *University of Pennsylvania Law Review* 158 (2010): 1329–73.

Landemore, Hélène, *Democratic Reason: Politics, Collective Intelligence, and the Rule of the Many* (Princeton University Press, 2013).

Landes, David S., *Revolution in Time: Clocks and Making of the Modern World* (Cambridge, MA: Belknap Press of Harvard University Press, 1983).

Lane, Melissa S., *Method and Politics in Plato's Statesman* (Cambridge University Press, 1998).
 "Political Theory and Time," in *Time in Contemporary Political Thought*, ed. P. J. N. Baert (1st edn, Amsterdam: Elsevier, 2000).

Law, Anna O., "Lunatics, Idiots, Paupers, and Negro Seamen – Immigration Federalism and the Early American State," *Studies in American Political Development* 28, no. 02 (2014): 107 – 28.

Law on Nationality, Federal Foreign Office, www.auswaertiges-amt.de/EN/EinreiseUndAufenthalt/Staatsangehoerigkeitsrecht_node.html

Lee, Jaeah, "Why Cops Are Told to Keep Quiet After a Shooting: The Controversial Science Between the 48-Hour Rule," *Mother Jones* (Aug. 12, 2015), www.motherjones.com/politics/2015/08/why-do-police-departments-delay-interviewing-officers-involved-shootings

Levinson, Sanford, "Constituting Communities through Words that Bind: Reflections on Loyalty Oaths," *Michigan Law Review* 84 (June 1986): 1440 – 70.
 "WHO COUNTS?'SEZ WHO?,'" *St. Louis Law Journal* 58 (2014), 937 – 1189.

Lindahl, Hans, "Breaking Promises to Keep Them: Immigration and the Bounds of Distributive Justice," in *A Right to Inclusion and Exclusion? Normative Fault Lines of the EU's Area of Freedom, Security and Justice*, ed. Hans Lindahl (Oxford: Hart, 2009).

Linstead, Stephen and John Malarkey, "Time, Creativity, and Culture: Introducing Bergson," *Culture and Organization* 9, no. 1 (2010): 3 – 13.

Lister, Matthew J., "Citizenship, in the Immigration Context," *Maryland Law Review* 70 (2011): 175 – 233.

Locke, John, 1690. *Two Treatises of Government*, ed. Peter Laslett (Cambridge University Press, 1988).

Luhmann, Niklas, *Social Systems* (Stanford University Press, 1995).

Lukes, Steven and Nadia Urbinati, *Condorcet: Political Writings* (Cambridge University Press, 2012).

Maas, Willem, "Freedom of Movement Inside 'Fortress Europe,'" in *Global Surveillance and Policing: Borders, Security, Identity*, eds. Elia Zureik and Mark B. Salter (Cullompton, UK: Willan, 2005).

McFarland, Andrew S., "Interest Groups and Political Time: Cycles in America," *British Journal of Political Science* 21, no. 3 (1991): 257 – 84.

McIlvaine v. Coxe's Lessee, 6 US 280 (1804).

McLean, Iain and Arnold B. Urken, "Did Jefferson Or Madison Understand Condorcet's Theory of Social Choice?" *Public Choice* 73, no. 4 (1992): 445 – 7.

McNally, David, *Political Economy and the Rise of Capitalism: A Reinterpretation* (University of California Press, 1988).

Madison, James, *Notes of Debates in the Federal Convention of 1787* (Ohio University Press, 1966).

Mansbridge, Jane, "Rethinking Representation," *American Political Science Review* 97, no. 4 (Nov. 2003): 515 – 28.

Markell, Patchen, *Bound by Recognition* (Princeton University Press, 2003).

Mauer, Marc, "The Impact of Mandatory Minimum Penalties in Federal Sentencing," *Judicature* 94, no. 1 (2010): 6 – 9.

Meyer-Sahling, Jan-Hinrik, "Time and European Governance: An Inventory," *Archive of European Integration* (paper presented at the Biennial Conference of the European Studies Association, Panel 'The Temporality of Europeanisation and Enlargement,' Montreal, Canada, May 17 – 20, 2007).

Meyler, Bernadette, "The Gestation of Birthright Citizenship, 1868 – 1898: States' Rights, the Law of Nations, and Mutual Consent," *Georgetown Immigration Law Journal* 15 (2001): 519 – 62.

Michelman, Frank, "Morality, Identity, and Constitutional Patriotism," *University of Colorado Law Review* 76 (1998): 399 – 427.

Milkman, Ruth, Anna Luz Gonzalez, and Victor Narro, *Wage Theft and Workplace Violations in Los Angeles* (Los Angeles, CA: Institute for Research on Labor and Employment, 2010).

Miller, David, "Territorial Rights: Concept and Justification," *Political Studies* 60, no. 2 (2012): 252 – 68.

Moore, Margaret, *A Political Theory of Territory* (Oxford University Press, 2015).

Morris, Norval and David J. Rothman, *The Oxford History of the Prison: The Practice of Punishment in Western Society* (Oxford University Press, 1998).

Muller, J.C., *The Temporality of Political Obligation* (Abingdon, UK: Routledge, 2015).

Mumford, Lewis and Langdon Winner, *Technics and Civilization* (University of Chicago Press, 2010).

Munz, Rainer and Rainer Ohliger eds. *Diasporas and Ethnic Migrants: Germany, Israel and Russia in Comparative Perspective* (Abingdon, UK: Routledge, 2004).

Murakawa, Naomi, *The First Civil Right: How Liberals Built Prison America* (Oxford University Press, 2014).

"Nation's Historians Warn the Past is Expanding at an Alarming Rate," *The Onion* 51, no. 3 (Jan. 22, 2015), www.theonion.com/articles/nationshistorians-warn-the-past-is-expanding-at-a,37827

Nelson, William Max, "The Weapon of Time: Constructing the Future in France, 1750 to Year I" (PhD diss., University of California, Los Angeles, 2006).
   The Weapon of Time: Constructing the Future in France, 1750 to Year I (University of California Press, 2006).

New York Times Editorial Board, "The Wrong Way to Count Prisoners," *New York Times* (July 15, 2016), www.nytimes.com/2016/07/16/opinion/thewrong-way-to-count-prisoners.html?_r=0

Ngai, Mae M., *Impossible Subjects: Illegal Aliens and the Making of Modern America* (Princeton University Press, 2004).

Nix, Simon, "Elections, Parties, and Institutional Design: A Comparative Perspective on European Union Democracy," *West European Politics* 21, no. 3 (1998): 19 – 52.

Noble, David W., *Death of a Nation: American Culture and the End of Exceptionalism* (University of Minnesota Press, 2002).

Noisette, Leonard, "The Risks of Permanent Punishment," *New York Times* (Nov. 15, 2011), www.nytimes.com/roomfordebate/2011/11/14/takingand-restoring-the-rights-of-felons/the-risks-of-permanent-punishment

Noonan, Jeff, "Free Time as a Necessary Condition of Free Life," *Contemporary Political Theory* 8, no. 4 (2009): 377 – 93.

Nussbaum, Martha C., *The Fragility of Goodness: Luck and Ethics in Greek Tragedy and Philosophy* (Cambridge University Press, 2001), vol. II.

Nussbaum, Martha C. and Rosalind Hursthouse, "Plato on Commensurability and Desire," *Proceedings of the Aristotelian Society, Supplementary Volumes* 58 (1984): 55 – 96.

Ogle, Vanessa, *The Global Transformation of Time: 1870–1950* (Cambridge, MA: Harvard University Press, 2015).

O'Kane, Rosemary H. T., "Cambodia in the Zero Years: Rudimentary Totalitarianism," *Third World Quarterly* 14, no. 4 (1993): 735 – 48.

Orren, Karen and Stephen Skowronek, "Order and Time in Institutional Study: A Brief for the Historical Approach," in *Political Science in History: Research Programs and Political Traditions*, eds. James Farr, John S. Dryzek, and Stephen T. Leonard (Cambridge University Press, 1995). *The Search for American Political Development* (Cambridge University Press, 2004).

Parsons, Talcott, "On the Concept of Political Power," *Proceedings of the American Philosophical Society* 107, no. 3 (1963): 232 – 62.

Perovic, Sanja, *The Calendar in Revolutionary France: Perceptions of Time in Literature, Culture, Politics* (Cambridge University Press, 2012).

Perry, Ronan and Tal Zarsky, "Queues in Law," *Iowa Law Review* 99 (2013): 1595 – 1658.

Pierson, Paul, *Politics in Time: History, Institutions, and Social Analysis* (Princeton University Press, 2004).

Pinfari, Marco, *Peace Negotiations and Time: Deadline Diplomacy in Territorial Disputes* (Abingdon, UK: Routledge, 2012).

Pitkin, Hanna Fenichel, *The Concept of Representation* (University of California Press, 1967).

Planas, Roque, "Thousands of Dominicans Woke Up This Week without Citizenship in Any Country," *Huffington Post* (Feb. 3, 2015), www.huffingtonpost.com/2015/02/03/dominicans-citizenship_n_6606336.html

Pocock, John Greville Agard, *Virtue, Commerce, and History* (Cambridge University Press, 1985). *The Ancient Constitution and the Feudal Law: A Study of English Historical Thought in the Seventeenth Century* (Cambridge University Press, 1987). *The Machiavellian Moment: Florentine Political Thought and the Atlantic Republican Tradition* (Princeton University Press, 2009).

Pogge, Thomas, *World Poverty and Human Rights: Cosmopolitan Responsibilities and Reforms* (Cambridge: Polity, 2002).

Porter, Theodore M., *Trust in Numbers: The Pursuit of Objectivity in Science and Public Life* (Princeton University Press, 1996).

Price, Polly, "Natural Law and Birthright Citizenship in Calvin's Case (1608)," *Yale Journal of Law and Humanities* 9, no. 1 (1997): 73 – 146.

Rabinow, Paul, *Marking Time: On the Anthropology of the Contemporary* (Princeton University Press, 2009).

Radin, Margaret Jane, *Contested Commodities: The Trouble with Trade in Sex, Children, Body Parts, and Other Things* (Cambridge, MA: Harvard University Press, 1996).

Rae, Douglas, *Equalities* (Cambridge, MA: Harvard University Press, 1981).

Rakoff, Todd D., *A Time for Every Purpose: Law and the Balance of Life* (Cambridge, MA: Harvard University Press, 2002).

Raskin, Jamin B., "Legal Aliens, Local Citizens: The Historical, Constitutional and Theoretical Meanings of Alien Suffrage," *University of Pennsylvania Law Review* 141, no.4 (1993): 1391 – 470.

Raz, Joseph, *The Morality of Freedom* (Oxford University Press, 1986).

Rehfeld, Andrew, *The Concept of Constituency: Political Representation, Democratic Legitimacy, and Institutional Design* (Cambridge University Press, 2005).

Rogers, Brishen, "Passion and Reason in Labor Law," *Harvard Civil Rights–Civil Liberties Law Review* 47 (Summer 2012): 314 – 69.

Roland, Driadonna, "Sovereign Law Made Cliven Bundy a 'Patriot' But Korryn Gaines 'Crazy': An Explainer on the Controversial Beliefs Gaines May Have Held," *Revolt* (Aug. 8, 2016), https://revolt.tv/stories/2016/08/10/sovereignlaw-made-cliven-bundy-patriot-korryn-gaines-crazy-3517d33d30

Rosa, Hartmut, "Social Acceleration: Ethical and Political Consequences of a Desynchronized High-Speed Society," *Constellations* 10, no. 1 (2003): 3 – 33.
Social Acceleration: A New Theory of Modernity (Columbia University Press, 2013).

Rosa, Hartmut and William E. Scheuerman eds., *High-Speed Society: Social Acceleration, Power, and Modernity* (University Park, PA: Pennsylvania State University Press, 2009).

Rossiter, Clinton ed., "Federalist no. 70," *The Federalist Papers* (New York: Penguin Putnam, 1961).
"Federalist no. 71," *The Federalist Papers* (New York: Penguin Putnam, 1961).

Rowland, Kate Mason, *The Life of George Mason, 1725–1792* (New York: Putnam's, 1892), vol. II.

Rubenfeld, Jed, *Freedom and Time: A Theory of Constitutional Self-Government* (New Haven, CT: Yale University Press, 2001).

St. John, Rachel, *Line in the Sand: A History of the Western US–Mexico Border* (Princeton University Press, 2011).

Sanchez, Laura and Elizabeth Thomson, "Becoming Mothers and Fathers: Parenthood, Gender, and the Division of Labor," *Gender & Society* II, no. 6 (1997): 757.

Sandel, Michael J., *What Money Can't Buy: The Moral Limits of Markets* (London: Penguin, 2012).

Santiso, Javier and Andreas Schedler, "Democracy and Time: An Invitation," *International Political Science Review* 19, no. 1 (1998): 5 – 18.

Sarabi, Brigette, "The Prison Index: Taking the Pulse of the Crime Control Industry," ed. Peter Wagner, *The Prison Index* (Springfield, MA: Prison Policy Initiative, 2003), section III, "Prison Labor: Prison Labor in the Federal Prison; Prison Labor in the States."

Satz, Debra, *Why Some Things Should Not Be for Sale: The Moral Limits of Markets* (Oxford University Press, 2010).

Sayer, Linda C., "Gender, Time, and Inequality: Trends in Women's and Men's Paid Work, Unpaid

Work, and Free Time," *Social Forces* 84, no. 1 (2005): 285 – 303.

Scheuerman, William E., *Liberal Democracy and the Social Acceleration of Time* (Baltimore, MD and London: Johns Hopkins University Press, 2004).

"Emergency Powers," *Annual Review of Law and Social Science* 2 (2006): 257 – 77.

Schuck, Peter H. and Rogers M. Smith, *Citizenship Without Consent* (New Haven, CT: Yale University Press, 1985).

Schuster, Justin and Eric Stern, *Diplomatic Discourse* (The Politic, 2015).

Scott, James C., *Seeing Like a State: How Certain Schemes to Improve the Human Condition Have Failed* (New Haven, CT: Yale University Press, 1998).

Weapons of the Weak: Everyday Forms of Peasant Resistance (New Haven, CT: Yale University Press, 2008).

Shapiro, Ian, *Democracy's Place* (Ithaca, NY: Cornell University Press, 1996).

Shelby County, Alabama v. Holder, 133 S. Ct. 2612 (2013).

Sherwin-White, A.N. *The Roman Citizenship* (Oxford University Press, 1973).

Shropshire, Terry. "Mayor Kasim Reed Considers Curfew in Atlanta," *Atlanta Daily World* (July 15, 2016), http://atlantadailyworld.com/2016/07/15/mayor-kasim-reed-considers-curfew-in-atlanta

Simmons, John A., "Tacit Consent and Political Obligation," *Philosophy & Public Affairs* (1976): 274 – 91.

Simon, Herbert A., "Theories of Bounded Rationality," in *Decision and Organization*, eds. C.B. McGuire and Roy Radner (London/Amsterdam: North-Holland, 1972).

Skowronek, Stephen, *The Politics Presidents Make: Leadership from John Adams to Bill Clinton* (Cambridge, MA: Harvard University Press, 1993).

Presidential Leadership in Political Time: Reprise and Reappraisal (University Press of Kansas Press, 2008).

Smith, Daniel Scott, "Population and Political Ethics: Thomas Jefferson's Demography of Generations," *William and Mary Quarterly*, no. 3 (1999): 591 – 612.

Smith, Rogers M., *Civic Ideals: Conflicting Visions of Citizenship in US History* (New Haven, CT: Yale University Press, 1997).

Somers, Margaret R., "Where is Sociology after the Historic Turn? Knowledge Cultures, Narrativity, and Historical Epistemologies," in *The Historic Turn in the Human Sciences*, ed. Terrence J. McDonald (University of Michigan Press, 1996).

Genealogies of Citizenship: Markets, Statelessness, and the Right to Have Rights (Cambridge University Press, 2008).

Song, Sarah, "The Significance of Territorial Presence and the Rights of Immigrants," in *Migration in Political Theory: The Ethics of Movement and Membership*, eds. Sarah Fine and Lea Ypi (Oxford University Press, 2014).

"Democracy and Noncitizen Voting Rights," *Citizenship Studies* 13, no. 6 (2009): 607 – 20.

Southwick, Katherine and Maureen Lynch, "Nationality Rights for All: A Progress Report and Global Survey on Statelessness," *Refugees International* (March 2009).

State Water Resources Control Board, "The Water Rights Process," California Environmental Protection Agency, www.waterboards.ca.gov/waterrights/board_info/water_rights_process.shtml (last visited Aug. 8, 2016).

Stevens, Jacqueline, *States Without Nations: Citizenship for Mortals* (Columbia University Press, 2010).

Stilz, Anna, *Liberal Loyalty: Freedom, Obligation, and the State* (Princeton University Press, 2009).

Stimson, Shannon, "Rethinking the State: Perspective on the Legibility and Reproduction of Political Societies," *Political Theory* 28, no. 6 (2000): 822–34.

Sunstein, Cass R., "Incompletely Theorized Agreements in Constitutional Law," *Social Research* 74, no. 1 (2007): 1733–72.

Thompson, Dennis F., "Democracy in Time: Popular Sovereignty and Temporal Representation," *Constellations* 12, no. 2 (2005): 245–61.

Thompson, E.P., "Time, Work–Discipline, and Industrial Capitalism," *Past & Present* 38 (1967): 56–97.

Tichenor, Daniel J., *Dividing Lines: The Politics of Immigration Control in America* (Princeton University Press, 2002).

United States v. Windsor, 133 S. Ct. 2675 (2013).

Urbinati, Nadia, *Representative Democracy: Principles and Genealogy* (University of Chicago Press, 2006).

Urry, John, "Time, Leisure, and Social Identity," *Time & Society* 3, no. 2 (1994): 131–49.

US Citizenship and Immigration Services, "Continuous Residence and Physical Presence Requirements for Naturalization," United States Department Homeland Security, www.uscis.gov/us-citizenship/citizenship-throughnaturalization/continuous-residence-and-physical-presence-requirementsnaturalization (accessed Aug. 20, 2016).

Vohs, Kathleen D., Roy F. Baumeister, Brandon J. Schmeichel, Jean M. Twenge, Noelle M. Nelson, and Dianne M. Tice, "Making Choices Impairs Subsequent Self-Control: A Limited-Resource Account of Decision Making," *Motivation Science* 1 (2014): 19–42.

Volokh, Eugene, "Statutory Rape Laws and Statutory Consent Laws in the U.S.," *Washington Post* (May 1, 2015), www.washingtonpost.com/news/volokh-conspiracy/wp/2015/05/01/statutory-rape-laws-in-the-u-s/?utm_term=.0b291c845d52

Walzer, Michael, *Spheres of Justice: A Defense of Pluralism and Equality* (New York: Basic Books, 1983).

Wardle, Lynn D., "*Loving v. Virginia* and the Constitutional Right to Marry, 1790–1990," *Howard Law Journal* 41 (1998): 289–347.

Warren, Tracey, "Class and Gender-Based Working Time? Time Poverty and the Division of Domestic Labor," *Sociology* 37, no. 4 (2003): 733–52.

Young, Iris Marion, *Justice and the Politics of Difference* (Princeton University Press, 1990).

Young, Katharine, "Rights and Queues: On Distributive Contests in the Modern State," *Columbia Journal of Transportation Law* 55 (2016): 65–137.

Rotman Zelizer, Viviana A., *The Social Meaning of Money: Pin Money, Paychecks, Poor Relief, and Other Currencies* (Princeton University Press, 1997).

Zerubavel, Eviatar, "The Standardization of Time: A Sociohistorical Perspective," *American Journal of Sociology* 88, no. 1 (1982): 1–23.

Time Maps: Collective Memory and the Social Shape of the Past (University of Chicago Press, 2012).

Zolberg, Aristide, *A Nation by Design* (New York: Russell Sage Foundation, 2006).

정치는 어떻게 시간을 통제하는가?
시간의 정치적 가치와 불평등에 관한 분석

초판 1쇄 발행   2019년 12월 20일
초판 2쇄 발행   2020년 2월 3일

지은이   엘리자베스 F. 코헨
옮긴이   최이현
책임편집   이기홍
디자인   고영선

펴낸곳   (주)바다출판사
발행인   김인호
주소   서울시 마포구 어울마당로5길 17 5층(서교동)
전화   322-3675(편집), 322-3575(마케팅)
팩스   322-3858
E-mail   badabooks@daum.net
홈페이지   www.badabooks.co.kr

ISBN   979-11-89932-40-4 03300